Dziewczęta z Auschwitz

GŁOSY OCALONYCH KOBIET

SYLWIA WINNIK

Dziewczęta z Auschwitz

GŁOSY OCALONYCH KOBIET

MUZA
Sport i Turystyka

Układ graficzny i projekt okładki
Aleksandra Szmak

Redakcja
Anna Jastrzębska

Redaktor prowadzący
Urszula Lewandowska

Korekta
Katarzyna Głowińska (Lingventa)

Redakcja techniczna
Andrzej Sobkowski

Wybór zdjęć
Sylwia Winnik

Zdjęcia pochodzą ze zbiorów: archiwum Państwowego Muzeum Auschwitz-Birkenau w Oświęcimiu, Albumu Lili Jacob oraz ze zbiorów prywatnych rodzin bohaterek książki: Aliny Dąbrowskiej, Barbary Donieckiej, Wiesławy Gołąbek, Janiny Jakimiuk, Łucji Janosz, Urszuli Koperskiej, Sabiny Nawary, Walentyny Nikodem, Seweryny Podbioł, Leokadii Rowińskiej, Zofii Wareluk, Ireny Wiśniewskiej

Zdjęcia na okładce
Zofia Koperska, fot. archiwum rodzinne
Obóz Auschwitz-Birkenau, fot. Paul Carter Photography/Shutterstock

ISBN 978-83-287-0837-2

Sport i Turystyka – MUZA SA
Wydanie I
Warszawa 2018

Mojej Mamie i mojemu Mężowi

Rodzicom, Dziadkom,
którzy pozwolili mi pokochać słowo pisane i zrozumieć historię

Szanowne moje oczy (…). Teraz wyście widziały, schowane jest we mnie.
I przemienione w pamięć albo sny.

Oczy, Czesław Miłosz

Tory kolejowe wewnątrz obozu i Brama Śmierci. Fot. S. Mucha, 1945 rok. Archiwum Państwowego Muzeum Auschwitz-Birkenau

Wstęp

Konzentrationslager Auschwitz-Birkenau

Pod macierzysty obóz koncentracyjny Auschwitz I, założony w 1940 roku decyzją Heinricha Himmlera, podlegały Birkenau oraz Monowitz, a także – w szczytowym stadium rozwoju w 1944 roku – ponad czterdzieści filii obozu w odległości do kilkuset kilometrów, również na terenie Niemiec.

Macierzysty Auschwitz był obozem koncentracyjnym, w którym w nieludzkich warunkach pracowali i z wycieńczenia umierali więźniowie. Od 1942 roku stał się miejscem masowej zagłady, głównie Żydów. Trwało to do października 1944, kiedy nastąpiło apogeum eksterminacji. Utworzenie w KL Auschwitz obozu dla kobiet związane było najprawdopodobniej z potrzebą zmniejszenia liczby osadzonych w przeludnionym Ravensbrück[1].

Do budowania i tworzenia KL Birkenau (Auschwitz II) wykorzystywano więźniów i więźniarki. Prace rozpoczęły się w 1941 roku, by ostatecznie w pierwszej połowie sierpnia 1942 roku zlikwidować w obozie macierzystym oddział kobiecy i przenieść około trzynastu tysięcy więźniarek do Birkenau na tak zwany odcinek BIa. W 1943 roku poszerzono bloki kobiece o BIb.

Około trzydziestu procent wszystkich więźniów zarejestrowanych w KL Auschwitz-Birkenau stanowiły kobiety[2]. 26 marca 1942 roku do KL Auschwitz przywieziono pierwszy ich transport – dziewięćset dziewięćdziesiąt dziewięć Niemek, które wcześniej przebywały w KL Ravensbrück. Wówczas przetransportowano także dziewięćset dziewięćdziesiąt dziewięć Żydówek ze Słowacji. Niedługo

---

[1] Konzentrationslager Ravensbrück – niemiecki obóz koncentracyjny usytuowany w wiosce Ravensbrück, niedaleko miejscowości Fürstenberg w Brandenburgii, w Niemczech. Został założony w listopadzie 1938 r., funkcjonował w latach 1939–1945.

[2] *Ilu ludzi zginęło w KL Auschwitz (Liczba ofiar w świetle źródeł i badań 1945–1990)*, Oświęcim 1992, s. 61, 64 [w:] I. Strzelecka, *Głosy Pamięci 12, Kobiety w KL Auschwitz*, Państwowe Muzeum Auschwitz-Birkenau, Oświęcim 2016, s. 7.

później, bo już 27 kwietnia 1942 roku, do KL Auschwitz trafiły pierwsze transporty Polek z więzień w Krakowie i Tarnowie.

Największą grupę kobiet przywożonych do obozu stanowiły Żydówki. Do połowy sierpnia 1943 roku najliczniejsze były Żydówki słowackie – około siedmiu tysięcy kobiet, a także około sześciu tysięcy Żydówek holenderskich i francuskich. Wśród nich przeważały te w wieku od osiemnastu do czterdziestu lat. Nie bez powodu były to kobiety w wieku produkcyjnym. Niemieckie władze wykorzystywały je jako niewolniczą siłę roboczą – wykończone przez nadludzką pracę i choroby były zastępowane kolejnymi[3].

Oczywiście nie wszystkie osoby przywiezione do niemieckiego obozu zagłady były zdrowe i młode. Wśród nich znajdowały się osoby starsze, kobiety ciężarne, chore, które nie nadawały się do wykonywania ciężkich robót. By oddzielić ludzi zdolnych do pracy od tych, którzy ze względu na warunki zdrowotne i wiek nie byli w stanie jej wykonywać (niemalże natychmiast trafiali do komór gazowych), Niemcy zaczęli dokonywać selekcji już na rampie kolejowej. Od lipca 1942 roku selekcja na rampie stała się czynnością regularną[4].

Człowieczeństwo

Każda z pań wita mnie uśmiechem. Na stole już przygotowane są szklanki, które zaraz napełnią się herbatą. Leżą starannie ułożone zdjęcia, które moje rozmówczynie będą mi pokazywać. Fotografii nie brakuje też na komodach i ścianach. Czarno-białe i kolorowe, przedstawiają historię ich życia. Zdjęcie ze ślubu, ukochani, nieżyjący już rodzice, a dalej dzieci i wnuki. Czasami nawet prawnuki.

Fotografie, choć nieruchome, tętnią życiem i miłością. Na każdej widzę uśmiechnięte twarze.

– To mój wnuczek Tomek. Ma siedem miesięcy, za kilka dni jedziemy na jego chrzciny – mówi pani Barbara, pokazując jedno ze zdjęć. Jest dumna i szczęśliwa. – Mamy dobre życie – dodaje. Wsłuchuję się w drżący ze wzruszenia głos kobiety, która jest naocznym świadkiem bezwzględnej historii. Nie mam na myśli wyłącznie wydarzeń związanych z losami jej rodziny, lecz z setkami tysięcy ludzi, których spotkał podobny los, gdy byli w niemieckim obozie zagłady Auschwitz-Birkenau.

---

[3] I. Strzelecka, *Głosy Pamięci 12, Kobiety w KL Auschwitz*, dz. cyt., s. 7–12.
[4] Tamże, s. 7.

Wyciągam dyktafon, ustawiam go na stole i widzę spojrzenia pięknych, doświadczonych przez życie kobiet wędrujące w stronę urządzenia. Zanurzają się we wspomnienia sprzed siedemdziesięciu lat. Czytam w ich oczach nieme wyznanie, że wolałyby wyrzucić z pamięci tamte przeżycia. Ale jednocześnie mają świadomość, że to właśnie niechciana pamięć ocala od zapomnienia tych wszystkich, którzy wtedy zginęli.

Choć od przeżytego koszmaru minęło tyle lat, one nigdy do końca nie opuszczą obozu. Wracają do niego we wspomnieniach, w nawiedzających je nocami koszmarach, kiedy śnią o ucieczce, która nie ma najmniejszych szans na powodzenie. Bo to przecież KL Auschwitz-Birkenau. Niektóre obrazy wracają częściej. Migawki zatrzymane w pamięci. Twarze ogolonych kobiet. Nieruchome oczy, w których odbija się jeszcze twarz kata.

Oczy moich bohaterek zmieniają się, widzę w nich ogromny smutek i ból karmiony stratą. Podczas rozmowy niejednokrotnie ronimy łzy.

Mówię o nich „Dziewczęta", bo są wśród nich kobiety, które do obozu trafiły w wieku sześciu, ośmiu lat, jedna, która się tam urodziła, ale i takie, które obozowe życie wprowadziło w dorosłość. Są niewątpliwie bohaterkami. Stały się symbolem i głosem ocalałych, ale również tych wszystkich kobiet, które ginąc tragiczną śmiercią w obozie zagłady, same nigdy nie miały możliwości opowiedzieć okrutnej historii.

Wychodząc na rampę z bydlęcych wagonów w niemieckim obozie zagłady, nie mogły wiedzieć, że każdego dnia będą musiały walczyć o życie. O kolejny dzień. Czasami samotnie, bo brutalnie oderwane od matek dziewczynki skazane były same na siebie. Dopiero przyszłość miała pokazać, że to, co najgorsze, było dopiero przed nimi.

Trafiały do KL Auschwitz-Birkenau z całej Polski i reszty świata, aresztowane w różnych okolicznościach. Pragnęły chodzić do szkoły, uczyć się języków, czytać poezję, założyć rodzinę... Piękne, młode, ambitne. Każda inna. Wszystkie miały już za chwilę stać się numerami bez przyszłości. Podobnymi do siebie. Wychudzonymi, łysymi, przezroczystymi.

Niektóre z pań mają podobne wspomnienia. Wykonane przez jednego z więźniów malowidła na ścianie bloku dziecięcego 16A były przez część z nich obserwowane z różnych stron baraku, z innych koi. Oznacza to, że znajdowały się w obozie w tym samym momencie. Tam się jednak nie poznały. Stały godzinami na wspólnych apelach, moknąc na deszczu, trzęsąc się z zimna. W jednym bloku łkały z tęsknoty za rodzicami, rodzeństwem, umierały z głodu, mijały się podczas transportów nowo przybyłych, patrzyły na siebie, zadając sobie może pytanie: kim jest tamta dziewczyna z długimi warkoczami? Kim jest ta blada z przerażenia istotka? Dopiero po wyjściu z obozu ich losy się skrzyżowały. Od tej pory mogły dzielić się bolesnymi wspomnieniami. Wspierać się nawzajem i pomagać sobie, uczyć się na nowo żyć.

Kobiety, które miałam zaszczyt poznać, utwierdziły mnie w przekonaniu, że człowiek nawet w najgorszych warunkach, nie mając niczego do ofiarowania, potrafi dać drugiemu to, co najcenniejsze – samego siebie. Potrafi zadbać o inną osobę. Zaopiekować się nią, wykorzystując niewielkie możliwości, jakie akurat posiada.

Między innymi o tym jest ta książka. Przedstawiam w niej osoby, które potrafiły przekroczyć niewyobrażalną granicę dobroci i bezinteresowności. Umiały w niebezpiecznych i bezwzględnych obozowych warunkach przyjść z pomocą, ofiarnością, zaryzykować dla kogoś życie, odstąpić ostatni kawałek chleba. Tej pajdce chleba nie dorównają wartością żadne pieniądze – w niemieckim obozie zagłady była ona bezcenna.

Ta książka ukazuje nie tylko człowieka jako osobę, ale też szereg jego zachowań warunkowanych sytuacjami, w których się znalazł. Inaczej myśli i podejmuje zupełnie inne decyzje, nie będąc w stanie zagrożenia, aniżeli w sytuacji walki o życie swoje czy rodziny. Trudne, a w przypadku osób przebywających w obozach zagłady także drastyczne sytuacje i zdarzenia uwypuklają w człowieku konkretne zachowania, a co za tym idzie – działania, do których prawdopodobnie nie byłby zdolny, gdyby w takiej sytuacji się nie znalazł. Dzięki relacjom moich rozmówczyń, a także historiom innych więźniów, możemy jak na dłoni zobaczyć, na czym polegała trudność podejmowanych decyzji. Więźniowie niejednokrotnie stawali przed wyborem: umrzeć z głodu czy ukraść chleb innej osobie, zaryzykować własne życie i pomóc drugiemu człowiekowi czy pozostać niewzruszonym na cierpienie i uchronić się przed niebezpieczeństwem.

Wzruszona historiami, które usłyszałam, przekonałam się niejednokrotnie, jak trudno zachować w sobie dobro w ekstremalnych sytuacjach. Moje rozmówczynie uświadomiły mi jednak, że tylko bycie do końca człowiekiem dobrym, czyli wrażliwym na ludzką krzywdę, ale też poszukującym sprawiedliwości, spowoduje, że pozostaniemy w zgodzie z wewnętrznym „ja". Pani Sabina, jedna z kobiet, które przeżyły obóz zagłady, wspomni później, że gdyby nie pomogła potrzebującym w obozie, nie mogłaby spojrzeć sobie w oczy. Dziewczęta, których historie przybliżam w tej książce, do końca pozostały „ludzkie" mimo prób, na jakie wystawił je los. Oczywiście nie wszystkim osadzonym się to udawało. Ale pod żadnym pozorem nie możemy oceniać zachowań byłych więźniów. Dopóki sami nie znajdziemy się w równie dramatycznych warunkach, najzwyczajniej w świecie nie mamy do tego prawa…

Kobiety, z którymi rozmawiałam, będąc w obozie, dawały z siebie dobro, które do nich wróciło. Ich sumienność, pokora, ale także patriotyzm i chęć życia, które tak ciężko z siebie wykrzesać, gdy wróg stoi nad głową z kolbą karabinu, niejednokrotnie sprawiały, że trafiały na ludzi, którzy i im zechcieli pomóc. To w dużym stopniu ułatwiło im przeżycie. Oczywiście na przetrwanie w obozie złożyło się mnóstwo czynników (niektórym pomogła obecność kogoś bliskiego, inne trafiły do mniej obciążającej pracy, jeszcze inne miały wyjątkowo silną psychikę i były bardziej wytrzymałe fizycznie). Jednak wszystkie moje rozmówczynie twierdzą, że za dobro los odpłaca się nam dobrem. I gdyby o tym pamiętać na co dzień, także dziś, uczynilibyśmy świat lepszym.

Mimo trwającej wiele miesięcy pracy nad tą książką, wielu rozmów z bohaterkami, przeczytanej literatury, obejrzanych filmów dokumentalnych nadal nie potrafię pojąć ogromu krzywdy, jaka została wyrządzona więźniom niemieckiego obozu zagłady w KL Auschwitz-Birkenau. Jest tak wielka. Sądzę, że nie można sobie tej gehenny wyobrazić, ale próby zrozumienia tego, co się wówczas wydarzyło, powinniśmy nieustannie podejmować. Nigdy nie można powiedzieć czy napisać wystarczająco dużo na ten temat.

Opowieści byłych więźniarek KL Auschwitz-Birkenau to żywa historia, której nie można zapomnieć. Nie po to, by ją roztrząsać w poszukiwaniu kolejnych konfliktów, tylko aby nauczyć się na błędach przeszłości, że nienawiść, chęć panowania, ograniczanie wolności człowieka i łamanie podstawowych jego praw prowadzą do niewyobrażalnej destrukcji. Druga wojna światowa stanowi tego najdobitniejszy przykład i powinna być przestrogą dla nas wszystkich.

Ze wszystkich wspomnień zapisanych w książce na światło dzienne wychodzą emocje skrywane czasami przez lata. Trudno się do nich wraca – mówią kobiety. Zaznaczają, że chciałyby już zapomnieć, nie rozgrzebywać ran, ale wiedzą, że muszą mówić, by przekazać kolejnym pokoleniom, że wojna sieje zniszczenie.

Wojna zabija ojców i matki.

Rozdziela rodziny.

Osieroca dzieci.

W książce starałam się przekazać brutalne wspomnienia w sposób dobitny i dosadny, nadając im jednak przystępną formę. Mam nadzieję, że dzięki temu więcej czytelników zechce zapoznać się z tym ważnym tematem. Dziewczęta zasługują na to, aby o nich przeczytać.

Panie Urszula, Zofia, Leokadia, Janina, Seweryna, Irena, Barbara, Alina, Walentyna, Sabina, Wiesława i Łucja mówią o swoim życiu, bólu w imieniu tych kobiet, które swoich historii opowiedzieć już nie zdążyły.

Irka (pierwsza z lewej) z koleżankami ze szkoły i z księdzem Mizerskim, Ostrów Mazowiecka, 1938 rok. Fot. Archiwum rodzinne

Nr obozowy: 22524

IRENA WIŚNIEWSKA z domu **Jankowska**

Urodzona: 9 lipca 1924 roku w Łomży

Data wywózki do Auschwitz: 14 sierpnia 1943 roku

Obozy i podobozy koncentracyjne: Auschwitz-Birkenau, Ravensbrück, Neustadt-Glewe

Praca w rewirze stała się dla mnie misją. Chciałam i jeśli tylko mogłam, ratowałam ludzi. Robiłam wszystko, żeby pomóc chorym kobietom przeżyć.

IRENA WIŚNIEWSKA

„Pielęgniarka" z misją

Kiedy dostrzegła, że więźniarki, które pełnią funkcję pielęgniarek, dostały czyste ubrania i nie zgolono im włosów, zapragnęła, aby kiedyś jej córka została lekarzem. Sama mogła spełnić się w roli „pielęgniarki" w obozowym rewirze. Pomaganie innym ludziom było dla niej najważniejsze. Nawet jeśli ryzykowała życiem. I było coś jeszcze... poezja i przyjaźnie nawiązane w tym nieludzkim świecie. Tutaj zdarzało się, że pracowała ze Stanisławą Leszczyńską, poznała pisarkę Annę Zahorską i poetkę Krystynę Żywulską.

Apel poranny

Nad Oświęcimiem słońce wschodzi
różową smugą jasną.
Stoimy w rzędzie: starzy i młodzi,
a w górze gwiazdy gasną.

Stoimy wszyscy w rannym apelu
co dzień, w pogodę czy słotę
i widać tylko na twarzach wielu
rozpacz, ból i tęsknotę.

Bo może teraz – (szara godzina)
w mym domu dziecko płacze?
Może mnie mama moja wspomina…
czy ja ją kiedy zobaczę?

Miło pomarzyć, że teraz może
najdroższy mój o mnie myśli.
A jeśli – nie daj, o dobry Boże –
oni po niego przyszli?…

A akcja toczy się pięknie dalej,
jak na filmowym seansie.
Tuż niedaleko, u zbiegu dwóch alej
zajeżdża ktoś w dyliżansie.

I zeskakują z gracją, powoli
błękitne aufseherki.
My zamieniamy się w słupy soli,
w nicość, w bezsens, w numerki.

Potem nas liczą z dumną pogardą
one – te z wyższej rasy.
One niemiecką są awangardą.
Liczą to bydło w pasy.

I nagle zadrgasz jak prądem rażona
i błyśnie myśl jak rakieta,
to przecież także matka lub żona.
Kobieta… I ja kobieta…

Wolno się snuje film sensacyjny.
Achtung! – równać na przedzie!
i moment ultrakulminacyjny:
Lagerkomendant jedzie.

Czy to możliwe, że świat taki podły...
Gwizdek i chwila ciszy.
W duchu gorące wznosimy modły...
Czy jest ktoś, kto nas usłyszy?

Słońce już wyżej wschodzi na niebie
różową, jasną smugą.
Boże, my tak błagamy Ciebie,
prawda, że to już niedługo?

Wrzesień, 1943[5]

Ten jeden apel

Stałyśmy piątkami na placu. Trwał właśnie jeden z porannych apeli. Każdy z nich wspominam z lękiem, ale ten jeden szczególnie utkwił mi w pamięci. Kiedy na plac wkroczył lekarz Werner Rohde[6], wśród dziewcząt zapanowała panika. Chaos, który niemal w tej samej chwili musiał zostać opanowany. Pod rygorem kary, a nawet śmierci, podczas apelu nie wolno było nam rozmawiać, ruszać się. W przeciwieństwie do nas lekarz spacerował spokojnie, rozglądał się. Obserwował każdą z osobna. Łatwo było mnie zauważyć, bo byłam wysoka. Miałam sto siedemdziesiąt jeden centymetrów wzrostu. Nie chciałam rzucać mu się w oczy. Kto wie, dokąd by mnie zabrał? Co by ze mną zrobił? Skuliłam się tak bardzo, jak tylko mogłam, jednak niewiele to dało. Spośród kilkuset dziewcząt wybrał dziesięć. W tym mnie. Czy dziś umrę? – to było chyba najczęstsze pytanie, jakie zadawała sobie każda z nas podczas pobytu w obozie.

Krótkie przejście pomiędzy barakami i już wiem, gdzie jestem – rewir. Czy jestem chora? A może będę? Gdy okazało się, że przyprowadzono nas

---

[5] K. Żywulska, *Apel poranny (09.1943)* [w:] *Na mojej ziemi był Oświęcim. Oświęcim w poezji współczesnej*, wybór i opracowanie Adam A. Zych, Oświęcim 1987, s. 322–325.

[6] Werner Rohde (1904–1946) – niemiecki zbrodniarz wojenny, lekarz SS w obozach koncentracyjnych Auschwitz-Birkenau i Natzweiler-Struthof.

do obozowego szpitala w charakterze pielęgniarek, przez chwilę poczułam ulgę. Od razu dostałyśmy szczepionkę na tyfus, bo w obozie była to najczęstsza, na równi z czerwonką (z niemieckiego zwaną durchfallem), choroba. To raczej dobrze, myślałam naiwnie. Sądziłam, że pielęgniarki są w szpitalu potrzebne. Więźniowie bardzo chorują, są słabi, doznają urazów. Esesmani natomiast chcą jednej z dwóch rzeczy. Aby więźniowie jak najszybciej wrócili do roboty lub – jeśli są do pracy nieprzydatni – by natychmiast się ich pozbyć. Jeśli chociaż przez chwilę uwierzyłam, że mój los pielęgniarki będzie choć odrobinę lepszy od losów pozostałych więźniarek, byłam w błędzie. Po dwóch tygodniach wystąpiły u mnie – i kolejno u każdej z dziewczyn – typowe objawy tyfusu. Wysoka gorączka, bóle głowy. Przez te kilka dni przebywania w szpitalu patrzyłam na konające kobiety. Obserwując, jak umierały, uznałam, że jeśli miałabym możliwość wyboru, to chciałabym odejść jak one – w majakach wywołanych gorączką. Bo majaki powodują, że przed śmiercią można spotkać mamę, jak prawdziwą, całą i zdrową. Można zobaczyć synka i nie pamiętać, że tuż po selekcji został spalony w piecu. Można zapomnieć, że esesmani odarli cię z godności, rozbierając do naga, goląc głowę, poniewierając w błocie twoje chude ciało pogryzione przez wszy.

Umrę. Tylko czy odejdę nieświadoma i przez to nieco bardziej szczęśliwa? Nie wszystkie z dziesięciu dziewczyn przeżyły ten, jak się dziś okazuje, eksperyment. Czy odeszły w złudnej radości? Tego nie wiem. Wiem jednak, że dla esesmanów ludzkie życie nic nie znaczyło. Bowiem szczepionki, które nam podali, zaraziły nas tyfusem, a nie, jak sądziłam naiwnie, zabezpieczyły przed zachorowaniem. Aplikowane nam później medykamenty służyły weryfikacji specyfików tworzonych w celu leczenia żołnierzy niemieckich. Te, które dawały zadowalające rezultaty w walce z tyfusem, miały trafić do Wehrmachtu. Stałam się szczurem doświadczalnym.

Przerwany sen

Choroba skłoniła mnie do wspomnień. Tych dobrych i tych smutnych. Notorycznie rozważałam, jak to się stało, że trafiłam do Auschwitz. Zdawałam sobie sprawę, że takie myśli do niczego nie prowadzą i nie cofnę czasu. Ale nie potrafiłam pogodzić się z losem.

Początki okupacji będą już zawsze kojarzyć mi się z trzema rzeczami. Z opustoszałymi półkami w sklepach, wzmożoną ilością zakazów ze strony Niemców oraz z pojmaniem i zabiciem dyrektora mojej szkoły, pana Warchalskiego.

Sprawy z tamtych czasów, które dziś historycy tak skrzętnie opisują w książkach, znane są mi z własnego doświadczenia. Nie było mi przecież obojętne to, co działo się w kraju. Czułam się w obowiązku walczyć o naszą zagrożoną wolność. Byłam młodą Polką i to mi wystarczyło, aby działać. Jako nastoletnia dziewczynka jeździłam na rowerze i rozwoziłam po pobliskich wsiach pocztę konspiracyjną. Szkoliłam się również na sanitariuszkę. Starałam się być rozważna i z nikim nie rozmawiałam o swoich działaniach, nawet w domu. Podejrzewałam, że mój tata, który był policjantem, i bracia, a miałam ich pięciu, też są konspirantami. Nie miałam pewności, bo wszyscy wówczas uznawali jedną podstawową zasadę: każdy wie, za co jest odpowiedzialny, ale z nikim o tym nie rozmawia. Dyskrecja była podstawą relacji z innymi ludźmi.

Był 27 maja 1942 roku. Noc. Wszyscy spali. Mój ojciec z mamą, ja, brat i dwóch wujków z Zambrowa z rodzinami. Nagle ciszę przerwał głośny łomot do drzwi. Ojciec zerwał się z łóżka. Czułam, że wydarzy się coś złego. Nikt w nocy nie przychodzi bez powodu. Z zewnątrz dobiegały do nas coraz głośniejsze rozmowy. Uporczywe łomotanie w drzwi nasilało się z każdą chwilą. Nie myliliśmy się. Gestapowcy. Wepchnęli się siłą do pokoju, w którym spaliśmy. Aresztowali nas. Kiedy wyszliśmy przed dom, oprócz mnie, taty i najstarszego brata taty z córką Stasią dostrzegłam też innych pojmanych. Sąsiadów i całkiem nowe twarze. Jedni starsi, inni bardzo młodzi, jak ja. Gdy zostałam aresztowana, miałam siedemnaście lat.

A wszystko przez jednego z sąsiadów. Mówiono, że został przesiedlony z Ukrainy. Był częstym, choć nieproszonym gościem w moim domu. Nikt nie miał śmiałości go wypraszać. Lepiej było z nim nie zadzierać. Dopytywał, prowokował, chciał wiedzieć, czy mamy jakieś wieści z konspiracji. Nigdy się nie zdradziłam.

Pewnego wieczoru siedziałam przy piecu kaflowym i czytałam „Bibułę" – niezależne pismo konspiracyjne. Kiedy wchodził do domu, szybko schowałam je za siebie, ale zdążył zauważyć, jak za plecami wciskam coś w szczelinę koło pieca. Rozpoczął swoje „śledztwo" i chociaż niczego ode mnie się nie dowiedział, musiał dać cynk Niemcom. Gdyby nie to, że żołnierze od tego właśnie miejsca zaczęli rewizję, być może nie podejrzewałabym go. Dziś wiem, że sprzedał nas za czterysta złotych.

Noc po aresztowaniu spędziliśmy w starym magazynie po browarze. Choć nie mogłam policzyć, bo dookoła panowała ciemność, było nas wielu – w tym moi rówieśnicy, nauczyciele, także mój ulubiony historyk, pan Ciochoń. Nie mogłam zasnąć. Rozmyślałam. Bałam się o rodzinę i o siebie. Chciałam, aby wszyscy znów byli wolni. Zastanawiałam się, co będzie rano.

Tymczasem w ciemnej hali ciągle ktoś się wiercił, chrząkał, kaszlał, z innej strony słychać było cichy szloch.

Z samego rana do magazynu wpadli esesmani i przewieźli nas z Ostrowi Mazowieckiej na Pawiak w Warszawie. Przebywałam tam pięć miesięcy, od 28 maja aż do 14 października 1942, kiedy to w wagonie bydlęcym wywieziono mnie do Oświęcimia.

Książki łączą ludzi

Miałam pięciu braci, którzy o mnie dbali i mnie rozpieszczali. Przyzwyczaiłam się do tego, że zawsze ktoś się mną opiekuje. Z tego powodu, czego dziś żałuję, byłam dziecinna i naiwna. Gdy inni pracowali, ja swój wolny czas wykorzystywałam na naukę. Zdążyłam ukończyć dwie klasy gimnazjum. Bardzo lubiłam się uczyć. Po kryjomu uczyłam się też języka niemieckiego, bo uważałam, że w tamtych czasach może być przydatny. I jak pokazała historia, nie myliłam się. Kochałam czytać książki i czytałam wszystko, co tylko wpadło w moje ręce.

Gdy wprowadzono mnie na Pawiak, byłam sama. Tatę i brata umieszczono w innym miejscu. Nic o nich nie wiedziałam. Przez długi czas nie miałam nawet wieści, czy w ogóle żyją. Zapłakana i rozdygotana usiadłam w kącie celi i zakryłam twarz dłońmi. Płakałam, kiedy nas aresztowano, w nocy i na Pawiaku.

Pomimo wszechobecnego strachu i tego, że ludzie w obawie o swoje życie stawali się egoistami – czemu nie można się dziwić – poznałam tu wspaniałą osobę, która zmieniła moje życie.

– Ooo! Ktoś nowy – usłyszałam głos kobiety z głębi celi. Złożyła dłonie jakby w lornetkę, obserwując mnie. – Jest! Coś takiego małego. – Nadal się przyglądała. – Drobnoustrój! – krzyknęła.

– Gdzie ja jestem? – przestraszyłam się. Byłam przekonana, że to wariatka.

Kobieta podeszła, wzięła mnie za rękę i powiedziała, że już na zawsze zostanę dla niej „drobnoustrojem". Kazała mi przetrzeć i pokazać oczy. Przez dłuższą chwilę mnie obserwowała.

– Taka zapłakana jesteś, że nie widać, czy masz zielone, niebieskie czy brązowe oczy. Nie płacz, jesteś porządną dziewczyną, a nie beksą.

W takich dziwnych okolicznościach połączyła nas mocna więź. Dużo rozmawiałyśmy, pocieszałyśmy się, chociaż częściej to ona wpajała mi pozytywne myślenie. Podkreślała, że nie jesteśmy same, bo tak wiele osób

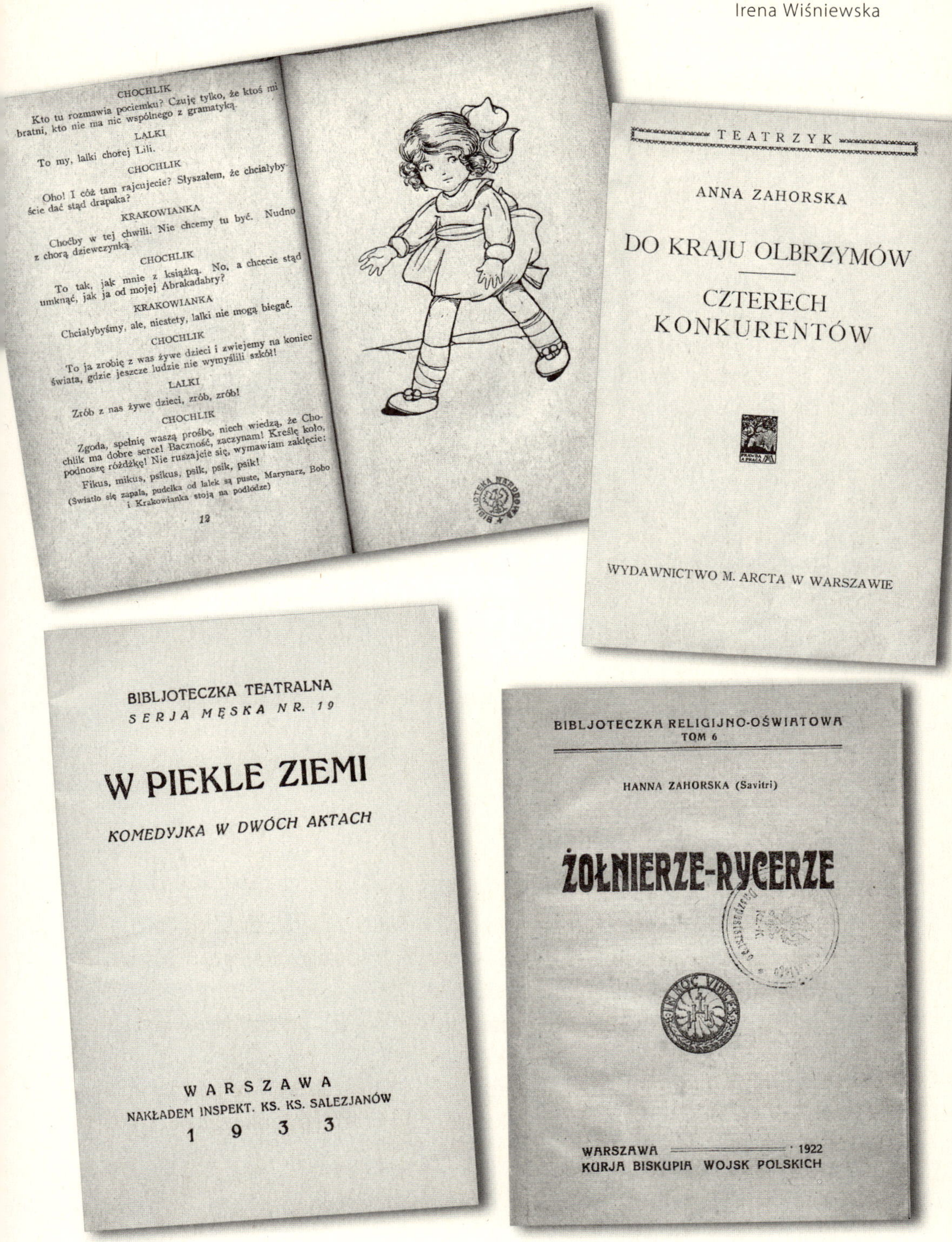

CHOCHLIK

Kto tu rozmawia pociemku? Czuję tylko, że ktoś mi bratni, kto nie ma nic wspólnego z gramatyką.

LALKI

To my, lalki chorej Lili.

CHOCHLIK

Oho! I cóż tam rajcujecie? Słyszałem, że chciałybyście dać stąd drapaka?

KRAKOWIANKA

Choćby w tej chwili. Nie chcemy tu być. Nudno z chorą dziewczynką.

CHOCHLIK

To tak, jak mnie z książką. No, a chcecie stąd umknąć, jak ja od mojej Abrakadabry?

KRAKOWIANKA

Chciałybyśmy, ale, niestety, lalki nie mogą biegać.

CHOCHLIK

To ja zrobię z was żywe dzieci i zwiejemy na koniec świata, gdzie jeszcze ludzie nie wymyślili szkół!

LALKI

Zrób z nas żywe dzieci, zrób, zrób!

CHOCHLIK

Zgoda, spełnię waszą prośbę, niech wiedzą, że Chochlik ma dobre serce! Baczność, zaczynam! Kreślę koło, podnoszę różdżkę! Nie ruszajcie się, wymawiam zaklęcie: Fikus, mikus, psikus, psik, psik, psik!

(Światło się zapala, pudełka od lalek są puste, Marynarz, Bobo i Krakowianka stoją na podłodze)

12

TEATRZYK

ANNA ZAHORSKA

DO KRAJU OLBRZYMÓW

CZTERECH KONKURENTÓW

PRAWDA A PRACA

WYDAWNICTWO M. ARCTA W WARSZAWIE

BIBLJOTECZKA TEATRALNA

SERJA MĘSKA NR. 19

W PIEKLE ZIEMI

KOMEDYJKA W DWÓCH AKTACH

WARSZAWA

NAKŁADEM INSPEKT. KS. KS. SALEZJANÓW

1 9 3 3

BIBLJOTECZKA RELIGIJNO-OŚWIATOWA

TOM 6

HANNA ZAHORSKA (Savitri)

ŻOŁNIERZE-RYCERZE

IN HOC VINCES

WARSZAWA 1922

KURJA BISKUPIA WOJSK POLSKICH

Jeszcze na Pawiaku pani Irena poznała poetkę Annę Zahorską. Oto niektóre jej utwory. Zbiory Biblioteki Narodowej

zostało aresztowanych, a rzekomo niejednemu udało się już wyjść na wolność. Tylko dzięki poznanej w celi kobiecie przetrwałam więzienie na Pawiaku. Przy niej weszłam w pełnoletniość – 9 lipca 1942 roku skończyłam osiemnaście lat.

Anna Zahorska[7], bo tak się nazywała ta kobieta, była przedwojenną pisarką, poetką i mocno zapisała się w moim życiu. Kiedy ją poznałam, wyglądała na pięćdziesiąt kilka lat. Rozmawiała ze mną o poezji, deklamowała wiersze, pytała, co lubię czytać, i opowiadała o sobie. Rozważałyśmy sens ukryty w niejednej powieści i dramacie. Starała się, jak tylko mogła, odwrócić moją uwagę od traumy związanej z wojną i tęsknotą za rodziną. Traktowałam ją jak drugą matkę, która wzięła mnie pod opiekę.

W więzieniu doskwierał nam ziąb i głód. Nie muszę chyba tłumaczyć, w jaki sposób byłyśmy traktowane. Szczęście w nieszczęściu, że pani Zahorska była warszawianką. Przychodziły do niej paczki z jedzeniem. Duży chleb, kawałek masła, wędliny – to wszystko dzieliła pomiędzy nas, często dając mi więcej niż sobie. Miała w zwyczaju powtarzać:

– Ja jestem już stara, a ty młoda. Musisz jeść więcej.

Swoje pozytywne nastawienie przekazywała też innym więźniarkom. Podtrzymywała nas na duchu, a ja się zastanawiałam, skąd ma w sobie tyle siły. Udało się jej to, co zamierzała. Dzięki niej uwierzyłam, że cała ta makabra może skończyć się dobrze, że jeszcze jest szansa.

Tramwaj na Szucha 25

W czerwcu 1942 roku Niemcy zabrali mnie na pierwsze przesłuchanie. Przez szparę w „budzie", którą jechaliśmy, obserwowałam ulice. Zachwycałam się kobietami w kolorowych sukniach, kwiaciarkami oblanymi letnim słońcem, pozornie beztroskim, tętniącym życiem światem. Dlaczego nie mogę być jego częścią? Czemu nie mogę chodzić ulicami i z ich perspektywy przyglądać się wojnie? Czułam niesprawiedliwość. Wolność była na wyciągnięcie ręki, a jednak tak daleko. Ten gwar przywołał miłe wspomnienia związane z domem. W tle słychać było jakąś melodię. Byłam jak zaczarowana.

[7] Anna Zahorska ps. „Savitri" (ur. w 1882 r.) – polska poetka, powieściopisarka i dramatopisarka. Zmarła w niemieckim obozie koncentracyjnym Auschwitz. Wszystkie jej utwory objęte były w 1951 r. zapisem cenzury w Polsce, podlegały natychmiastowemu wycofaniu z bibliotek.

Przestałam rozmyślać nad tym, co mnie za chwilę czeka. Nagle z zamyślenia wyrwało mnie szorstkie: *Aussteigen!*[8].

I tak znalazłam się w siedzibie Gestapo, przy alei Jana Chrystiana Szucha 25. Chwilę później byłam w „tramwaju", czyli zbiorowej celi. Był to długi korytarz, gdzie więźniowie, siedząc w rzędach, czekali na swoją kolejkę do zeznań. Wzdłuż korytarza stały długie drewniane ławki. Rzeczywiście korytarz przypominał tramwaj. Z jednym wyjątkiem. Prawdziwym tramwajem jeździłam na zakupy, w odwiedziny do ciotki, czasami na lody z mamą. Nikt nie wie, jak bałam się „tramwaju" na Szucha.

– Irena Jankowska – rozległo się echem po korytarzu. Osądzili mnie. Nie pytali, tylko stwierdzali, co robiłam, kiedy, z kim. Zaprzeczałam, więc zaczęli mnie bić. Do tortur stosowali pałki, pejcze, kije... Nie pomogło nawet stanie w lekkim rozkroku, choć słyszałam od koleżanek z celi, że to ulży w bólu. W pewnym momencie ból spowodował, że straciłam przytomność.

Pierwszy transport osób z naszej celi odbył się w sierpniu. Wtedy do Oświęcimia wywieziono moją przyjaciółkę i opiekunkę, panią Annę. To była strata tak bolesna jak rozstanie z rodziną. Wkrótce wywieziono też mojego tatę. Bałam się, że więcej go nie zobaczę.

Pamiętam, że kiedy pani Anna opuszczała celę, podała mi blaszaną puszkę i kazała otworzyć dopiero, kiedy wyjdzie. Zabroniła też dzielenia się z kimś zawartością.

– Musisz to przeżyć – powtarzała, wychodząc. W puszce były witaminy i może to one dodały mi wtedy fizycznych sił do przeżycia. Dziś w końcu tu jestem.

Czas bez pani Zahorskiej dłużył się okropnie. Znów ogarnęło mnie przygnębienie. Czasami zastanawiam się tylko, co by było, gdyby nie mnie upatrzyła sobie moja Anna. Gdyby to inna osoba zwróciła jej uwagę, wzbudziła podobne emocje. Czy mogłabym to wszystko opowiedzieć?

Wiadomość bez odbioru

Czternastego października 1942 roku również mnie zabrano do transportu. Było nas łącznie około pięćdziesięciu dziewcząt. Wszystkie wyprowadzono przed budynek. Stałyśmy tak samo przejęte, jak i zrezygnowane. Słyszałyśmy o obozach koncentracyjnych, w których czeka nas ciężka praca. Ale kto wiedział, czego naprawdę się spodziewać? Nigdy dotąd tak mocno nie targały

[8] *Aussteigen* (niem.) – wysiadać, wynocha.

mną nerwy i strach. Nie wiedziałam, dokąd jedziemy i czy jeszcze zobaczę rodzinę. Gdzieś w sercu tliła się nadzieja, że uda nam się to przetrwać. Choć tak szybko, jak się pojawiała, nikła.

W wagonie panował tłok i zaduch.

– Czy my gdzieś dojedziemy, czy nas uduszą w tym wagonie? – krzyknął ktoś z głębi tłumu.

Stałam na brzegu wagonu przy niewielkim okienku. Przez nie wyrzuciłam wcześniej przygotowaną na wszelki wypadek karteczkę z wiadomością do mamy. Napisałam, że żyję i zrobię wszystko, aby wrócić do domu. Taki miałam zamiar.

Gdy dotarliśmy na miejsce, esesmani wypędzili nas z wagonów. Od razu dostrzegłam wielkie budynki z cegły i poczułam nieprzyjemny zapach. Co tak cuchnie? Niemieccy żołnierze wrzeszczeli na nas, popychali nas, szturchali i bili kolbami karabinów lub pałkami. Towarzyszył temu jazgot wywołany przez rozwścieczone, wielkie psiska prowadzone przez esesmanów, którym wielką radość sprawiało szczucie nimi więźniów. Złowrogie twarze, zaciśnięte szczęki i tępy wzrok morderców spowodowały, że oblał mnie zimny pot. Wtedy już wiedziałam, że nie jest to zwykły obóz pracy. Na blok 3a – ogólny, gdzie trafiłam, prowadził nas cały „orszak" oświęcimskiej załogi w towarzystwie tych okropnych psów.

Zaraz po przyjeździe skierowano nas do sauny i przebrano w cuchnące pasiaki. Dostałam ciężkie drewniane trepy, w których trudno było się poruszać. Były za duże i grzęzły w błocie. Co bym teraz oddała za swoje wygodne trzewiki! Słowackie Żydówki ogoliły nam głowy i wtedy zauważyłam, że więźniarkom, które pełnią funkcję pielęgniarek, nie ogolono włosów, a ubrania dostały czyste. Spojrzałam na swoje brudne łachmany. Pomyślałam wówczas, że jeśli kiedyś będę miała córkę, to zostanie lekarzem.

Później nadano nam numery i zrobiono zdjęcia w trzech, znanych dziś dobrze ujęciach.

Drobnoustrój

Kiedy ubierałyśmy się w obozowe łachmany, zobaczyłam przez okno dziewczynę, która przebywała ze mną i panią Anną Zahorską w jednej celi na Pawiaku. Wybiegłam więc szybko z nadzieją, że przy jej pomocy znajdę przyjaciółkę. I rzeczywiście, udało się.

– Idź szybko, wymknij się, może jeszcze zdążysz! – powiedziała dziewczyna. Pobiegłyśmy na blok 3. Był to murowany budynek. A przed nim na resztkach słomy leżała wychudzona postać. Kobieta. Moja Anna Zahorska, opiekunka, pisarka, przyjaciółka. Leżała umierająca i patrzyła przed siebie.

– Pani Anno! Pani Anno! – krzyczałam przez łzy. Spojrzała na mnie, jej oczy się zmieniły i wyszeptała:

– Drobnoustrój...

Potem zamknęła powieki. Straciłam ją po raz drugi, ostatni.

Buty jak nowe życie

Początek mojego pobytu w obozie wspominam dramatycznie. Głód, wszy, ciężka praca. Kiedy rozprawiałyśmy na Pawiaku o Auschwitz, nie miałyśmy pojęcia, że to nie tylko fizyczne wyczerpanie, ale też stosy trupów, krematoria i unoszący się z nich smród. Do pracy chodziłam poza obóz, na *Aussen*[9]. Praca w polu była zbyt ciężka dla kobiet. Kopałyśmy lub zakopywałyśmy rowy. Czasami odnosiłam wrażenie, że ta praca była tylko po to, aby nas wykończyć. Głód i brak sił doskwierały mocniej z każdym dniem. Ciężkie trepy spadały z nóg i zostawały w błocie.

Pewnego razu podczas roboty wbiłam w dłoń drzazgę, od której zrobiła mi się czerwona pręga na ręce. Wtedy po raz pierwszy znalazłam się na rewirze jako pacjentka. Miałam zapalenie od bakterii, które dostały się do krwiobiegu. Pielęgniarka posmarowała mi rękę maścią ichtiolową, a esesman kazał wrócić do pracy. Płakałam.

– Jeśli nie masz siły, żeby pracować, udawaj, że coś robisz. Cokolwiek – powiedział przypadkowo napotkany Polak, więzień. Pracował przy rozbudowie części obozu.

– Masz tu ojca, brata? Jak masz na nazwisko? – pytał. Miałam nadzieję, że ich odnajdzie i powie, że żyję, że mi przyniesie dobre wieści o nich. Obiecałam sobie, że ich jeszcze zobaczę i po tym wszystkim usiądziemy znów wspólnie przy stole.

Kolejnego dnia spotkałam mężczyznę w tym samym miejscu. Za głazem stojącym na uboczu zostawił coś dla mnie. List od ojca! Żyje, to najważniejsze. Oprócz listu znalazłam przy kamieniu wojskowe buty. Boże, jaką radość mi sprawił! To było jak nowe życie.

[9] *Aussenkommando* (niem.) – brygada zewnętrzna, w ramach której więźniowie wychodzili poza obóz do pracy np. przy rozbiórce budynków, lub na roli.

Kobiety z transportu w 1944 roku na pierwszym apelu w Birkenau. Fot. Album Lili Jacob, nr neg. 24457–157=178, 24457–158=177

To się dzieje naprawdę

Od momentu, gdy lekarz Rohde wywołał mnie do eksperymentu, minęło kilkanaście dni. Nie wiem, ile dokładnie. Kto by liczył dni w takim miejscu? Wspomnienia z domu i pobytu w obozie powracały w snach. Wtedy podświadomie wierzyłam, że gdy się obudzę, to wszystko okaże się sennym koszmarem i niczym więcej. Każdego ranka jednak czekała na mnie prawdziwa rzeczywistość.

Dwunastego stycznia 1943 roku ciągle żyłam. Po przebytym tyfusie byłam bardzo słaba i leżałam na bloku 23 na najwyższym piętrze koi.

– 22524! – usłyszałam kobiecy głos. To był mój numer. Poderwałam się i krzyknęłam:

– Tutaj jestem! Tutaj!

Podeszła do mnie młoda, ładna dziewczyna o niebieskich, wielkich oczach i kręconych blond włosach. Wręczyła mi paczkę. Sytuacja powtarzała się kilka razy. Te pakunki uratowały mi życie. Były w nich leki. Dzisiaj wiem, że podał mi je potajemnie więzień, który był w obozie lekarzem. O tę przysługę poprosił go mój tata.

Chociaż nie było przy mnie rodziny i przeżywałam te koszmarne chwile samotnie, ciągle czułam obecność bliskich. W każdej możliwej sytuacji czy zagrożeniu stawiali moje życie nad swoje. Kto wie, ile tata z lekarzem musieli zaryzykować, aby podać mi leki, a wcześniej list i buty? O tym wiedzą tylko oni. A ja, jako jedna z więźniarek, mogę się tylko domyślać.

Misja

Tyfus wszczepiony podczas eksperymentu nie pokonał mnie. Nie zastanawiałam się nawet, kiedy wiosną 1943 roku zaproponowano mi nocne dyżury na rewirze. Niedługo później dziewczyna z Krakowa, Helena, z którą się zaprzyjaźniłam, załatwiła mi posadę archiwistki w zastępstwie kobiety, która zmarła. Śmierć przestała dziwić. Jeszcze kilka miesięcy temu na myśl o niej czułabym panikę. Teraz śmierć jednej osoby stawała się szansą dla innej. Ja też skorzystałam z tej okazji.

Praca archiwistki była zdecydowanie lepszym zajęciem niż wszystko, co do tej pory robiłam w obozie. Dzięki temu, że znałam niemiecki i potrafiłam pisać na maszynie, radziłam sobie dobrze i sądzę, że to pozwoliło mi przeżyć Oświęcim.

Przez dwa lata byłam szrajberką[10], która przyjmowała chorych, wypisywała karty chorób, mierzyła temperaturę. Miałam dach nad głową, większe porcje jedzenia i czyste ubrania. Choć zajęcie nie było zbyt uciążliwe fizycznie, było przejmujące. Co dzień oglądałam łyse, nagie i wygłodzone kobiety. Ich ciała niemal całe pokryte były wrzodami i ranami. Oczy przepełnione bólem.

Tam poznałam „człowieka, który niósł śmierć", słynnego doktora Josefa Mengele. Kiedy robił obchód na rewirze, wystarczała sama jego obecność, by pielęgniarki i więźniowie drżeli ze strachu. Był nieobliczalny. Nie można było przewidzieć, co zrobi, jakie decyzje podejmie, kogo zechce uśmiercić. Milczał. Nie sposób było odgadnąć, o czym myśli, co nim kieruje.

Gdy przychodził, w brudzie i smrodzie obozowego szpitala nagle znajdowały się białe prześcieradła i koce. Za każdym razem były odwszone! Wizyty nie trwały długo. Mengele dwa razy obchodził łóżka. Na kartach wybranych pacjentów stawiał krzyżyki. Jeszcze tego samego dnia wskazane osoby otrzymywały zastrzyk z fenolu w serce i zostawały wywiezione do pieca kremacyjnego.

Praca w rewirze stała się dla mnie misją. Chciałam i jeśli tylko mogłam, ratowałam ludzi. Robiłam wszystko, co mogłam, żeby pomóc chorym kobietom przeżyć. Dawałam dodatkową porcję leków, o ile taka była, większy kawałek chleba, gdy te chore na tyfus z powodu braku apetytu nie zjadły swojej porcji. Największym ryzykiem było ingerowanie w karty chorych. Razem z Bogusławą Czuprynówną, która pracowała ze mną, czasami zamieniałyśmy karty chorych. Zdarzało się, że „krzyżyk" od lekarza decydującego o tym, kto ma trafić do gazu, otrzymała osoba, która miała szanse na przeżycie, podczas gdy umierająca została. Podmieniałyśmy więc karty. Ratowałyśmy te, które miały więcej szans na ocalenie. Pomagali nam więźniowie, którzy przemycali leki. Brał w tym udział także mój ojciec, który na tyle, na ile mógł, wspierał nas z obozu męskiego.

Oprócz doktora Mengele, w którego ręce trafiłam w imię pseudomedycznych eksperymentów, osobą, która przerażała mnie najbardziej, była Niemka nazywana „Czarną Miją".

Na rewirze od czasu do czasu pojawiały się kobiety w ciąży. Zawsze starałyśmy się ratować matkę i dziecko, ale niestety bardzo rzadko się to udawało. Mija miała w zwyczaju brać na ręce żywe noworodki i wrzucać je do rozpalonego pieca. Po moim wyjściu z Auschwitz często wracała do mnie

---

[10] Szrajber, z niem. *Schreiber* – pisarz blokowy. W szpitalu obozowym do obowiązków szrajbera lub szrajberki należało m.in. uzupełnianie kart pacjentów.

w snach, wyrywała mi z ramion córeczkę i robiła z nią to samo, co zrobiła z tyloma niewinnymi dziećmi.

Na szczęście miałam też okazję pracować z panią Stanisławą Leszczyńską. Gdy tylko urodziło się jakieś dziecko, starała się natychmiast je przechwycić i ukryć przed Czarną Miją.

Pewnego dnia ktoś mi powiedział, że grypsy taty, które docierają do mnie, od pewnego czasu wysyła brat. Ojciec już nie żył. Pamiętam, że kiedy dowiedziałam się o tym, ogarnęła mnie pustka. Obiecałam sobie przecież, że wszyscy się jeszcze spotkamy. Myślałam, że oszaleję. Śmierć była w Auschwitz wszechobecna. Ale nie da się z nią oswoić, gdy chodzi o stratę kogoś bliskiego.

Blok Śmierci

Obozowy rewir był podzielony na bloki. W zależności od rodzaju dolegliwości więźniarki były wysyłane na odpowiedni blok. Ten o numerze 22 przeznaczony był dla Niemek. Blok 23, gdzie przez dwa lata pracowałam, był ogólną izbą przyjęć. Przyjmowane tam były kobiety chore na grypę i tyfus, gorączkujące, z uszkodzeniami kości. Stąd najłatwiej było się wydostać i powrócić do pracy. Na bloku numer 24 lokowano chore na *durchfall*. Najgorszym barakiem w obozie był Blok Śmierci – o numerze 25.

Kobieta, która na „dwudziestce trójce" dostała od doktora Mengele krzyżyk, była przenoszona właśnie na „dwudziestkę piątkę". W tym bloku chorymi zajmowały się najczęściej Żydówki, a gdy ktoś tam trafił, niewielkie były jego szanse na wydostanie się z Auschwitz-Birkenau w inny sposób niż przez komorę gazową.

Kiedy pod koniec mojego pobytu w obozie przeniesiono nas do obozu macierzystego Auschwitz I (mężczyźni zostali z niego wcześniej przetransportowani do innych obozów), nakazywano nam, abyśmy podczas apeli patrzyły na więźniarki wieszane dla przykładu. Słyszałam, że dwadzieścia jeden dni przed wyzwoleniem obozu powieszono cztery Żydówki, które dostarczyły *Sonderkommando*[11] materiały wybuchowe. Za ich pomocą więźniowie w znacznej części zburzyli krematorium IV i podjęli próbę ucieczki z obozu. Niestety nie była ona skuteczna.

---

[11] *Sonderkommando* (niem.) – specjalne grupy robocze więźniów pracujące w komorach gazowych przy wynoszeniu zwłok, w krematorium przy wyrywaniu złotych zębów i paleniu zwłok. W obozie żyli odseparowani od innych więźniów. Jako świadkowie działania śmiercionośnej machiny byli co jakiś czas zabijani i zastępowani nowymi więźniami.

Poezja

To książki i poezja pomogły mi przetrwać psychicznie pobyt w obozie. Mogę śmiało stwierdzić, że Opatrzność zsyłała mi osoby, którym – tak jak mnie – nie było obojętne słowo pisane. Najpierw pani Zahorska, która okazała się dla mnie kimś znacznie więcej niż tylko znajomą pisarką. Później, na rewirze, poznałam niezwykłą kobietę, która tworzyła poezję obozową. Pisała ołówkiem na papierze. Może zdziwi kogoś fakt, że miała do dyspozycji papier i ołówek. Tego akurat w obozie nie brakowało. Chłopcy donoszący nam grypsy z paczkami mogli przynieść i załatwić – co oznaczało ukraść – wszystko.

Poznaną przeze mnie poetką była Krystyna Żywulska[12]. Jeśli w takim miejscu jak Auschwitz można mówić o szczęściu, to właśnie ono lub jakaś jego postać spotkały mnie przez tę znajomość.

Gdy pani Krystyna Żywulska trafiła do obozowego szpitala, stwierdzono u niej tyfus. W karcie choroby wpisałam jednak gorączkę. Gdyby lekarz obozowy spostrzegł w karcie pacjenta chorobę zakaźną, mógłby, co czasami się zdarzało, przenieść kobietę na Blok Śmierci. Życie pani Krystyny było zagrożone nie tylko przez chorobę i obozową codzienność pełną niebezpieczeństw. Wiersze, które pisała, ukazywały prawdę o obozie, dlatego jej poezja przeszkadzała Niemcom. Wystarczy przytoczyć tytuły utworów: *Marsz przez bramę* czy *Apel poranny*.

Zamieniłyśmy więc karty chorych, kartę pani Krystyny przypisałyśmy kobiecie, która była umierająca. W ten sposób ocaliłyśmy Żywulskiej życie.

Gestapowcy mieli oko na poetkę lagrową. Zastanawiam się, jak jej wiersze wpadły w ręce Niemców, i wydaje mi się, że powodem była zwykła nieostrożność. Nie sądzę, aby ktoś doniósł. Ta poezja nas, więźniów, łączyła.

Aby w obozie nie oszaleć, próbowałyśmy różnych sposobów na zajęcie myśli. Śpiewałyśmy piosenki. Czytałyśmy wiersze Krystyny Żywulskiej. Były smutne, ale pomagały pogodzić się z losem, jaki nas spotkał. Oto jeden, bardzo poruszający:

---

[12] Krystyna Żywulska (właśc. Zofia Landau) – ur. 1914 r., zm. 1993 r., polska pisarka, felietonistka, autorka tekstów piosenek i graficzka żydowskiego pochodzenia. Jej najważniejsze dzieła to m.in.: pamiętnik *Przeżyłam Oświęcim*, powieść *Pusta woda* oraz *Wiersze Oświęcimskie*. Pisała także teksty piosenek, m.in. *Taka jestem zakochana* i *Tańcz ze mną, tańcz*.

List niewysłany

Piszę do Ciebie, Mamo,
Co miesiąc list oficjalny.
Zawsze prawie to samo,
Tekst dobrze znany, banalny.

Że żyję, że jestem zdrowa
I że za paczki dziękuję –
Co myślisz, czytając te słowa?
Jak je rozumiesz, co czujesz?

Czy wiesz, jak wielka to blaga?
Ty jeden to wiesz, o Boże,
Jak prawda wygląda naga,
Opowiem Ci kiedyś może...

Skończyły się uniesienia,
Romantyzm diabli wzięli,
Czy wiesz, jakie mam marzenia?
O czystej marzę pościeli.

I tak by się bardzo chciało
Mieć zawsze gorącą wodę...
Mamo, czy wiesz – moje ciało
Jest jednym wielkim wrzodem.

Tu wszy i pchły mnie jedzą
I tylko wyję z rozpaczy,
A tam, na wolności, czy wiedzą,
Co słowo „Durchfall" znaczy?

I można zielonym iść lasem
I śpiewać, jak przyjdzie ochota.
Mamo, Ty nie wiesz, jak czasem
Nagle ogarnia tęsknota.

Miotam się jak szalona
W męce i bezsilności,
W próżnię wyciągam ramiona
Do życia... ach do wolności...

W szpitalu obozowym pani Irena spotkała poetkę Krystynę Żywulską, której ocaliła życie. Fot. Wikimedia Commons

. . . .

A na stajennej pryczy,
Bliski człowiek umiera,
Oczy ma błędne i krzyczy,
A śmierć ofiary wybiera…

Krzyczy, że żyć chce jeszcze,
że m u s i do dzieci, do domu;
Gorączka Ją trawi i dreszcze,
Śmierć zbliża się po kryjomu…

Na próżno czekacie dzieci
W żalu ogromnym, w tęsknocie,
To dobrze, że Wy nie wiecie,
Jak trup Jej leżał w błocie.

Pod blokiem z innymi trupami
O… nie leżała tam sama
Całymi godzinami
Kochana Wasza mama…

. . . .

Tuż obok… niedaleko
Umiera jeszcze jedna;
Łza błądzi pod powieką
I nic już sił nie ma biedna.

Lat ma dwadzieścia, dziewczyna
I gdzieś tam za drutami
Ktoś za Nią tęskni, wspomina,
Gorzkimi płacze łzami.

To mama Jej się smuci,
Czeka od wielu miesięcy.
Ona już nigdy nie wróci
Jak innych… tyle tysięcy.

. . . .

Przed sobą wciąż tylko widzę
Dziesiątki ciał krościastych;
M a m o, ja się tak brzydzę,
Tu każdy trędowaty.

W długie bezsenne noce
Rozmawiam z Tobą, Mamo.
Blask lampy w górze migoce
I śni mi się ciągle to samo:

Że się pochylasz nade mną,
Jak niegdyś nad kołyską.
Rękę masz taką przyjemną,
Tak długo jesteś blisko.

Pragnę zatrzymać Cię siłą
O mamo moja kochana!
Lecz wiem – tak się tylko marzyło
Za mną znów noc nieprzespana.

Grudzień 1943[13]

Odważna

Na rewirze pracowałam dwa lata. W latach 1943 i 1944. Chociaż praca z chorymi była przygnębiająca, poczuwałam się do odpowiedzialności za życie tych, którzy żyć mogli, a ja mogłam im pomóc. Kiedy pracowałam tutaj, było mi też łatwiej walczyć o siebie. Nie wyglądałam źle. Dużo pomagał mi brat, a dodatkowe porcje jedzenia, które otrzymywałam od niego, często oddawałam chorym. Mieszkałam w drewnianym baraku, gdzie panowały lepsze warunki życia niż w murowanych budynkach. Pewnego razu jakiś lekarz, niezadowolony, że pracują tu tak młode dziewczyny, krzyknął „*Raus!*" i nas wypędził. Wtedy nagle poczułam w sobie wielką odwagę i podeszłam do nowego komendanta obozowego Auschwitz-Birkenau.

– Komendancie, pracowałyśmy z koleżankami w rewirze i dziś zostałyśmy wyrzucone. Ponoć jesteśmy za młode. Proszę nas nie przenosić do innego obozu – powiedziałam.

– Tak wam tu dobrze? – zapytał i spisał numery obozowe moje i koleżanek.

Bałyśmy się, że zostaniemy przeniesione gdzie indziej i znów będziemy jako *Zugang*[14] źle traktowane. Tu było okropnie, ale kto wie, czy w innym

[13] K. Żywulska, *List niewysłany (12.1943)* [w]: *Na mojej ziemi był Oświęcim*, dz. cyt., s. 325–327.
[14] *Zugang* (niem.), w gwarze obozowej też „cugang" – nowo przybyli do obozu więźniowie.

miejscu nie byłoby jeszcze gorzej? W Brzezince przynajmniej znałyśmy zasady. Wiedziałyśmy, na co możemy sobie pozwolić.

Weszłam zadowolona do baraku i pochwaliłam się koleżankom, co zrobiłam. Sądziłam, że dzięki temu nigdzie nas nie wywiozą. Dziewczyny jednak zaczęły płakać i krzyczeć. Były przekonane, że po moim wyczynie na pewno spotka nas kara lub transport w nieznane. Ogarnęła mnie panika. Może miały rację? Po co ja to zrobiłam?!

Dziewczyny obawiały się też, że za moją zuchwałość możemy zostać przeniesione do Puffu[15] – obozowego domu publicznego. Niektóre kobiety szły tam z wielką chęcią, my jednak się bałyśmy. Byłyśmy ładne i zdrowe. Kto mógł wiedzieć, co komendantowi przyjdzie do głowy?

Miałyśmy znajomą w dziale politycznym. Była Słowaczką i miała na imię Wala. Bez zastanowienia, jak tylko nadarzyła się okazja, poszłyśmy do niej.

– Wala, ratuj! Głupotę zrobiłam, podałam komendantowi nasze numery! – opowiedziałam dokładnie, co się stało. – Jeśli przyjdzie jakieś polecenie, to na pewno przez wydział polityczny. Pomóż nam – prosiłam.

– No tak, rzeczywiście narobiłaś problemu – przytaknęła Wala. Na szczęście wypatrzyła, że zwolniły się miejsca w tak zwanej Kanadzie[16]. Praca tam polegała na zakładaniu kart i rejestrowaniu ubrań nowo przybyłych więźniów. Wsadzałyśmy ciuchy do worków i oznaczałyśmy je numerami nadanymi więźniom. Była to dobra praca, bo w pomieszczeniu i nie narażała na śmierć tak bardzo, jak zajęcia poza obozem. Kiedy ją rozpoczęłam, często wspominałam swój przyjazd do Oświęcimia.

Od Żydówek pracujących w lagrze obok oddzielone byłyśmy tylko drutem kolczastym. One przyjmowały nowe transporty ludzi i odbierały od nich ubrania, pakunki, torby z osobistymi rzeczami i kierowały przybyłych do kąpieli. Wiadomo, co to była za „kąpiel".

Bardzo często warunki przewożenia Żydów były tak potworne, że wiele transportów dojeżdżało z martwymi ludźmi. Esesmani otwierali wagony, a ciała nieboszczyków wypadały na rampę. Później hitlerowcy dobudowali część rampy bliżej krematorium, aby przewozić ciała krótszą trasą. Widziałam niekiedy, jak wychodziły z wagonów całe rodziny. Mężczyzn oddzielano od

---

[15] W nazistowskich obozach koncentracyjnych funkcjonowały domy publiczne, zakładane przez Niemców w ramach systemu motywacyjnego dla więźniów. W obozie Auschwitz I dom publiczny założono w sierpniu 1943 r. Mieścił się w bloku 24.

[16] Kanada – magazyn do składowania zagrabionego mienia Żydów, ofiar zagłady. Praca w Kanadzie była w obozie uważana za jedną z najlepszych, obok pracy w kuchni i magazynach żywnościowych. Stąd zapewne powstała nazwa – Kanada kojarzyła się wówczas z krajem dobrobytu, w którym żyje się w sytości i dostatku.

kobiet z dziećmi. Do komór gazowych pod pretekstem kąpieli prowadzono nieprzydatne do pracy matki z maluchami. A tam już tylko cyklon B i piece...

Odebrane więźniom przedmioty wysyłano do Niemiec. Zdarzało się, że Żydówki przerzucały nam ładne ubrania przez druty.

Pracując w Kanadzie, nie mieszkałam z pozostałymi więźniarkami w murowanych i zaniedbanych barakach, przypominających jaskinie, tylko w drewnianych, położonych blisko miejsca pracy. Tu koje były czystsze, trzypiętrowe... W Kanadzie pracowałam już do samego końca. Do Marszu Śmierci, w którym brałam udział.

Osiemnastego stycznia 1945 roku, w dniu ewakuacji obozu w Auschwitz, razem z innymi więźniami wyruszyłam do Wadowic. Szliśmy przez wiele dni polnymi drogami, lasami i przez łąki. Nie mieliśmy nic do jedzenia, a ludzie w wioskach, które mijaliśmy, nie zawsze byli na tyle życzliwi, aby dać nam coś zjeść. Szliśmy grupami, nigdy osobno. Marsz był równie niebezpieczny, co sam pobyt w Auschwitz. Niemieckim żołnierzom zależało na zlikwidowaniu naocznych świadków zagłady, jaką urządzili w obozie.

Z Wadowic zabrali nas transportem do lagru kobiecego w Ravensbrück. Tam prowadzono eksperymenty i doświadczenia na młodych dziewczynach. Wycinano im kawałki ciała z nóg i wykorzystywano je do operowania niemieckich żołnierzy. Wiele kobiet było poranionych, niektóre zostały kalekami, inne z powodu zakażeń zmarły.

Z początkiem kwietnia 1945 roku trafiłam do obozu Neustadt-Glewe w północnych Niemczech, a 2 maja 1945 roku wkroczyły tam amerykańskie wojska. Żołnierze otworzyli szeroko bramy, oznajmiając nam, że jesteśmy wolni. Nie pamiętałam już, co oznacza to słowo. Myślałam tylko: do domu, do domu chcę. A do domu tak daleko! Byłam przecież w Niemczech. Mimo to przekonywałam samą siebie, że wrócę do mamy, tak jak napisałam na kartce wyrzuconej przez okno pędzącego pociągu, która do niej nigdy nie dotarła. Chociaż ból po stracie ojca powracał każdego dnia, żyłam nadzieją, że spotkam resztę rodziny.

Ten koń jest mój!

Grupami opuszczałyśmy Neustadt-Glewe. Wraz ze mną szły zaprzyjaźnione koleżanki z obozu. Obóz był położony kilka kilometrów od miasta. Byłam zdeterminowana, chciałam wracać do domu. Byłam wolna! To mnie nagle uskrzydliło. Wracam do rodziny. Będę czytać, znów podejmę naukę. Pogodzę się z przeszłością.

Zobaczyłam jakieś gospodarstwo. A tam furmankę, do której Niemiec zaprzęgał konie. Z przodu i z tyłu wozu siedzenia były obite miękkim materiałem. Nigdy wcześniej nie miałam styczności z takim pojazdem! Ale czy to ważne? Byłam ubrana w normalne ciuchy dzięki Żydówkom, które zza drutów w obozie przerzucały nam rzeczy pozostawione z transportów. Z wyglądu nie przypominałam już więźniarki, którą byłam. Odważnie podeszłam do mężczyzny.

– Bierzemy ten wóz i konie, bo są nam potrzebne – powiedziałam stanowczo. Koleżanki stały wystraszone za mną. Niemiec zupełnie nie przejął się tym, co mówiłam. Stwierdził tylko, że jestem bezczelna. Złapałam go za ramiona i zaczęłam mocno nim potrząsać. Krzyczałam, że ma natychmiast odejść od koni. Skąd znalazłam w sobie tyle siły i pewności siebie? Nie wiem. Tak czy inaczej, koleżanki włączyły się do szarpaniny i zaczęły krzyczeć, że zabieramy wóz i koniec.

– Już cię nie ma! Konie są nasze, wynocha!

Ciągle nie wierzę, że to zrobiłam. Niemiec się wystraszył i odszedł. Ja, niedoświadczona dotąd w powożeniu, wsiadłam na wóz, złapałam za lejce i ruszyłam z impetem. W stronę domu. W ten sposób dostałyśmy się do

Irena Wiśniewska w sanatorium w Kudowie--Zdroju, 1957 rok (na obu zdjęciach). Fot. Archiwum rodzinne

Szczecina. Ze Szczecina pociągiem ruszyłyśmy do Warszawy. Pociąg jechał bardzo długo, zatrzymywał się nocą i stał po kilkadziesiąt minut, czasami dłużej. Nie miałyśmy ze sobą jedzenia ani pieniędzy. W czasie postojów biegałyśmy do opustoszałych domów, z których całkiem niedawno pouciekali Niemcy. Wymykając się w pośpiechu, nie wzięli ze sobą wielu rzeczy. Dokładnie tak jak my, kiedy zabierali nas do obozu. W ich szafkach znajdowałyśmy jedzenie. Nie byłyśmy więc głodne. Na kolejnych stacjach koleżanki, z którymi opuściłam obóz, wysiadały i wracały do domów. Dojechałam do samej Warszawy i udałam się do Małkini koło Ostrowi Mazowieckiej, gdzie miałam przyjaciółkę z dziecięcych lat. Stamtąd zawiadomiłam mamę, która od razu przyjechała po mnie konno. Następnego dnia wrócił mój brat Henryk.

Życie jeszcze raz

Przez długi czas po powrocie z obozu nie miałam menstruacji. Myślałam, że nie będę mogła mieć dzieci. Musiałam przyzwyczaić się do życia na nowo. Kiedy ktoś się śmiał, nie wiedziałam, jak się zachować. Nie umiałam tego robić.

W 1945 roku zainteresowały się mną władze. Byłam inwigilowana, odrzuciłam propozycję pracy, jaką mi złożono – w Urzędzie Bezpieczeństwa – i wszelkiej współpracy. Pewnego dnia ktoś mnie ostrzegł:

– Uciekaj, bo przyszedł na ciebie czas.

Władze rozpoczęły łapankę byłych członków AK. Zdążyłam uciec do Wrocławia, gdzie mieszkał mój brat. Ciężko było mi wyjeżdżać, dlatego nie zrobiłam tego wcześniej. Tata nie żył, chciałam pomóc mamie. Byłam dorosła, zamierzałam pracować.

W 1947 roku wyszłam za mąż. Mój mąż też był w AK. Do Wrocławia, na tak zwane Ziemie Odzyskane, uciekł z Wołynia, aby zatrzeć po sobie ślad – jak wielu akowców.

Rok po ślubie urodziłam córkę. Była wcześniakiem, a ja nie miałam pokarmu, pewnie przez doświadczenia z obozu. Siódmego maja 1952 roku na świat przyszedł mój syn.

We Wrocławiu pracowałam w Polskich Zakładach Zbożowych. Zdałam maturę, ale na studia nie dostałam się z powodów politycznych. Do Warszawy wróciłam w 2000 roku z powodu choroby serca mojego męża. Sam profesor Religa operował go w stolicy.

Spełniło się moje dawne marzenie. Córka Liliana została lekarzem. Bardzo dobrym. Profesorem. Syn po zakończonej edukacji rozpoczął pracę jako

Irena Wiśniewska w mundurze podporucznika kombatanta. Fot. Archiwum rodzinne

kierowca. Czas nie zaleczył ran z przeszłości, ale nauczyłam się z nią żyć w zgodzie. Czy mogłam zrobić coś innego?

Miałam też czas na rozważanie poezji i czytanie książek, które tak kocham.

Wierzę, że śmierć tak wielu ludzi w Auschwitz nie poszła na marne. A ta garstka uratowanych na rewirze, ukrytych przed esesmanami, warta była największego nawet ryzyka. Ich losy to nowe historie tętniące życiem. Wierzę, że jestem tu dziś dzięki radom, jakie dawała mi pani Zahorska, i sile płynącej z miłości do rodziny.

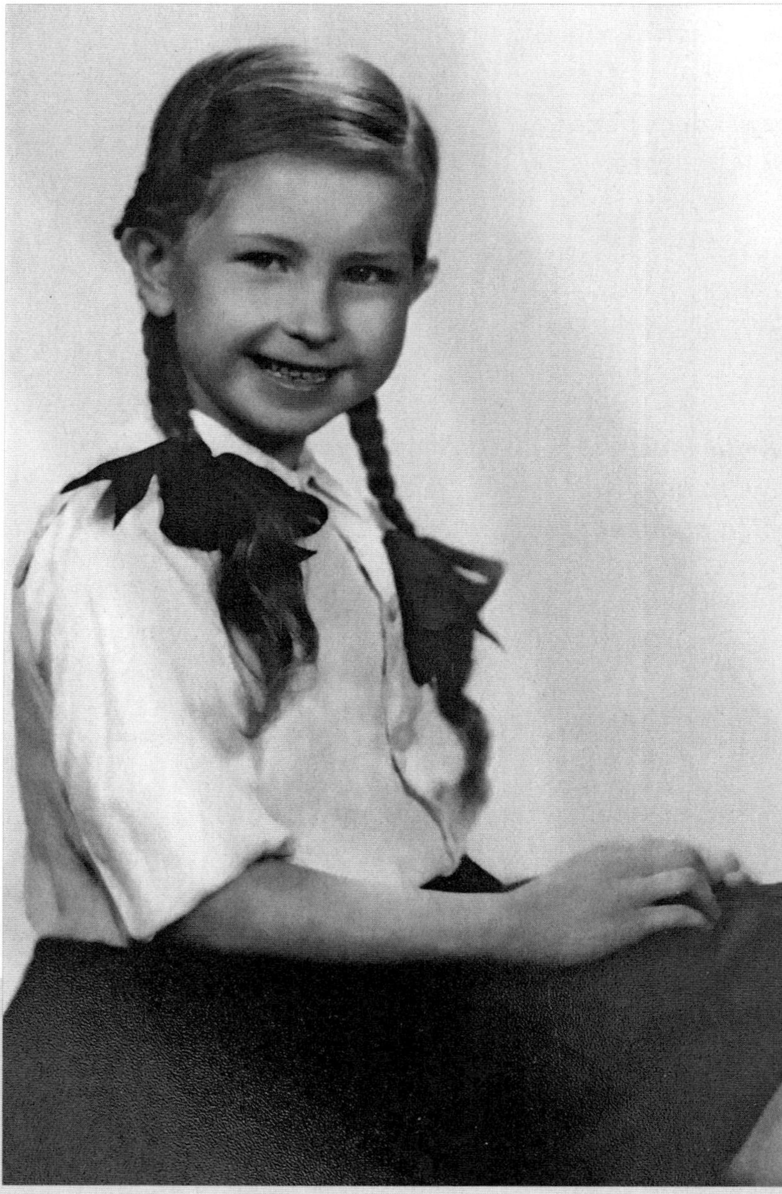

Ula ma 7 lat, Warszawa 1943 rok. Fot. Archiwum rodzinne

Nr obozowy: 84457

URSZULA KOPERSKA z domu **Kublik**

Urodzona: 14 maja 1936 roku w Warszawie

Data wywózki do Auschwitz-Birkenau: 12 sierpnia 1944 roku

Obozy koncentracyjne: Auschwitz-Birkenau, Sachsenhausen

Dziś pewnie może się to komuś wydać niedorzeczne, jednak wtedy był to nasz cały dobytek (chleb). Straciliśmy go. Na tamten moment to była największa strata w życiu.

URSZULA KOPERSKA

Mała dziewczynka z Auschwitz

Do obozu trafiła jako ośmioletnie dziecko. Odseparowana od rodziców i brata, nie zdawała sobie sprawy z tego, w jakim piekle się znalazła. Opowiada o głodzie, strasznej tęsknocie i strachu. Jej wspomnienia to też historia każdego samotnego dziecka w obozie. W baraku, w którym się znajdowała, więzień artysta rysował dzieciom na ścianie obrazki, które przetrwały do dziś.

Tematem KL Auschwitz-Birkenau interesuje się wielu ludzi. Miło patrzeć, kiedy młode osoby przychodzą na spotkania z nami, byłymi więźniami tego obozu. Na jednym ze spotkań w muzeum oświęcimskim zapytałam młodą dziewczynę, z jakiego powodu tu przyjechała. W takie miejsce, pełne śmierci i tragicznych wspomnień. Ujęła mnie swoją szczerością, kiedy powiedziała, że nie umie sobie wyobrazić ogromu tego okrucieństwa, jakie ludzie wyrządzili ludziom.

– Tego sobie wyobrazić nie można. Nie staraj się więc tego robić – odpowiedziałam.

Wierzę w przeznaczenie. Żyję, bo widocznie tak miało być. Trzykrotnie stałam pod murem, czekając na rozstrzelanie. We mnie i moich bliskich wycelowana była niemiecka broń. A jednak przeżyłam.

Jeszcze teraz to widzę

Kiedy miałam trzy lata, rozpoczęła się okupacja. Z bratem Jackiem i rodzicami mieszkaliśmy wtedy na Olesińskiej 4. Dla tak małego dziecka pewne

Stanisława i Aleksander Kublik, zdjęcie ślubne rodziców pani Urszuli, 1932 rok. Fot. Archiwum rodzinne

sprawy nie są zrozumiałe. Patrzyłam na otaczający mnie świat, dziwiąc się tylko niektórym zdarzeniom. Trudno wytłumaczyć trzylatce, dlaczego w domu brakuje jedzenia, skąd ten strach i nieustanny stres. Mój ojciec był członkiem Armii Krajowej. Działał w konspiracji. Jego akcje zostały zauważone i Gestapo zaczęło go szukać. Nie znam dokładnego powodu, dla którego Niemcy chcieli go aresztować. Wiem natomiast z opowiadań mamy, że bratanek taty powiedział kiedyś:

– Ciociu, gdybyś tylko wiedziała, co wujek w tej konspiracji robił!

W czasie okupacji mama nie chciała wiedzieć, czym zajmuje się ojciec. Bała się, że jeśli i ją złapią gestapowcy, torturowana wyjawi, gdzie jest tata. Gestapowcy często przychodzili do naszego mieszkania i dokonywali rewizji. Zaglądali do szuflad, jakby szukali czegoś konkretnego. I oczywiście do szafy – przecież tata mógł się tam ukryć. W domu jednak go nie znaleźli, ponieważ skutecznie się ukrywał.

W 1943 roku poszłam do pierwszej klasy. Gdy 3 grudnia 1943 wracałam ze szkoły, na ulicy panowała cisza. To było dziwne. Nie jeździły samochody. Ruch przy rogu ulicy Puławskiej i Olesińskiej został zablokowany. Echem unosił się tylko odgłos donośnych salw. Przybiegłam wystraszona do domu,

Ula Kublik z rodzicami i bratem Jackiem przed wojną, park Dreszera, Warszawa. Fot. Archiwum rodzinne

3-letnia Ula Kublik, Mokotów, Warszawa. Fot. Archiwum rodzinne

gdzie mama z sąsiadkami już się modliły. Wiedziały, co się dzieje. Przy Rakowieckiej rozstrzelano Polaków. Tego dnia miały miejsce uliczne egzekucje, podczas których zginęło stu osiemdziesięciu Polaków. Niemcy zabijali dziesięciu naszych za jednego swojego[17].

Nawet przez nasze okna słychać było strzały. Kobiety trwały w modlitwie. Byłam wystraszona. Dopiero kiedy ucichły odgłosy tragedii, mogłyśmy

[17] 3 grudnia 1943 r. na podwórzu spalonego domu przy ul. Puławskiej 21/23 oraz obok zajezdni tramwajowej przy ul. Puławskiej 13 Niemcy przeprowadzili wielką egzekucję polskich zakładników. W niemieckim obwieszczeniu podano nazwiska 100 rozstrzelanych. Z informacji przekazanych przez konspiracyjną komórkę na Pawiaku wynikało jednak, że tego dnia wywieziono na śmierć 112 mężczyzn. W gronie ofiar znaleźli się m.in.: Stefan Bryła (profesor Politechniki Warszawskiej, poseł na Sejm RP), Stanisław Siezieniewski (aktor i reżyser teatrów wileńskich i łódzkich) i Henryk Trzonek (artysta muzyk, kierownik kwartetu smyczkowego Polskiego Radia). Zakładników rozstrzelano w odwecie za atak na niemieckie „budy" policyjne, przeprowadzony w tym miejscu poprzedniego dnia przez żołnierzy AK.

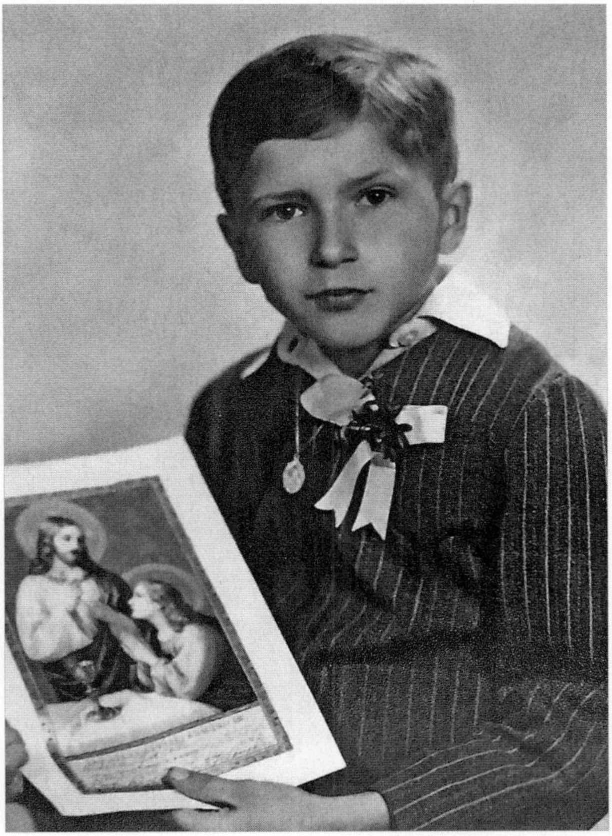

Pierwsza Komunia Święta brata Jacka, Warszawa, 1943 rok. Fot. Archiwum rodzinne

wyjść z domu. Ruch na ulicy został wznowiony. Poszłyśmy więc na miejsce zbrodni, aby oddać hołd zamordowanym. Mama zabrała mnie ze sobą, wzięła kwiatki i ruszyłyśmy w kierunku Rakowieckiej. W takich sytuacjach to ja towarzyszyłam mamie. Brat był już za duży. Miał wówczas dwanaście lat. Poza tym był chłopcem, mogli go aresztować.

Dotarłyśmy na miejsce. Do końca życia będę miała te obrazy przed oczami. Była tam zajezdnia tramwajowa z wrotami z drewnianych sztachetek. To na nich wisiały strzępy rozstrzelanych przez Niemców mężczyzn. Niemieckie dzieło sadyzmu i okrucieństwa. W pamięci utkwiła mi kobieta ubrana cała na czarno. W dłoni trzymała białą chustkę, do której zbierała ze sztachet szczątki rozstrzelanych ciał. Widocznie zginął tu ktoś jej bliski.

Pierwszego sierpnia 1944 roku wybuchło Powstanie Warszawskie. Trzy dni później do naszego domu przyszli hitlerowcy i Ukraińcy. Wypędzili nas pod mur. Panował straszny zamęt, ludzie płakali i głośno się modlili. Było nas około osiemdziesięciu osób. Kobiety, mężczyźni, dzieci i starcy. Pamiętam brutalność sołdatów, mojej ciotce zerwali siłą z palca obrączkę, innym kobietom wyrywali z uszu kolczyki, zabierali wszystko, co było wartościowe. Czekaliśmy, kiedy zaczną strzelać. Sytuacje, w których obawialiśmy się, że nas zabiją, powtórzyły się aż trzy razy. Ostatecznie wpędzili nas do piwnicy w naszej kamienicy. Dom został podpalony, a przez okienka do piwnicy wrzucano granaty. Niepokoiliśmy się, co będzie dalej. A oni krzyczeli po polsku: „Wychodzić!".

Mama się bała, że dom się zawali. Wolała umrzeć od kuli, niż dusić się pod gruzami. Wtedy podjęła decyzję – była to chyba najtrudniejsza decyzja w jej życiu.

– Idziesz z nami czy zostajesz? – zapytała taty. Ojciec był żołnierzem. Nie mógł tak po prostu oddać się w ręce wroga.

– Stasia, nie mogę. Jeśli coś wam się stanie, a ja przeżyję, to wtedy wyjdę i przynajmniej zabiję jednego z nich – odpowiedział.

Pierwsza Komunia Święta Uli, Warszawa, 1946 rok. Fot. Archiwum rodzinne

Strome schody wyprowadziły nas z piwnicy. Kiedy znalazłyśmy się na zewnątrz, mama powiedziała do hitlerowca stojącego przy schodach:

– Jeśli musicie, to zabijcie najpierw dzieci, a później mnie.

On z ironicznym uśmiechem odrzekł, że zabijają tylko „bandytów".

– Kto jest w piwnicy? – zapytał mamy.

– Mieszkańcy kamienicy.

Wtedy ponownie kazali opuścić piwnicę. Gdy ludzie wyszli, Niemcy zabrali im resztę cennych rzeczy. Zapędzili nas z podniesionymi rękami na Puławską 24, do domu Wedla, a kamienica płonęła.

Na Puławskiej przejął nas inny konwój. Pędzili nas przez ulice do Włoch koło Warszawy. Tam załadowali do pociągu i wywieźli do Pruszkowa. Następnie wsadzili nas do bydlęcych wagonów i wyprawili w kilkudniową podróż w nieznanym kierunku. Gdy czasami pociąg się zatrzymywał, Polacy podawali nam wodę lub coś do jedzenia. Niemcy do nich strzelali.

Ostatni obraz ojca

W końcu pociąg zatrzymał się na dobre. Był 12 sierpnia 1944 roku. Mijały godziny, a nas nie wypuszczano. Nikt się nawet nie domyślał, gdzie jesteśmy. Tylko przez małe okienko dostrzec można było rzędy baraków i ludzi w pasiakach. Nagle któryś z pasażerów krzyknął: „Oświęcim!".

W wagonie zapanowała panika. Dopiero gdy nastała noc, otworzono drzwi i kazano nam wysiadać. Od razu oddzielono na jedną stronę mężczyzn i pognano ich pierwszych. Tata, mijając nas, posłał w naszą stronę słowa pożegnania. To był ostatni raz, gdy go widziałam, i tak go zapamiętałam. Kobiety z dziećmi ustawiono na rampie piątkami. Na szczęście mojego brata potraktowali jeszcze jako dziecko i został ze mną i z mamą. Ja miałam wówczas osiem lat, a brat dwanaście.

Wpędzono nas do pustego baraku. Nie dostaliśmy ani wody, ani jedzenia.

Świat wiecznie toczy wojnę

Chyba od zakończenia II wojny światowej jeszcze nie było jednego dnia, żeby gdzieś na świecie nie toczyły się wojny. Niestety, walka tkwi w ludzkiej naturze. Sam Hitler zamordował miliony ludzi, ale wszystko odbyło się w białych rękawiczkach, bo kto inny dokonywał za niego zbrodni.

To samo miało miejsce w obozach. Komendantura niemiecka rzadko bezpośrednio dopuszczała się mordu czy katowania ludzi. Po co mieli sobie brudzić ręce, skoro byli od tego kapo[18] i więźniowie funkcyjni? Niemiec chodził w błyszczących butach z pejczem w ręku, z psem i dumnie uniesioną głową. Jeśli miał ochotę, to bez uprzedzenia mógł zabić któregokolwiek więźnia.

W obozie nie liczono się z ludźmi. Mam wręcz wrażenie, że im większy ból nam zadawano, tym większą radość mieli oprawcy.

Rozstania

W pustym baraku spędziliśmy dzień, może dwa. Później wstawiono tam stoły, za którymi zasiedli więźniowie odpowiedzialni za spisywanie osobistych rzeczy, które mieliśmy oddać w depozyt. Mama miała na sobie kamizelkę z kieszonką; jeszcze w Warszawie schowała nożyczki, zwitek wełny i śliczny, dziewczęcy pierścionek, który otrzymała na osiemnaste urodziny. Kiedy później oddali jej tę kamizelkę, w kieszonce były nożyczki i wełna. Pierścionek został zagrabiony.

Zagnano nas do sauny. Kobietom i dzieciom kazano rozebrać się do naga. Dla mojej mamy to było niewyobrażalne: rozebrać się przed własnymi dziećmi! Wtedy po raz pierwszy zobaczyłam nagie ciała dorosłych ludzi. Różniły się od siebie. Jedne były ładne, inne odrażające. Po wyjściu z łaźni rozpoczęło się obcinanie włosów. Moje ścinała Polka. Kiedy je skróciła, powiedziałam do mamy:

– Dobrze, że tu trafiłyśmy. Przynajmniej mi warkocze obcięli.

W szkole za moje długie, zaplecione w warkocz włosy ciągnęli mnie chłopcy. Co takie małe, ośmioletnie dziecko może rozumieć? Dla mnie liczyło się wtedy tylko to, że nikt więcej nie będzie mi dokuczał. Pamiętam, że chciałam się ostrzyc jeszcze w domu, ale tata był przeciwny. Mówił, że jeśli to zrobię, on wyjedzie do Niemiec na roboty. Oczywiście żartował, bo lubił moje warkocze. Mama do obozu przyjechała już z krótkimi włosami.

---

[18] Kapo – w tzw. samorządzie więźniarskim określenie więźnia nadzorcy komanda. Etymologię tej nazwy wywodzi się zazwyczaj od włoskiego słowa „*capo*", co oznacza głowa, szef. Kapo posiadali praktycznie nieograniczoną władzę. Mogli dowolnie karać więźniów, popędzać kijem, a nawet zabijać. Do ich obowiązków należał m.in nadzór nad tworzeniem komand, składanie meldunków o stanie liczbowym oraz zapobieganie ucieczkom. Po powrocie więźniów do obozu i apelu wieczornym ich rolę przejmowali blokowi. Kapo mieszkali oddzielnie, zazwyczaj wraz z innymi uprzywilejowanymi więźniami.

Później podczas pobytu w obozie ogolili mi głowę do skóry z uwagi na rozprzestrzeniające się wszy. Nie żałowałam włosów. Dobrze, że je ścięli. Nie mogłam ich uczesać ani umyć. O ogoloną głowę nie musiałam się martwić.

Nam, dzieciom, pozostawiono nasze ubrania. Widocznie nie mieli mniejszych niż standardowe pasiaki. Mamie przypadła ohydna sukienka, zwiewna, z dekoltem po sam pas. Okropieństwo! Następnie zapędzono nas na lager kobiecy - FKL[19]. Ustawiono stoły, wpisano nas na listę i przydzielono nam numery obozowe. Od tego momentu byłam więźniem politycznym. Odebrano mi imię i nazwisko, nadano numer 84457, na czerwonym winklu widniała litera „P" - Polka. Mama dostała numer 84456, a brat 192761. Zaprowadzono nas na blok 16. Na razie byliśmy razem.

Smutki i zmartwienia

Każdego ranka wypędzano nas na apel. Musiałyśmy stać nieruchomo przez wiele godzin. Choć był sierpień, o wczesnej godzinie na ziemi dostrzec można było szron. W dzień zaś, gdy słońce wzeszło wysoko, panował upał nie do wytrzymania.

Zachorowałam na *durchfall.*

Męczyła mnie biegunka, nie mogłam przyjmować i tak niewielkich porcji jedzenia. Na tę chorobę wielu ludzi umierało! Tymczasem do obozu przyszło trzech mężczyzn, delegowanych z obozu macierzystego Auschwitz I. Mieli w Brzezince do wykonania jakieś prace, możliwe, że budowlane. Mama rozpoznała wśród nich znajomego i poprosiła go o pomoc. Co ma ze mną zrobić? Czym wyleczyć?

– Czy jest tu jakiś lekarz? Córka ma wysoką gorączkę, biegunkę. Co mam robić?

– A broń cię Panie Boże, żaden lekarz! – odparł natychmiast. – Tu zresztą nie ma specjalistów, dziewczyno – dodał, obiecując, że postara się nam pomóc. Jeśli nie on sam, to poda przez innego więźnia „lekarstwo". I rzeczywiście. Nazajutrz jakiś mężczyzna przyniósł mamie kilka surowych kartofli, które kazał skrobać łyżką i podawać mi z przypalonym chlebem – węgiel i skrobia. Na bloku stał piecyk, na którym sztubowa gotowała dla siebie posiłki. Mama wykorzystywała go podczas jej nieobecności. Przypalony chleb z surowym ziemniakiem był ohydny w smaku, ale skuteczny! Mamie udało się mnie wyleczyć.

---

[19] FKL, skrót od niem. *Frauenkonzentrationslager* – kobiecy obóz koncentracyjny.

Pierwszy apel. Żydówki stoją jeszcze w cywilnych sukienkach, po strzyżeniu, 1944 rok. Fot. Album Lili Jacob, nr neg. 24457–168=176

– Nie dawaj jej tej wstrętnej wody do picia – zaznaczał znajomy. Woda rzeczywiście była brudna i śmierdząca. Na jej dnie osadzał się mętny, podobny do benzyny osad. Nie tknęłam jej już do końca obozu.

Pewnego dnia mama zauważyła na moim ciele liszaje. Zostałam zaprowadzona na rewir. Jeśli choroba okazałaby się zakaźna, nie wróciłabym ze „szpitala". Mama się tego bardzo bała. Tymczasem esesman w białym lekarskim fartuchu przyjrzał się moim zmianom skórnym i po polsku, choć niedbale, powiedział:

– Niezakaźne. Może żyć.

Byłam ułaskawiona. Wtedy nie zdawałam sobie sprawy, w jak poważnej sytuacji się znalazłam. Lekarz mógł wydać wyrok śmierci, a ja kolejny raz jej umknęłam.

Po około miesiącu kwarantanny mamę zabrali na inny blok. Wszystkie dzieci zostały same. Nie było już w pobliżu mam, które mogły się choć sporadycznie z nami spotkać, przytulić nas i przynieść swój chleb. Ale czasami, kiedy blokowa miała dobry humor, pozwalała na krótkie widzenia.

Z kolei 21 sierpnia 1944 roku brata zabrali na lager męski. Tam spotkał ojca! Ostatni raz widział go 25 sierpnia. To od niego dowiedziałyśmy się później z mamą, że tatę wywieziono w nieznane. Zanim jednak spotkałyśmy Jacka, przez blisko trzy miesiące nie miałyśmy żadnych informacji ani o nim, ani o tacie.

Jak się potem okazało, tata trafił do obozu koncentracyjnego Natzweiler-Struthof[20].

Smak

Na bloku obowiązywała nas ścisła blockspera[21], czyli zakaz wychodzenia. Wiadomo, jeśli siedzimy na miejscu, mają nad nami kontrolę. Pamiętam dokładnie, jak przychodziły do nas dwie kobiety, Maria i Krik, pełniące prawdopodobnie funkcję blokowych, i krzyczały:

– Jak któreś złapię, to na blok wróci jako trup!

W ten sposób chciały nas zniechęcić do prób pobiegnięcia do matek, które znajdowały się w baraku obok. Mimo to pewnego dnia udało mi się wymknąć z bloku 5 do tego naprzeciwko, gdzie przebywała mama.

Na końcu lagru po prawej stronie znajdował się nieduży barak – trupiarnia, w której składano zmarłych na rewirze. Pod dwoma blokami obozowego „szpitala" co rano leżała sterta nagich ciał. Co pewien czas przyjeżdżała ciężarówka i wywoziła je do krematorium. W tym dniu, gdy wymknęłam się do mamy, natknęłam się na taką ciężarówkę. Widok był wstrząsający dla dorosłego człowieka, a co dopiero dla ośmioletniej dziewczynki! Cała paka zapełniona była nagimi zwłokami wychudzonych ludzi. Powyginane ręce i nogi. Same kości pokryte skórą. Jak nieruchome gałęzie drzew, porozrzucane niedbale. Nie da się o tym zapomnieć. Byłam przestraszona. Okupacja nauczyła mnie życia w strachu, ale tej sytuacji nie da się porównać z niczym innym. Utrwaliła się w pamięci na zawsze.

Do mamy wybrałam się potajemnie jeszcze raz. W obozie wszystko wydawało mi się takie samo: podobne bloki, dróżki, brak trawy, jakiegokolwiek znaku szczególnego w poszczególnych barakach. Do tego stopnia zlewało się to w jedno, że zabłądziłam. Krążyłam pomiędzy barakami, aż

[20] Konzentrationslager Natzweiler-Struthof – niemiecki obóz koncentracyjny, założony we wcielonej do Rzeszy Alzacji, w Wogezach, koło wioski Natzwiller (niemiecka nazwa Natzweiler). Istniał w latach 1941–1944.

[21] Blockspera, z niem. *Blocksperre* – zakaz opuszczania bloków, wprowadzany przeważnie wtedy, gdy władze obozowe chciały wykonywać pewne czynności bez świadków.

dziwię się do dziś, że ktoś mnie nie złapał i nie zabił, podejrzewając, że staram się uciec. Kompletnie nie wiedziałam, co ze sobą zrobić. Wreszcie zauważyła mnie jakaś kobieta, więźniarka, i zabrała do baraku, w którym przebywała. Zaopiekowała się mną, poczęstowała czymś w rodzaju placka. Nie wiem dokładnie, co to było. W odróżnieniu jednak od reszty jedzenia w obozie miało smak. Było pyszne! Nie poniosłam żadnej kary za tę „wyprawę", nikt się o niej nie dowiedział. Przed apelem byłam już na swoim bloku.

Obozowe dzieci

Chodziłyśmy głodne w dzień i głodne zasypiałyśmy. Z koleżankami z koi często w opowieściach wracałyśmy do „pysznych" wspomnień. Rozmyślałyśmy o tym, co mamy gotowały w domu i co najbardziej lubiłyśmy jeść. W obozie to było naszą główną „rozrywką".

Pamiętam, jak pewnego dnia do naszego bloku przyszedł mężczyzna. Malował na ścianie kolorowe obrazki. Na jednej narysował szkołę i dzieci, jedno z nich miało na sznurku przywiązaną gąbkę. Na innej ścianie znalazła się trójka dzieci z zabawkami. Pamiętam konika na patyku i piłkę. Ten dzień to była atrakcja! Wróciły wspomnienia z domu, szkoły. Tak odległe od rzeczywistości, w której tkwiłyśmy.

Dni zazwyczaj mijały nam spokojnie, choć tęskno było za rodzicami. Byłyśmy traktowane jak więźniowie, z tym że nie wymagano od nas dużo. Z wyjątkiem porannych i wieczornych apeli całymi dniami siedziałyśmy więc na bloku. Czasami jakaś blokowa, o ile humor jej dopisywał, pozwalała spotkać się z mamą. To były piękne, choć krótkie chwile. Na moment wydawało się, że jest bezpiecznie i że wrócimy do domu. Po rozstaniu z mamą mijały jednak nadzieja i entuzjazm.

Młodsze dziewczynki tkwiły przez większość czasu na kojach. Starsze pomagały. Te, które miały więcej siły, wysyłano po zupę oraz wywar do picia, który nazywałyśmy „ziółkami". Nie wiem, z czego te ziółka były robione, ale smakowały ohydnie. Były jednak gorące i to było ważne.

Inne dziewczynki sprzątały, zamiatały. Miały za zadanie utrzymać ogólny porządek w bloku. Innymi słowy – wyręczały sztubową i blokową w ich obowiązkach.

Na początku mojego pobytu, gdy chciałyśmy się załatwić, byłyśmy wyprowadzane do odrębnego bloku. Szybko jednak zrezygnowano z tego pomysłu. W zamian stworzono „kible". Najczęściej wiadra, które po zapełnieniu – co przy takiej liczbie osób nie było trudne – musiały wynosić starsze dziewczęta. Każda z nas liczyła, że to akurat nie jej przypadnie wynoszenie wiadra z odchodami. Do „kibli" ciągnęła się zawsze długa kolejka. Wiele dzieci miało rozstrój żołądka, chorowało i trafiało do obozowych szpitali. Nie było dostępu do bieżącej wody, więc o higienie można było tylko pomarzyć. Niekiedy blokowe lub sztubowe biły nas po głowie kijem od miotły za to, że w ogóle stałyśmy w kolejce, by się załatwić. Rozkazywały, aby wrócić na koję. Pamiętam jedną koleżankę, miała wówczas szesnaście lat i chorowała na padaczkę. Kiedy dostawała ataku, blokowa biła ją kijem.

Jesienią przeniesiono nas na lager cygański BIIe na blok numer 5. Blokową była pani Roma Ciesielska; prawdopodobnie to ona uprosiła dla nas możliwość pozostawania zimą w baraku podczas apelów.

Matki były w bloku naprzeciwko i mogły nas czasami odwiedzać. Bezpośrednio za drutami znajdował się też lager męski, gdzie przebywał mój brat. Była to wielka radość, mogłam go widywać, wiedziałam, że żyje, a czasami nawet przynosił mi pod druty coś do jedzenia.

Ochotniczki

Jak wspomniałam, przez długi czas nie wiedziałyśmy z mamą nic o ojcu i bracie. Pewnego dnia przyszła kapo i oznajmiła:

– Potrzebuję kilku kobiet, najlepiej takich, które mają synów, bo będzie możliwość ich zobaczyć.

Mama od razu się zgłosiła. Za drutami było dużo chłopców, panował chaos, każda kobieta starała się znaleźć swoich bliskich. Wszystkie dopytywały się o synów, ojców, braci, przyjaciół. Ktoś ich widział? Czy ktoś o nich słyszał?

Trudno było w takim tłumie kogoś odnaleźć. Nagle wśród dziesiątków głosów mama usłyszała głos mojego brata. Rozejrzała się gorączkowo i go zobaczyła. Serce ścisnęły matczyna miłość i radość, że Jacek żyje. Miał na sobie czapkę, którą – jak później opowiedział – kupił za porcję chleba. Chciał być traktowany jak dojrzały mężczyzna, dorosły więzień.

Śnieg skrzył się, raził w oczy

Siedemnastego stycznia 1945 roku odbyła się ostatnia wywózka więźniów. Podczas wyzwolenia było strasznie zimno. Gdy wypędzali nas z Brzezinki, panowała sroga zima, był wielki mróz. Cały obóz przykrywał śnieg i mocno świeciło słońce. Śnieg skrzył się, rażąc w oczy. Pamiętam ten dzień. Jako dziecko niewiele rozumiałam. Skąd mogłam wiedzieć czy nawet podejrzewać, co się z nami stanie? Ten śnieg utkwił mi w pamięci i nawet dziś mam go przed oczami.

Dzień wcześniej na apelu organizowano grupę więźniów na transport. Wywołano mój numer, a na oddzielnych blokach także mamy i brata.

Dotarliśmy do Berlina, do podobozu Sachsenhausen w dzielnicy Köpenick. Tam spędziliśmy dziesięć dni. Niemcy kazali nam udać się do stołówki, gdzie każdy dostał przydział chleba. Ja z mamą i bratem otrzymaliśmy jeden, średni bochenek. Zjedliśmy go od razu. Przyjęliśmy, że przynajmniej nikt nam go nie zabierze. Jeśli jakąś część schowamy, to kto wie, co się stanie? Tak rozumuje głodny człowiek.

Dziś, w domu, zawsze muszę mieć chleb. Nawet jeśli jest go zbyt dużo, nawet jeśli nie zjem. Muszę mieć pewność, że chleba nigdy mi nie zabraknie.

Największa strata

Z Berlina zostaliśmy skierowani do kolejnego transportu. Udało nam się zaoszczędzić na tę podróż trochę chleba, bo warunki w Köpenick były znacznie lepsze niż w KL Auschwitz-Birkenau. Mama zawinęła pieczywo w ubrania, włożyła do małego tobołka z naszymi rzeczami i oddała bratu, aby pilnował. Gdy wyszliśmy z pociągu na jednej z przesiadkowych stacji, mama zorientowała się, że brat zapomniał pakunku! Cały nasz prowiant, jedyne źródło pożywienia (nie wiadomo przecież, kiedy znów ktoś uraczy nas kromką chleba)! Mama chciała jeszcze wrócić do pociągu, ale ten już ruszył. Nie pozwolono jej podejść. To było straszne! Dziś pewnie może się to komuś wydać niedorzeczne, jednak wtedy był to nasz cały dobytek. Straciliśmy go. W tamtym momencie to była największa strata w życiu!

Dalsza droga była dezorientująca. Nastał luty. Przez cały miesiąc przebywaliśmy w Lipsku. Zakwaterowali nas niedaleko zbombardowanej fabryki samolotów. Naloty nie ustępowały. W dniach 13 i 14 lutego 1945 roku zbombardowane zostało Drezno, a w końcu lutego Lipsk. Tuż potem wywieziono nas z powrotem do Berlina – dokładnie w to samo miejsce, w którym byliśmy wcześniej. Wyglądało jednak zupełnie inaczej. Sztuba była pusta, nie było na czym się położyć ani czym przykryć, spaliśmy w tym, w czym chodziliśmy. Naloty przybierały na sile. I tak do drugiej połowy kwietnia.

Któregoś dnia z samolotów rozrzucono ulotki z informacją, aby nie wychodzić na zewnątrz. Najlepiej schować się w bunkrach lub innych schronach, gdyż w najbliższych dniach nadejdzie front. Nikt nie będzie się wówczas zastanawiał, kto jest wrogiem, a kto nim nie jest. Jeśli więc chcemy zachować życie, lepiej się schować.

Zanim przyszła wyczekiwana wolność, doświadczyłam scen niczym z dzisiejszych filmów „z efektami". Widziałam ścianę ognia z rosyjskich katiusz. Na całym horyzoncie ogień. Obserwowałam to na własne oczy.

Wobec ostatnich wydarzeń i ostrzeżeń siedzieliśmy w bunkrze przez kilka dni. Pamiętam tylko, że obok niego znajdowała się piwnica z dużą ilością amunicji. Mieliśmy inny wybór? Niestety nie. Liczyliśmy jednak, że nie wydarzy się nic złego. Amunicja nie wybuchła. Nikomu nic się nie stało.

Przyszła wolność. Tylko do domu i do spokoju było nam jeszcze daleko.

Dotrwaliśmy do 23 lub 24 kwietnia 1945 roku, gdy wreszcie na teren obozu weszły Wojsko Polskie i Armia Radziecka.

Pamiętam, jak nocą byliśmy prowadzeni płonącą ulicą w kierunku rzeki. Promy w jedną stronę przewoziły czołgi, w drugą – transporty ludzi. Jako dziecku wydawało mi się, że te czołgi były ogromne. Wyglądały jak domy. Dopiero jako dorosła dziewczyna, widząc czołgi w muzeum, zrozumiałam, jak bardzo małemu dziecku świat wydaje się wielki.

Była nas duża grupa – cały transport z Auschwitz. Trzymaliśmy się razem, ostatnie dni wojny to był bardzo niebezpieczny czas. Z Berlina pamiętam jeszcze płonący las. Jest to widok, którego nie można zapomnieć. Drzewa wyglądały jak płonące kolumny – strasznie. Było ciemno, ja i brat kurczowo trzymaliśmy się mamy, żeby się nie zgubić. Żołnierze wyprowadzili nas za linię frontu i kazali iść do Warszawy. Po drodze nocowaliśmy w mijanych wioskach, po kilku dniach znaleźliśmy się nad Odrą w Kętrzynie i mostem pontonowym przeszliśmy do Polski.

Trzy kolejne dni to podróż pociągiem do stolicy. Kiedy wysiedliśmy na Dworcu Zachodnim, dookoła były same ruiny. Warszawy nie było. Pozostawiliśmy dom stojący, a co zastaliśmy? Zgliszcza po bombardowaniach. Ani domu, ani taty, który – mieliśmy nadzieję – na nas czeka.

W Warszawie pozostali moi dziadkowie. Sąsiadka powiedziała nam, gdzie ich szukać. Wszyscy bliscy, którzy przeżyli, byli u ciotki. Jej mieszkanie znajdowało się na ówczesnej ulicy Szustra pod numerem 44 – jedyne całe mieszkanie w rodzinie.

Mama była schorowana i spuchnięta. Ja z bratem mieliśmy silny szkorbut. Byliśmy pierwszymi żyjącymi z rodziny, którzy wrócili. Nastąpiło to 3 maja 1945 roku. Wszyscy uznali, że skoro moja mama, kobieta z dwójką dzieci, wróciła cała i żywa, to z pewnością mężczyznom także się uda. Czekaliśmy. Aż do października.

Odnaleziony po latach w Vaihingen grób ojca Urszuli Koperskiej. Fot. Archiwum rodzinne

W pewien pochmurny dzień do drzwi zapukał młody, dziewiętnastoletni chłopak. Wręczył mamie pismo wydane przez wojska francuskie, zawiadamiające o śmierci ojca. „Posłaniec" znał nasze imiona. Okazało się, że pochodził z Mokotowa i spędził z moim tatą wiele czasu w obozie. Był przy nim, gdy ten umierał na tyfus. Opowiadał, że ojciec do końca o nas mówił, pamiętał, kochał. Podobno bardzo cierpiał, że nie był blisko nas i nie mógł nam pomóc. Wykańczał się psychicznie z tęsknoty i bezsilności. 18 marca 1945 roku w Vaihingen[22] tata odszedł. Miał trzydzieści dziewięć lat.

[22] Vaihingen an der Enz – miasto w Niemczech, w kraju związkowym Badenia-Wirtembergia, w regionie Stuttgart. W czasie II wojny światowej podobóz Natzweiler. Po ekshumacji ciał z grobów masowych w 1954 r. z obozu koncentracyjnego Vaihingen/Enz ofiarom zostały ponownie przydzielone numery. Pogrzeby odbyły się anonimowo, częściowo w podwójnych grobach. Na nagrobkach znajdują się tylko numery. Ale rodziny potrzebowały nazwisk i miejsca upamiętnienia zmarłych członków rodziny. W związku z tym członkowie organizacji Obóz Pamięci Vaihingen/Enz apelowali o przywrócenie poległym tożsamości.

Został pochowany razem z innymi zmarłymi więźniami w dole pod lasem, a 7 kwietnia przyszła wolność. Tak mało brakowało.

Tego październikowego dnia umarły nasze nadzieje, nie było już na co i na kogo czekać. Ale musieliśmy iść dalej. Żyć.

Po czterdziestu czterech latach, w 1988 roku, odnalazłam grób swego taty. Leży na małym przyobozowym cmentarzu, który powstał w 1956 roku, kiedy wydobyto ciała z dołów. Rozłożono po dwóch zmarłych w jednym grobie. Na cmentarzu zostało pochowanych ponad dwa tysiące ofiar.

Jestem szczęśliwa, że znalazłam to miejsce, że szczątki tak bliskiej mi osoby spoczywają w spokoju i mogę je czasami odwiedzić – zapalić znicz, położyć kwiaty. Że tak daleko? Trudno.

Do szkoły w beżowym berecie

Zaraz po powrocie do Warszawy wróciłam do szkoły. Mieściła się ona w prywatnym mieszkaniu przy ulicy Wiktorskiej. Pierwszego dnia poszłam w beżowym berecie, bo byłam łysa. Jedne dzieci patrzyły na mnie z zaciekawieniem, inne ze współczuciem. Nie każdy w końcu był w Oświęcimiu. Nie wszyscy musieli wiedzieć, co mnie spotkało i jak potoczyły się moje wojenne losy.

Nie mogłam zapomnieć obozu. Jakaś część mnie ciągle pamiętała o tych trupach na ciężarówce, barakach, pomiędzy którymi błądziłam, o rampie, na której oddzielono nas od taty. Moja mama mówiła: „było, minęło, przeżyliśmy i nie ma co wspominać". Nie chciała wracać do przeszłości. Wiem jednak, że też często myślała o tym, co nas spotkało. Zmarła 31 grudnia 1955 roku. Miała tylko czterdzieści osiem lat.

Dziś wspominam tamte okrutne czasy w trwodze, że świat znów spotka ten sam los. Że wcześniej czy później ponownie ludzie zostaną podzieleni na lepszych i gorszych. Zresztą, czy już się tak nie dzieje? Mam jednak nadzieję, że nasze losy przestrzegą przed wojnami – zarówno tymi dużymi, jak i małymi, bo one zawsze niszczą. Niszczą życie rodzin, domy, marzenia i świat, który nigdy potem nie jest już taki sam.

Biel jest nieskazitelna

Podczas prawie każdej rocznicy wyzwolenia jest bardzo zimno. Jakby pogoda chciała przypomnieć tamten zimowy dzień. Gdy pewnego razu pojechałam ponownie do Oświęcimia z tej właśnie okazji, spałam z całą grupą

Urszula w wieku 16 lat, Warszawa. Fot. Archiwum rodzinne

byłych więźniów u księdza w Brzezince, zaraz przy obozie, gdzie teraz znajduje się plebania. Było już ciemno. Stałam w oknie na pierwszym piętrze i patrzyłam. Cała połać ziemi pokryta białym śniegiem.

Było tak cicho.

Było tak biało.

Paliły się tylko lampy, zupełnie jak wtedy, gdy byłam więźniarką.

Tym razem stałam, patrząc na obóz z drugiej strony. Byłam wolna. Kolejny raz wróciłam tu jako wolny człowiek.

„Boże" – pomyślałam – „gdyby tak wstali wszyscy, którzy tu kiedyś zostali… Na tej ziemi…".

Spojrzałam raz jeszcze w stronę baraków i cichych ulic. Biel wyglądała tak nieskazitelnie. A przecież pod nią kryje się cmentarz.

Cmentarz bez grobów.

Pamiętnik warszawskiego chłopca

Dla mojego brata obóz był równie traumatyczny jak dla mnie. Był starszy, więc więcej rozumiał, więcej widział, dostrzegał. Przez to też pewnie bardziej się bał. Skierowany do pracy jako dorosły, każdego dnia walczył o przetrwanie. Pracował ponad siły. A miał przecież tylko dwanaście lat! Swoje emocje spisał w pamiętniku.

1 sierpnia 1944 roku
W Warszawie wybuchło powstanie przeciwko hitlerowskim okupantom.

4 sierpnia 1944 roku
Dom, w którym mieszkałem, spalono. Stałem pod murem i czekałem wraz z innymi na rozstrzelanie.

12 sierpnia 1944 roku
Wczoraj wieczorem przywieziono nas do K.L. Auschwitz-Birkenau. Ojca od nas oddzielono. Jestem razem z mamą, 8-letnią siostrą Urszulą i ciocią.

14 sierpnia 1944 roku
Trzeci dzień bez jedzenia i picia. Jestem bardzo głodny.

15 sierpnia 1944 roku
Oznaczono mnie numerem 192761. Mam czerwony „winkiel" – jestem więźniem politycznym.

21 sierpnia 1944 roku
Uznano mnie za dorosłego i przeniesiono na męski lager.

25 sierpnia 1944 roku
Pożegnałem się z ojcem. Wywieziono Go w nieznanym kierunku. Czy Go jeszcze kiedy zobaczę?

25 października 1944 roku
Dziś ukończyłem 12 lat!

24 grudnia 1944 roku
Dziś Wigilia.

Wcześniej zakończyliśmy pracę. Apel nieco krótszy. Obiad: po pięć nieobranych kartofli, trochę zupy z całymi liśćmi jarmużu. Wydano od razu kolację: pajdka czarnego chleba, cieniutki plasterek końskiej kiełbasy, kawałeczek margaryny. Na buksie śpi nas ośmiu. Postanowiliśmy wspólnie zjeść dzisiejszą kolację.

Zupę każdy wypił sam. Kartofle złożyliśmy do jednej pasiastej mycki. Wspólnie je obieramy. Chleb pokroiliśmy na kromki. Jedna jest bardzo cieniutka – to będzie opłatek! Kolacja przygotowana. Zasłaniamy kocami boki buksy – chcemy być sami. Tak robią Ci nad nami, Ci pod nami i inni. Dzielimy się kawałkami czarnego chleba jak opłatkiem: „Abyśmy przeżyli i byli wolni", „Abyśmy spotkali naszych bliskich żywych i zdrowych"...

Myśl ucieka do Warszawy, na BIIe do Matki i Siostry, w nieznane do Ojca. Każdemu chyba chce się płakać, ale nikt nie płacze! W milczeniu zjedliśmy dzisiaj wszystko. Chociaż dziś być sytym. A jutro... nieważne! Kolacja trwała krótko – nie było przecież wiele do jedzenia.

I nagle na bloku rozbrzmiała stara polska kolęda: „Bóg się rodzi..." śpiewają wszyscy, a szczególnie mocno i głośno zabrzmiały słowa: „Podnieś rękę Boże Dziecię, Błogosław Ojczyznę miłą...".

Może usłyszy tę prośbę Ten, który się dziś narodził! Także tu!

Tu – W Konzentrationslager Auschwitz-Birkenau.

192761

Pamiętnik spisany przez Jacka Kublika. Tekst pochodzi z rodzinnego archiwum pani Urszuli Koperskiej, przepisany przez kogoś z rodziny na podstawie oryginału.

Brat zmarł 14 sierpnia 2005 roku.

Urszula Koperska obecnie. Fot. Archiwum rodzinne

3-letnia Seweryna z rodzicami, bratem Włodzimierzem i siostrą Janiną, 1926 rok. Fot. Archiwum rodzinne

Nr obozowy: 50653

SEWERYNA PODBIOŁ z domu **Lejbowicz**

Urodzona: 16 kwietnia 1923 roku w Chorzowie

Data wywózki do Auschwitz: około 20 lipca 1943 roku

Obozy i podobozy koncentracyjne: Auschwitz-Birkenau, Altenburg

– Gdzie są twoje zęby? – spytałam. Mama miała złote koronki. Niemcy wyrwali jej zęby za życia dla tych kilku gramów złota.

SEWERYNA PODBIOŁ

Samotna w Auschwitz

Miała wtedy 20 lat. Przywieziono ją tu razem z mamą, która wkrótce zmarła. Była bardzo zaskoczona, gdy okazało się, że wśród obozowych władz jest Polka. Była ona wyjątkowo brutalna i okrutna. Seweryna nie mogła zrozumieć, jak Polka może Polce wyrządzać krzywdę.

Mała Seweryna z mamą, 1923 rok. Fot. Archiwum rodzinne

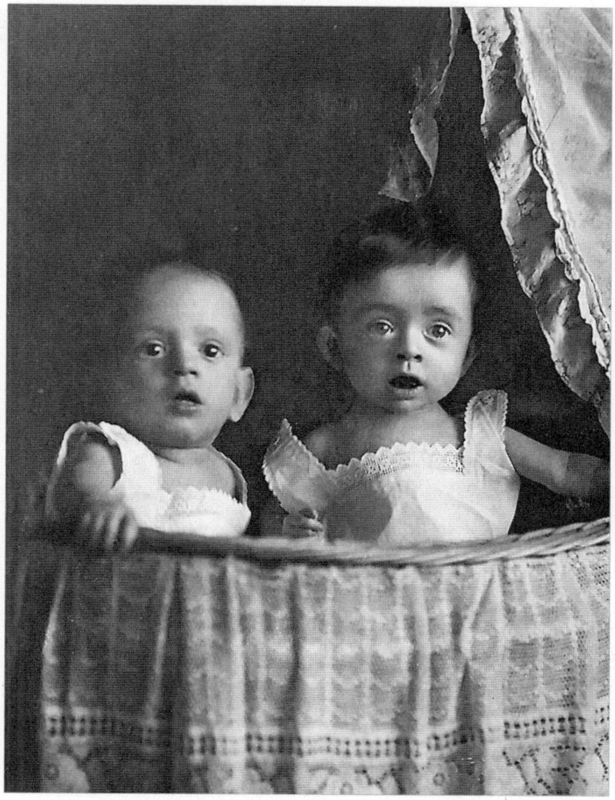

Seweryna Podbioł z bratem bliźniakiem Olkiem, Chorzów 1924 rok. Fot. Archiwum rodzinne

Rozdzieleni

Zanim wybuchła wojna, Polacy ze Śląska żyli z Niemcami w dobrych relacjach.

Chodziłam do gimnazjum w Chorzowie, a naprzeciwko znajdowała się *Eichendorffschule*[23] i wszyscy się tolerowaliśmy. Nawet kamienica, w której mieszkaliśmy, należała do Niemca.

Na początku II wojna światowa nie wpłynęła na te relacje.

Kiedy Niemcy aresztowali mojego tatę Józefa Sokołowskiego, nie wiedziałam jeszcze, że działania wojenne rozdzielą nas bezpowrotnie. Już pół roku później gestapowcy z Żywca zabrali mnie i moją mamę Ludmiłę na posterunek do Bielska, aby nas przesłuchać.

[23] *Eichendorffschule* (niem.) – prywatne niemieckie gimnazjum im. Josepha von Eichendorffa, otwarte 18 września 1932 r. w Chorzowie. Obecnie w budynku mieści się Liceum Ogólnokształcące im. J. Słowackiego.

Kamienice przy ulicy Wolności w Chorzowie. W jednej z nich do czasu okupacji mieszkała Seweryna Podbioł. Pocztówka. Fot. Archiwum rodzinne

– Dlaczego? Za co nas aresztowaliście? – dopytywała mama.

– Przez waszych kochanych Polaków – odpowiedział jeden z niemieckich funkcjonariuszy.

Był 20 lipca 1943 roku. Pamiętam tę datę, bo z samego rana poszłyśmy do kościoła na mszę za duszę mojego szwagra, a zięcia mamy, Czesława – na ten dzień przypadały jego imieniny. Czesław zginął w Katyniu, był mężem mojej siostry. Po mszy mama wróciła do domu, a ja udałam się do pracy do zakładu fotograficznego, którego właścicielem był pan Jankowski.

Lubiłam tę pracę. Dzięki temu, że znałam język niemiecki, mogłam obsługiwać nie tylko Polaków, co cenił sobie mój szef. Mnie aresztowali właśnie w zakładzie fotograficznym, a mamę w domu. Spotkałyśmy się dopiero na miejscu przesłuchania.

Nie trzymali nas tam długo. Niemalże natychmiast przewieźli nas furgonetką do Oświęcimia.

Na Śląsku słyszało się o obozie Auschwitz-Birkenau i co robią tam z ludźmi. Wiedzieliśmy, że jest to obóz zagłady. Nikt nie domyśli się nawet, co poczułam, gdy się dowiedziałam, gdzie mnie zabierają! Strach mieszał się z niedowierzaniem, że to naprawdę mnie spotyka! Miałam wtedy dwadzieścia lat,

Święta Bożego Narodzenia w rodzinie państwa Podbioł. Seweryna trzyma pudełko z porcelanową lalką, 1928 rok. Fot. Archiwum rodzinne

więc doskonale rozumiałam, że podróż ta niesie za sobą śmiertelne niebezpieczeństwo. W końcu o Oświęcimiu wiele osób mówiło, że wchodzi się tam przez bramę, a wychodzi kominem. Dla nas było to więc jak wyrok śmierci.

Zanim mnie aresztowali, zdążyłam jeszcze spotkać miłego chłopca, Jerzego. Zaprzyjaźniliśmy się do tego stopnia, że poznałam jego matkę, Joannę Podbioł. Myślałam wtedy, że gdyby nie wojna, może nasze losy potoczyłyby się inaczej i mielibyśmy szansę na wspólne życie. Będąc w obozie, byłam jednak przekonana, że żadna przyszłość mnie nie czeka.

Przyjęcie nas do obozu odbywało się w Brzezince. Tym, co w obozie zagłady było najgorsze i czego nie mogę zapomnieć, był rozkaz Niemców, aby rozebrać się do naga, co sprawiło, że poczułam się całkowicie odarta z honoru i godności. Nie tylko jako kobieta, ale przede wszystkim jako człowiek. Szokiem dla mnie było także ścięcie włosów i wytatuowanie numeru obozowego.

Tatuaż robiła mi Żydówka. Nakłuwając skórę, wielokrotnie sprawiała mi ogromny ból. Później w miejscu wytatuowanego numeru zrobiły się wrzody, a następnie strupy. Numer obozowy na moim przedramieniu pozostał do dziś, tak jak wszystkie tragiczne wspomnienia. Ani one, ani tatuaż nie chcą zblaknąć.

Do ubrania dostałyśmy pasiaki i drewniane trepy. Ironią było, że tak umęczone i wychudzone nosiłyśmy drewniaki kilkakrotnie większe od naszych stóp. Niektóre kobiety nie miały siły podnosić nóg, aby chodzić. A co dopiero pracować.

Praca była typowo fizyczna. Przynajmniej ta, do której mnie skierowano. Najpierw noszenie kamieni – z jednego miejsca na drugie, tylko po to, aby nas zmęczyć i czymś zająć. Niczemu więcej to nie służyło. Innym razem była to fizyczna praca przy burakach cukrowych.

Kilka gramów złota

Do Oświęcimia trafiłam razem z mamą i z nią byłam na jednym bloku, na wspólnej koi przez długi czas. Nie mogę powiedzieć, że dzięki jej obecności było mi lżej w obozie, bo te warunki ciężko było znieść zarówno wspólnie, jak i w pojedynkę. Było mi na pewno łatwiej psychicznie, ponieważ miałam przy sobie kogoś bliskiego, z kim można dzielić smutek i strach przed kolejnym dniem.

To poczucie bliskości z mamą i jednocześnie komfort obcowania z nią zniknęły w 1944 roku. Nie wiem dokładnie, kiedy mama zachorowała, bo w obozie ciężko było liczyć dni. Całkowicie traciło się poczucie czasu, bo też niewielu chyba wierzyło, że to miejsce uda się opuścić.

Mama trafiła do rewiru z wysoką gorączką, a ja nie mogłam jej pomóc.

Niektórzy więźniowie przez kontakt z odpowiednimi osobami mieli dostęp, choć był on zakazany, do leków czy jedzenia w kuchni obozowej. Dzięki temu mogli ułatwić sobie życie i uśmierzyć ból. Ani ja, ani moja mama nie miałyśmy takich możliwości. Pamiętam tylko, że gdy widziałam ją ostatni raz, wyglądała naprawdę słabo.

Rzeczy po zamordowanych Żydach z transportów w 1944 roku. Fot. Album Lili Jacob, nr neg. 24457–176=196

Stosy butów zamordowanych Żydów przed magazynem Kanada. Fot. Album Lili Jacob, nr neg. 24457–186=205

Ciężarówka wywożąca do magazynu Kanada rzeczy przywiezione przez Żydów, 1944 rok. Fot. Album Lili Jacob, nr neg. 24457-173=116

– Gdzie są twoje zęby? – spytałam. Mama miała złote koronki. Niemcy wyrwali jej zęby za życia, dla tych kilku gramów złota.

Zmarła w obozie na tyfus. Miała tylko 49 lat.

List do Matki

Na pamięć znam wiersz, który w obozie słyszało wielu więźniów. *List niewysłany*, zapamiętany przez kobiety jako *List do Matki*. Stworzony został przez jedną z obozowych poetek, również więźniarkę. Oddaje on dokładnie to, co przeżywało się w obozie. Żadne inne słowa lepiej tych emocji nie mogą przekazać.

Mamo, czy wiesz – moje ciało
Jest jednym wielkim wrzodem.
Tu wszy i pchły mnie jedzą
I tylko wyję z rozpaczy (...),
A na stajennej pryczy,

Bliski człowiek umiera (...),
To dobrze, że Wy nie wiecie,
Jak trup Jej leżał w błocie,
Pod blokiem z innymi trupami
O... nie leżała tam sama
Całymi godzinami.
Kochana Wasza mama...[24]

Moja mama zmarła i zostałam sama, już nie miałam się komu pożalić. O tacie nie miałam żadnych wieści. Jak tu dalej samotnie brnąć w obozowe życie?

Polka przeciw Polce

Wśród obozowych władz znalazła się Stenia Starostek z Tarnowa[25]. To była Polka. Pełniła funkcję kapo. Była zdecydowanie bardziej surowa od innych. Gdy przychodziła na *Appelplatz*[26], wszystkie kobiety drżały. Nawet komendanta obozowego nie bałyśmy się tak bardzo jak jej. Stenia była wyjątkowo brutalna, okrutna. Potrafiła zbić do nieprzytomności, surowa była szczególnie dla Ukrainek. Dla Polek wcale nie była łaskawsza.

Była piękną, około dwudziestopięcioletnią kobietą. Zawsze miała doskonałą fryzurę. A my przy niej w łachmanach, łyse. Ona Polka i my też Polki.

Słyszałam, że już w obozie otrzymywała anonimowe listy z pogróżkami, co jej zrobią, jak skończy się wojna. Ile było w tym prawdy? Wiedziała tylko ona sama. Po wojnie uciekła z esesmanami.

Chociaż oceniłam ją jako okrutną kobietę i nie chcę jej wybielać, muszę zaznaczyć, że w obozie każdy chciał po prostu przetrwać. Mimo że po wojnie

---

[24] *List niewysłany (12.1943)* [w:] *Na mojej ziemi był Oświęcim. Oświęcim w poezji współczesnej*, dz. cyt., s. 325–327.

[25] Stenia Starostek lub Starostka – numer obozowy 6865, ur. 1 maja 1917 r. w Tarnowie. W Krakowie została skazana przez hitlerowski sąd na karę śmierci zamienioną później na dożywotnie więzienie. W kwietniu 1942 r. skierowano ją do obozu Auschwitz-Birkenau jako więźniarkę. Ponieważ dobrze znała język niemiecki, została w sierpniu 1942 r. mianowana kapo w Auschwitz I, później przeniesiona do Brzezinki, gdzie była znana jako kapo Stenia. Wyjątkowo brutalna dla więźniarek. Data śmierci nieznana.

[26] *Appelplatz* (niem.) – plac apelowy – miejsce zbiórki i przeglądu wszystkich więźniów z pola, ustawianych piątkami w kolejności bloków. Ponadto miejsce wykonywania wyroków śmierci, miejsce karnych apeli, egzekwowania kar.

została skazana, w Auschwitz-Birkenau przetrwała. Nie zgodzę się z tym, że zdrada, której się dopuściła, była warta życia, ale ona najwidoczniej na tyle wartościowała swój honor i to, że była Polką.

Dzięki funkcji, jaką pełniła, Stenia miała znacznie lepsze warunki do życia w obozie niż pozostałe więźniarki. Jadła inne posiłki, miała inne miejsce do mieszkania. Kapo, blokowe, sztubowe i więźniowie funkcyjni mieszkali w tak zwanych budach. W porównaniu z naszymi blokami były to luksusowo urządzone pomieszczenia.

W obozie wielce pomocne było dla mnie to, że znałam język niemiecki. Rozumiałam, gdy do mnie mówili lub kiedy porozumiewali się między sobą. Dzięki temu więcej wiedziałam, a w razie konieczności mogłam się sama wytłumaczyć, obronić. Język przydał mi się też bardzo, gdy zostałam skierowana transportem do Niemiec.

Blockspera

Z obozu pamiętam jeszcze, jak wpędzano nas do baraków i zakazywano zarówno je opuszczać, jak i wyglądać na zewnątrz przez okienka. Za każdym razem wiedziałyśmy wtedy, że przywieziono kolejny transport Żydów. Od razu kierowani byli do komór gazowych. Esesmani zawsze wprowadzali taki zakaz, kiedy chcieli wykonać jakieś masowe egzekucje czy selekcję bez naocznych świadków. Całymi rodzinami zabijano Żydów, zabierając im wcześniej ich całe mienie.

Żydzi przywozili ze sobą wiele drogocennych rzeczy. To wszystko trafiało na Kanadę, a stamtąd było wysyłane, by zasilić III Rzeszę. Niemcy mocno wzbogacili się na tym zagrabionym przez wszystkie lata wojny mieniu.

Podobnie było z paczkami, które przysyłali raz na jakiś czas rodzina czy przyjaciele. Pakunki były przebierane i to, co lepsze, zabierali więźniowie, pracownicy paczkarni, lub sami Niemcy.

Niemka w cywilu

Pod koniec 1944 roku zorganizowano transport do Buchenwaldu, do którego zostałam przeznaczona. Jechaliśmy w wagonach towarowych. Mijaliśmy Ravensbrück, gdzie także znajdował się niemiecki obóz. My jednak kierowaliśmy się dalej, aż do Altenburga, podobozu Buchenwaldu.

To miejsce w porównaniu z Oświęcimiem było rajem. Przede wszystkim Buchenwald nie był obozem zagłady, tylko pracy. A to było najważniejsze! Nie znaczyło to oczywiście, że ludzie tu nie umierali. Obóz ten był miejscem niewolniczej i ciężkiej pracy. Więźniowie również byli zabijani, choć na mniejszą skalę. Używano do tego dosercowego zastrzyku z fenolu lub ich wieszano. Na więźniach przeprowadzano także naukowe i pseudonaukowe badania. Podobnie jak Auschwitz, Buchenwaldowi zostały przypisane słowa przewodnie, widniejące na bramie. Było to „*Jedem das Seine*", co oznaczało: „Każdemu, co mu się należy". Można się więc domyślić, że tu człowiek również nic nie znaczył.

Pracując w fabryce amunicji, zajmowałam się sprawdzaniem naboi. Musiałam wyszukiwać te uszkodzone, zarysowane. Razem ze mną pracowała na tej taśmie pewna Niemka z Altenburga. Nie była więźniarką ani funkcyjną, lecz cywilem. Z czasem nawiązała się między nami nić porozumienia. Dzięki temu, że znałam język niemiecki, mogłam z nią porozmawiać. W ten sposób wiele się o mnie dowiedziała. Dopytywała, skąd pochodzę i dlaczego znalazłam się w obozie. Z czasem zaczęła mi przynosić jedzenie. Czasami jakąś bułkę, innym razem ciasto. Była dobrym człowiekiem, chociaż pochodzenia niemieckiego. Wspominałam wtedy Stenię. Ciągle nie mogłam się pogodzić z tym, że Polka zachowywała się w ten, a nie inny sposób.

Oswobodzenie przyszło w kwietniu 1945 roku, gdy żołnierze amerykańscy wkroczyli na teren obozu. Czułam ogromną radość! Nie da się jej opisać, podobnie jak tego przerażenia, gdy przyjechałam do Auschwitz.

Po wyzwoleniu jeszcze długo mieszkałam w Niemczech. W Polsce nie miałam do czego wracać, a wyjechać do kraju też nie było łatwo. Zamieszkałam w Altenburgu u Niemki, która pracowała ze mną przy taśmie w fabryce amunicji. Po powrocie do Polski nadal utrzymywałam z nią kontakt listowny i tak pozostało do dziś.

Jestem jej bardzo wdzięczna. Nie tylko za to, że pozwoliła mi mieszkać u siebie w domu po odzyskaniu wolności, ale przede wszystkim za dobre słowa i dodatkowe posiłki, jeszcze w fabryce. A tak naprawdę za dobre serce. Jej dobroć dała mi wiarę w to, że istnieją jeszcze porządni ludzie.

Wspominając Polkę Stenię i Niemkę z fabryki, stwierdzam dziś, że pozory naprawdę mogą mylić. Nie wolno oceniać ludzi, nie znając ich lub biorąc pod uwagę tylko narodowość czy wygląd. Może się okazać, że dobro jest tam, gdzie najmniej się go spodziewamy. II wojna światowa pokazała natomiast, do czego prowadzi dzielenie ludzi.

Seweryna Podbioł z mężem. Ślubu udzielał znajomy ksiądz, który był więźniem obozu w Dachau, 1947 rok. Fot. Archiwum rodzinne

Seweryna Podbioł, Żywiec, lata powojenne. Fot. Archiwum rodzinne

Po powrocie do Polski pojechałam od razu do mojej siostry do Tarnowa. Jej mąż zginął w Katyniu. Gdy weszłam do kamienicy, w której mieszkała, małe dziewczynki bawiące się na korytarzu wołały do siebie:

– Patrz! To ta siostra z grobu!

Widocznie wszyscy już myśleli, że umarłam. Moja siostra była zdziwiona, ale i szczęśliwa, gdy mnie zobaczyła.

Napisałam też list do matki Jerzego. Mojego chłopaka sprzed aresztowania. Opisałam swoją historię, to, że mama nie żyje i że oprócz siostry nie mam już nikogo. Pani Joanna skontaktowała się ze swoim synem, który wówczas był w Anglii – wcześniej służył w wojsku.

Seweryna Podbioł,
lata powojenne.
Fot. Archiwum rodzinne

Kiedy wrócił, przyjechał po mnie i zabrał do Podlesia koło Katowic, gdzie mieszkała jego matka. W czerwcu 1947 roku pobraliśmy się.

Urodziłam dwie piękne córki. Starsza przyszła na świat z upośledzeniem umysłowym. Uważam, że jej choroba to „pamiątka" po Auschwitz. W końcu głód, ziąb i wycieńczenie odbiły się na moim zdrowiu.

Mój mąż był wspaniałym człowiekiem, troskliwym i opiekuńczym. Rodzina wynagrodziła mi tragedię, jaką przeżyłam w obozie.

Czasy się zmieniają, a my wraz z nimi

W czasach mojej młodości świat był zupełnie inny.

Gdy wybuchła wojna, miałam szesnaście lat. Czuło się rodzinną, przyjazną atmosferę, szczególnie tu, na Śląsku. Ludzie byli nastawieni na wzajemną pomoc. Pamiętam, że tamte chwile w Chorzowie, gdzie urodziłam się

Seweryna Podbioł obecnie. Fot. Archiwum rodzinne

i mieszkałam aż do aresztowania w Żywcu, były naprawdę piękne i wypełnione ludzką dobrocią.

Dziś niestety widzę w ludziach wiele egoizmu, cechującego kiedyś osadzonych w obozie w Auschwitz-Birkenau. Z tym że oni walczyli o przetrwanie. O życie, każdego dnia zagrożone przez esesmanów.

Dziś świat pędzi, ciągle gdzieś gna, gubiąc to, co ważne – miłość, radość z prostych rzeczy. Czy aby ludzie nie są więźniami XXI wieku, owładniętego przez pieniądze? Może warto się zatrzymać na chwilę i zastanowić, co dobrego mogę zrobić dla kogoś innego?

Łucja Otręba z rodzicami i rodzeństwem przed leśniczówką.
Z tyłu las, w którym swój obóz mieli harcerze. Fot. Archiwum rodzinne

Nr obozowy: 79875

ŁUCJA JANOSZ z domu **Otręba (Otremba)**

Urodzona: 4 lipca 1926 roku w Suszcu

Data wywózki do Auschwitz: wrzesień 1943 roku

Obozy i podobozy koncentracyjne: Auschwitz-Birkenau, Ravensbrück, Eberswalde

Zostaliśmy ustawieni pod murem. Skierowane w naszą stronę karabiny wzbudzały strach. Śmierć wydawała się nieunikniona.

ŁUCJA JANOSZ

Oddana rodzinie i Ojczyźnie

Pochodziła z wielodzietnej rodziny, zaangażowanej w pomoc partyzantom. Organizowali żywność, amunicję, przenosili tajne wiadomości i rozkazy. Do dziś nie wyjaśniono, w jakich okolicznościach zginął jej brat Franek. Do obozu trafiła z ojcem, braćmi i siostrą. Wiedziała, że rodzina i Ojczyzna to najważniejsze, co trzeba chronić. Torturowana, nigdy nikogo nie wydała.

Niemcy już tutaj są

Do malowniczej Woli przeprowadziliśmy się, gdy miałam siedem lat. Rodzice mieli tam leśniczówkę, co nie było dziwne, bo ojciec Paweł Otręba pracował w nadleśnictwie. Mama Agnieszka zajmowała się domem. Byliśmy dużą, jedenastoosobową rodziną. Ja wraz z siostrami zajmowałam się sprzątaniem i gotowaniem, natomiast bracia pomagali w gospodarstwie i przy wypasaniu bydła. Byliśmy pilnymi uczniami, angażującymi się w różnorodne działania społeczne i religijne, ponieważ rodzice wychowywali nas na ambitnych i wierzących ludzi. Mój brat Franek był dodatkowo uzdolniony muzycznie, pięknie grał na trąbce, akordeonie i skrzypcach, niejednokrotnie umilając nam rodzinne wieczory i święta.

Nieopodal naszego domu znajdował się dębowy las, gdzie na obozy zjeżdżali się harcerze. Każdego poranka i wieczoru przychodzili, aby się umyć lub zaczerpnąć wody ze studni. Wieczorami organizowane były wówczas zabawy i przedstawienia przy ognisku, na które schodzili się sąsiedzi, a nawet proboszcz. Ten wspólny czas przed 1939 rokiem był radosny i beztroski.

Ojciec Łucji przed wyjazdem na pielgrzymkę do Rzymu, Kraków, 1934 rok. Fot. Archiwum rodzinne

Paweł Otręba, ojciec Łucji, gajowy Książęcych Lasów Pszczyńskich, a od 1937 roku leśniczy Pszczyńskich Lasów Państwowych.
Fot. Archiwum rodzinne

O tym, że wybuchła wojna, dowiedzieliśmy się od mamy. Słuchała właśnie radia na kryształki[27], gdy nagle zawołała:

– Niemcy już tutaj są!

Wybuch wojny spowodował, że w obronie Pszczyny tata wraz z bratem Pawłem i powstańcami poszli na front.

Pod „Trzema dębami"

Pragnę zapomnieć o tym, jak ojciec z Pawłem czym prędzej wyjechali z domu na jednym rowerze, trzymając w ręku broń. To był straszny widok! Nie wiedziałam wtedy, czy ich jeszcze zobaczę! Ojciec spalił wcześniej na podwórku jakieś dokumenty. Z tułaczki, gdy zakończyły się pierwsze fale ataków, wrócił dopiero w połowie października 1939 roku. Tymczasem Niemcy przychodzili do nas do domu i robili rewizję. Chcieli aresztować przede

[27] Detektory kryształkowe pojawiły się na początku XX w. i były w powszechnym użyciu we wczesnych latach 20. Spotykane były aż do wojny, a sporadycznie później, w najprostszych i najtańszych radioodbiornikach.

wszystkim tatę - jako jednego z powstańców, aktywnego działacza w obronie Polski. Pamiętam, że żandarmeria niemiecka ukradkiem przychodziła nocą pod nasz dom i czatowała na niego. Kilka nocy z rzędu mama zauważyła tlące się w oddali naszego podwórka papierosy. Wiedziała, że Niemcy liczą, iż w ten sposób złapią ojca - sądzili, że nocą wraca do domu.

Tata znalazł się na liście siedemnastu powstańców, którzy wkrótce mieli zostać wywiezieni do Pszczyny i rozstrzelani pod „Trzema dębami"[28]. Nie został wtedy na szczęście złapany. Pozostali powstańcy stracili życie. Ojcu wówczas się udało, ale po niespełna dwóch latach miało go spotkać podobnie okrutne przeznaczenie.

Losy naszej rodziny od momentu wybuchu wojny bardzo się skomplikowały. Przesiedlali nas z jednego miejsca do kolejnego. Z Woli wypędzili nas do Międzyrzecza, a później, w 1941 roku, do Studzionki. Za każdym razem ograbiając nasze gospodarstwo. Straciliśmy bydło, ule, budynki gospodarcze. Aż wreszcie siebie. Gdy nowi mieszkańcy wypędzali nas z naszego domu, potrafili szczuć nas psami!

Podczas okupacji moja rodzina była wielokrotnie szykanowana za polskie przekonania. Za to, że chcieliśmy być sobą. Jako ludzie, jako naród.

Jestem Polakiem

W 1940 roku brat Franek został wezwany do niemieckiego wojska. Honor jednak nie pozwolił mu na podporządkowanie się wrogom.

– Jestem Polakiem i nie będę służył Niemcom – oznajmił. Za nim wystąpiło kilku jego kolegów. Od tej pory był ścigany za sabotaż i musiał się ukrywać. Miał kryjówki w ościennych wioskach, czasami ukrywał się u nas. Niedługo później do domu wpadła niemiecka żandarmeria, wydzierając się:

– Gdzie jest ten bandyta, co zbuntował całą wieś?!

[28] „Trzy dęby" to miejsce powstałe w Parku Zamkowym po wysuszeniu największego parkowego stawu, na środku którego znajdowała się wyspa z trzema dębami. Po zakończeniu I wojny światowej nierozstrzygnięte losy Górnego Śląska stanowiły przyczynek do powstania ruchów konspiracyjnych walczących o przyłączenie terenów do Polski. Symboliczne, ustronne „Trzy dęby" stały się miejscem konspiracyjnych spotkań i składania przysięgi przez powstańców. W wyniku zdrady akcje zostały ujawnione, skutkiem czego aresztowano członków śląskiej organizacji POW i osadzono ich w prowizorycznym więzieniu na zamku pszczyńskim. Powstańców i harcerzy rozstrzelano 4 września 1939 r. w Parku Zamkowym. Po zakończeniu II wojny światowej ich ciała uroczyście przeniesiono w miejsce obecnego spoczynku. W 1952 r. „Trzy dęby" zyskały rangę cmentarza wojennego.

Brat Łucji, Franciszek Otręba, 1942 rok. Fot. Archiwum rodzinne

Niemcy mieli ze sobą nakaz aresztowania, ale na szczęście nie zastali wtedy brata. Gdyby był obecny, jego los już w tamtym momencie byłby przesądzony. Na furgonetce, którą przyjechali pod nasz dom gestapowcy, siedzieli między innymi koledzy Franka: Niesyto, Norek, Skroboń, Mamok. Część z nich zginęła w obozach zagłady.

Brat tymczasem organizował ZWZ[29], gromadził amunicję, tworzył system piątkowy[30] w Woli oraz okolicy, aż wreszcie stał się komendantem oddziału partyzanckiego w Pszczynie.

---

[29] ZWZ – Związek Walki Zbrojnej. Siły Zbrojne w Kraju podczas II wojny światowej w okresie od 13 listopada 1939 roku do 14 lutego 1942 roku, następnie przemianowane na Armię Krajową.

[30] System polegał na tym, że każdy z członków najpierw utworzonej piątki, mającej charakter kierowniczy, organizował własną czteroosobową grupę (1+4=5). Następnie tworzono kolejne „piątki", zwiększając w ten sposób stan liczbowy organizacji. W początkowej fazie trzy piątki plus dowódca drużyny i jego zastępca tworzyło 17 osób, czyli tyle, ile liczy organizacyjna drużyna w Wojsku Polskim.

Ojciec Łucji oraz bracia Staś i Ryszard przed aresztowaniem rodziny, 1943 rok. Fot. Archiwum rodzinne

Partyzantka mocno uderzała w okupanta. Mężczyźni działający w obronie naszego kraju napadali na pociągi i urzędy, kradnąc kartki żywnościowe. Nasza rodzina miała za zadanie rozdawać je polskim rodzinom, które zostały pozbawione środków do życia. Wszyscy zaangażowaliśmy się w pomoc partyzantom. Organizowaliśmy jedzenie, amunicję, przenosiliśmy tajne wiadomości i rozkazy. Pamiętam, że moja siostra Marysia, mająca wówczas czternaście lat, przewoziła na trasie liczącej około dwudziestu pięciu kilometrów karabiny przymocowane na przykład do rurki w męskim rowerze lub do grabi.

W domu przechowywaliśmy też rosyjskiego jeńca wojennego, oficera Armii Radzieckiej, który uciekł z okolic Berlina. Nazywał się Gregory Komorow, nazywaliśmy go Griszą. Chciał wstąpić do partyzantki.

– Chleba! – poprosił, gdy przyszedł do nas po raz pierwszy. Mama zlitowała się nad nim. Ojcu nie podobał się ten pomysł. Bał się, że to ściągnie na nas kłopoty. Mimo ostrzeżeń mama ukrywała Rosjanina w szopie, a Franek zaopatrzył go w broń. Brat nas czasem odwiedzał, informując, że żyje i nic mu nie jest. Mieliśmy z nim umówiony znak: butelka na płocie oznaczała, że jest bezpiecznie, jeśli jej nie było – nie mógł się zbliżać do domu z uwagi na rewizję lub czyhających w pobliżu gestapowców. Tymczasem w okolicznych miejscowościach na Górnym Śląsku Niemcy wywiesili afisze obiecujące nagrodę w wysokości dwudziestu tysięcy marek za wskazanie miejsca ukrywania się Franciszka.

Dwudziestego trzeciego września 1943 roku nasze i tak niestabilne już życie zamieniło się w koszmar.

Tego dnia Grisza został postrzelony w lesie przez Niemca Ferdynanda Szyrę. Szyra natychmiast poinformował gestapowców o tym, co się stało. Grisza, chcąc uniknąć tortur i aby nam nie zaszkodzić, strzelił sobie w głowę. Przeczesując las, Niemcy znaleźli jego zwłoki. Przynieśli je do domu i przesłuchiwali nas. Ojca wtedy nie było, przebywał na robotach przy kopaniu rowów w Paprocanach i wracał co kilka tygodni.

Jeden z mężczyzn zmusił mnie, abym obmyła trupowi twarz wodą. Pytał, czy rozpoznajemy ciało. Przesłuchanie nie ominęło nawet mojego najmłodszego rodzeństwa, ale żadne z nas nie pisnęło słowa. Niestety w szopie, w której ukrywaliśmy Griszę, gestapowcy znaleźli kurtkę z numerami jeńca. Wydało się.

Zostaliśmy ustawieni pod murem. Skierowane w naszą stronę karabiny wzbudzały strach. Śmierć wydawała się nieunikniona. Mama nieustannie modliła się do Matki Bożej, polecając nas Jej opiece. Gestapowcy chcieli, abyśmy się przyznali do znajomości z jeńcem i potwierdzili, że mu pomagaliśmy. Ale nawet kuszeni cukierkami, najmłodsi Stasiu i Ryszard nie wydali naszej rodziny. Z nerwów, że nic nie może wskórać, gestapowiec uderzył Ryszarda elementarzem tak mocno w głowę, że pękła mu wewnętrzna błona jednego ucha i do dziś na nie nie słyszy. Staliśmy pod ścianą całe popołudnie. Byliśmy bici i kopani. Po tych właśnie wydarzeniach aresztowano mnie, mamę i brata Józefa.

Moją trzynastoletnią siostrę Klarę oraz braci Ryszarda i Stanisława, mających odpowiednio jedenaście i siedem lat, Niemcy wypędzili do Mizerowa, do starego domu ze spaloną stajnią. W jaki sposób tak małe dzieci miały sobie poradzić same? A jednak musiały. Ojciec nie wiedział nawet, że jego najbliższych spotkała taka tragedia.

Siostra partyzanta

Mnie, mamę i Józefa przewieziono najpierw do aresztu w Pszczynie, a potem do Auschwitz.

W obozie trafiłam do bloku 11, zwanego przez więźniów Blokiem Śmierci. Mieścił się w nim obozowy sąd doraźny[31].

– To ty jesteś siostrą tego partyzanta! – wrzasnął esesman, gdy podałam swoje nazwisko podczas spisywania personaliów.

---

[31] W piwnicach bloku 11 mieścił się obozowy areszt, a na zamkniętym dziedzińcu przeprowadzano egzekucje przez rozstrzelanie (przy tzw. Ścianie Śmierci).

Wkrótce ponownie przewieziono mnie do Pszczyny. Była wsypa. Ktoś wydał partyzantów mieszkających w Baranowicach u Zielonki, gdzie mieli bunkry, i mojego brata. Wszyscy zostali aresztowani. Wtedy jeszcze tego nie wiedziałam, ale Franka pierwszego zabrano do KL Auschwitz, potem do obozu trafili kolejni. Niemcy przekonywali, że wywożą ich w Beskidy. W akcji zostało również aresztowanych około stu trzydziestu osób za pomoc partyzantom i ukrywanie ich.

W areszcie w Pszczynie podeszło do mnie trzech gestapowców.

– Nie chciałaś wydać braciszka, nie chciałaś! Będziecie teraz wszyscy nogami do góry wisieć – powiedział jeden z nich. Rozpłakałam się na te słowa. Na przesłuchaniach katowano mnie, konfrontowano z partyzantami, którzy zostali aresztowani. 7 lutego, w urodziny taty, ponownie przetransportowano mnie i Józefa, a także ojca i siostrę Walerię, do KL Auschwitz I, gdzie raz jeszcze trafiłam na Blok Śmierci. Pamiętam, że bramę otwierał nam więzień karzeł.

Moją mamę zostawili w Pszczynie, a później trafiła do Gliwic. Ostatni raz widziałam ją w więzieniu, gdy przyszła do mnie pod celę z wiadomością, że wywożą nas ponownie do Oświęcimia. Straciłam z nią wówczas kontakt.

Wiedziałam, że w obozie nie może mnie spotkać nic dobrego. W bloku 11, gdzie urzędował policyjny sąd doraźny i gdzie ważyły się moje losy, ponownie spisano moje personalia. Nie wiedziałam, co będzie dalej. Blok Śmierci był miejscem, z którego niewielu wyszło żywych. Na parterze w jednej z sal po prawej stronie umieszczono mnie razem z około osiemdziesięcioma kobietami. Będąc tam, starałam się dowiedzieć, czy w „jedenastce" znajdują się także mój brat i ojciec, a także mąż siostry Walerii. Dużo w tej kwestii pomagali mi więźniowie: Wiktor Sobik z Czechowic, odpowiadający za utrzymanie czystości w bloku, a także fryzjer Maks i funkcyjny Jakub. Mieli większe możliwości kontaktu z innymi więźniami niż my, więźniarki w celi. Byli dobrymi ludźmi i wiele razy pomagali mnie i innym kobietom przemycać dla mężczyzn jedzenie i grypsy. To oni poinformowali mnie, że Franek i pozostali partyzanci znajdują się w bunkrze bloku 11.

Potajemnie nawiązałam kontakt z partyzantami. Było to możliwe, ponieważ więźniowie z bunkra wychodzili jeszcze przed esesmanami, żeby opróżnić kubły z fekaliami. Mogli wówczas podejść pod okno naszej celi. Razem z innymi kobietami z celi podawałam im czasami coś do jedzenia. Dowiedziałam się wtedy od nich, że konfidentami, którzy wydali partyzantów i zdradzili kryjówkę mojego brata oraz naszego szwagra, byli Figołuszka ze wsi Kobiór i Gębołysa z Jankowic.

Napis na ścianie w celi 11 Bloku Śmierci w Auschwitz I, napisany przez brata Franka. Fot. Archiwum rodzinne

W Bloku Śmierci w trakcie przesłuchań Franek był torturowany i okrutnie bity przez Niemców za to, że zastrzelił gestapowca Bechingera. Zrobił to w obronie własnej, inaczej by zginął. Przez okno widziałam czasem jego posiniaczoną twarz. Po wojnie Albin Świerkot, jeden z partyzantów, któremu udało się przeżyć, opowiadał, jak katowany był mój brat. Z trudem słuchało się opowieści o cierpieniu bliskiej osoby.

Raz Franek próbował zbiec z obozowych bunkrów. Nie mógł wiedzieć, że z tego miejsca nie da się uciec! Sześciu więźniów, w tym mój brat, a także ksiądz z Bierunia, wyważyło drzwi celi numer 23, w której przebywali. Choć więźniowie mogli wyjść z pomieszczenia, akcja skończyła się niepowodzeniem. Esesmani narobili rumoru i szybko złapali uciekinierów.

Nie wiedząc nic o działaniach Franka, tego dnia słyszałam jęki i wrzaski dobiegające aż do sali, w której przebywałam. Przerażające krzyki świadczyły o tym, że ktoś bardzo cierpi. Nie mogłam wówczas wiedzieć, że wśród tych katowanych mężczyzn jest również mój brat, jeden z prowodyrów ucieczki. Od tego momentu nie mogłam go już widywać przez okno, bo nie wychodził, jak wcześniej, na dziedziniec. Widziałam jednak, jak prowadzono go wraz z innymi więźniami na codzienne przesłuchania. Szedł między blokami 10 i 11, esesmani szczuli psy na mężczyzn i kazali im wykonywać uciążliwe ćwiczenia, jak skoki, żabki, niedźwiedzia, jako część kary. Były to bardzo trudne fizycznie zadania. Tym cięższe dla osób głodnych, bez sił czy skatowanych.

Nie da się opisać cierpienia, które mną targało, gdy widziałam, jak traktowany jest Franciszek. Jedna z najbliższych mi osób.

W grypsach, które później od niego dostawałam, pisał, że z tortur wracał pobity, ale zawsze z podniesioną głową. Pisał też, że chciał odebrać sobie życie, bo nie mógł znieść bólu, jednak wiedział, że nie może tego zrobić: „Myślałem, że żywcem będą ze mnie pasy skóry zdzierać. Ale jeszcze mogłem to jakoś wytrzymać. Nie mogłem jednak odebrać sobie życia, bo nie byłaby to dla mnie bohaterska śmierć".

Pękało mi serce na myśl o jego bólu, ale jednocześnie czułam dumę z jego honoru i dumy jako Polaka! Najbardziej katował go sam Figołuszka, konfident, o czym także dowiedziałam się z grypsu. Wtedy przypomniałam sobie tego mężczyznę... Jeszcze w Pszczynie, podczas konfrontacji z Frankiem w areszcie, tak mocno mnie kopnął, że straciłam przytomność.

Brat był więziony w ciemnej celi, podejrzewam, że został skierowany do stójki[32]. Pamiętam, że pobiegłam tam raz i wsadziłam w szparę w ścianie gryps. Dopiero później pomyślałam o tym, że przecież w celi jest ciemno i Franek i tak nie mógłby nic przeczytać. Może ta wiadomość jest tam do dziś?

„Uciekłem!"

Za działania, jakich się podejmował w ruchu oporu, i próbę ucieczki z bunkra bloku 11 Franciszek został skazany na śmierć. Rozwieszono w Pszczynie afisze, że egzekucja ma odbyć się w Dąbrowie Górniczej 27 lipca 1944 roku. Ten właśnie afisz czytała, będąc poza obozem, moja siostra Klara.

Ubraną w czarną sukienkę na znak żałoby Klarę zdziwione koleżanki poinformowały, że widziały inny afisz, z którego wynikało, że mój brat Franek razem z innymi partyzantami wciąż był poszukiwany! Za jego znalezienie lub wydanie wyznaczona była nagroda. Wynikało z tego, że musiał uciec! Z opowiadań mojej siostry Marysi, która przez cały ten czas zatrudniona była w Bojszowicach w gospodzie należącej do Niemca, wiem, że pewnej nocy ktoś zapukał do okna tego budynku.

– Marysia! Udało mi się uciec! – szeptem powiedział ten ktoś. Siostra poznała po głosie. To był Franek! Wtem do pomieszczenia wbiegła Niemka, właścicielka gospody, i dopytywała, z kim moja siostra rozmawia. Marysia więcej nie usłyszała ani nie zobaczyła Franciszka.

Po latach na jednej z rozpraw sądowych dowiedziałyśmy się, że z domu Grzechnika – konfidenta, jak się później okazało – niedługo po tajemniczym „spotkaniu" mojego brata z siostrą mężczyźni wynieśli zwłoki dwóch mężczyzn w zakrwawionym prześcieradle.

---

[32] Stójki, niem. *Stehzellen* – cele do stania (o rozmiarach 90×90 cm), w których dla odbycia kary osadzano po czterech więźniów.

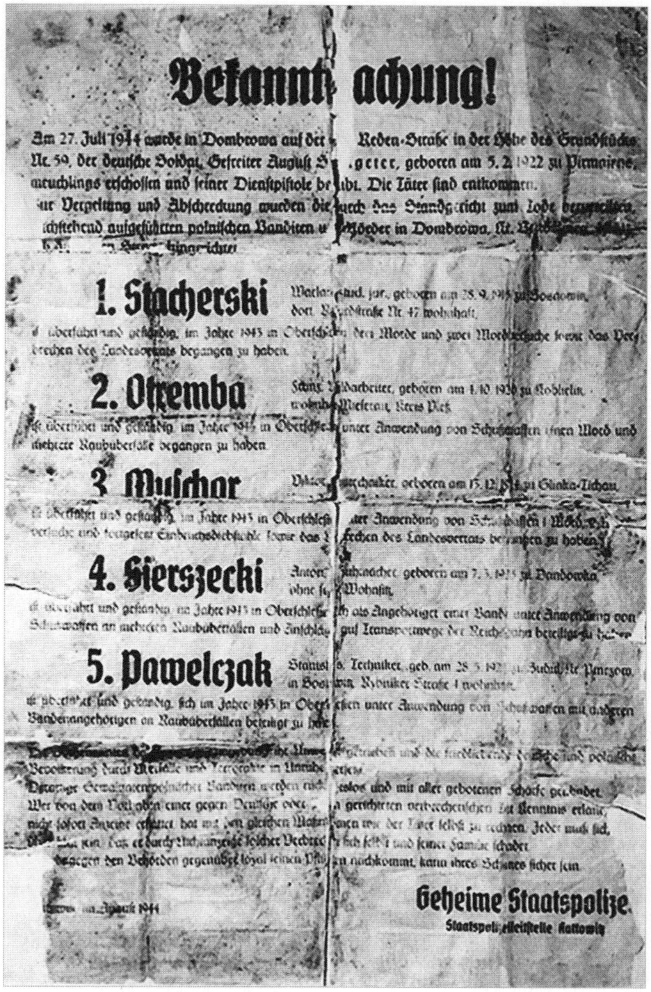

Afisz informujący o egzekucji 27 lipca 1944 roku w Dąbrowie Górniczej, w której miał zginąć brat Łucji, Franek. Afisz zerwała siostra Łucji, Klara. Fot. Archiwum rodzinne

– To były zabite świnie – tłumaczył Grzechnik.

Na co świadek odpowiedział mu:

– To znaczy, że te świnie miały buty.

Brat prawdopodobnie udał się z prośbą o pomoc do Grzechnika, nie wiedząc, że ten go wyda. Jak było jednak naprawdę? Nie wiemy. Tajemnica do dziś nie została rozwikłana. Kilka lat temu w jednej z lokalnych gazet ukazał się nawet artykuł na ten temat z prośbą, by ten, kto wie coś o egzekucji, która się nie odbyła, zgłosił się i pomógł wyjaśnić, co się wtedy naprawdę stało.

Po latach moja mama zwierzyła się, że napisała list do Grzechnika, chcąc zmusić go do przyznania się do zbrodni. Chciała, aby oświadczył, że tamtej nocy zabił albo wydał gestapowcom Franka. Nigdy jej nie odpowiedział. Ale niedługo po tym liście strzelił sobie w głowę. Czy to nie dowód, że miał coś na sumieniu?

Gdy przebywałam na Bloku Śmierci, bardzo często śniło mi się, że widzę tatę i moich braci i że esesmani prowadzą nas na śmierć.

15 kwietnia 1944 roku na komendę „*Achtung!*" wywołano z sali w bloku 11 moją siostrę Walerię. Musiałyśmy się pożegnać, przeczuwając, że więcej się nie zobaczymy. Bałam się, że prowadzą ją na śmierć do komory gazowej. Nie wiedziałam przez blisko miesiąc, co się z nią stało, czy żyje.

Wreszcie i ja po wielu sądach doraźnych, przesłuchaniach, torturach zostałam przeniesiona. 29 maja 1944 roku wyprowadzono mnie do Birkenau. Nie wiedziałam, co oznaczają te zmiany i dokąd jestem prowadzona. Czy na śmierć?

Warszawa się pali!

Stałam pod bramą, na której widniał napis „*Arbeit macht frei*", wystraszona i niepewna swojego losu. Nagle podszedł więzień Sobik i uprosił esesmana, który mnie pilnował, by mógł mi przekazać słoik smalcu. Nie ukrywam, że po tylu tygodniach głodowania był to dar, który cieszył. Choć idąc przez obóz, widziałam krematorium i byłam pewna, że prowadzą mnie do komory.

Myliłam się. Zaprowadzili mnie pod saunę. Musiałam czekać tam całą noc, ponieważ biuro oddziału politycznego, mieszczące się tuż obok, było już zamknięte i nie mogli mnie przyjąć do ewidencji obozowej. Nie ma chyba nic gorszego niż czekanie w niepewności. Przecież nie wiedziałam, na co czekam!

Rano spotkała mnie nieoczekiwana radość! Przybiegła do mnie Walerka! Popłakałyśmy się z radości, choć przyznam, że na początku w ogóle jej nie poznałam. Zmieniła się. Była bardzo szczupła, blada, a zmęczona twarz wskazywała na przepracowanie i niedożywienie. Martwiłam się o nią.

Chwilę później musiałam udać się do sauny, gdzie odbyła się kąpiel. Do wnętrza budynku wpuszczały mnie Żydówki. Potem skierowano mnie do biura, gdzie dostałam pasiak, chustkę na głowę i nadano mi numer. Po kilku dniach wyprowadzono mnie razem z innymi kobietami – było nas około piętnastu – do Auschwitz I na zrobienie zdjęć w trzech pozycjach. Na tamten moment przeniesienie mnie do Brzezinki nie zwiastowało śmierci. Zostałam skierowana do pracy. Stałam się siłą roboczą dla Niemców.

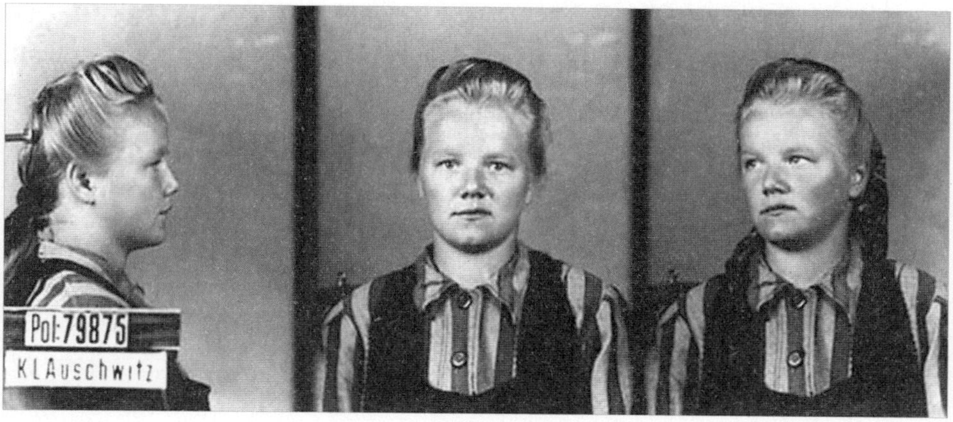

Zdjęcie Łucji wykonane w obozie, wrzesień 1943 roku. Fot. Archiwum rodzinne

Do wybuchu Powstania Warszawskiego przebywałam na odcinku BIa. Kobiety, które między sierpniem a październikiem 1944 roku przyjeżdżały w kolejnych transportach z Warszawy, wołały:

– Warszawa się pali!

Nie wiedziałyśmy, czy coś się zmieni. Nie brzmiało to jednak optymistycznie.

W sierpniu 1944 roku razem z moją siostrą Walerią zostałam przewieziona do KL Ravensbrück, a niedługo potem do Eberswalde. Tam dotarłam jednak sama, gdyż Waleria trafiła do Buchenwaldu.

W KL Eberswalde zmuszano nas do pracy ponad siły w fabrykach zbrojeniowych. Znany mi dotąd z Auschwitz-Birkenau głód był niczym w porównaniu z głodowaniem, jakie przeżyłam w Eberswaldzie. Pamiętam, że będąc w tym obozie, znalazłam raz małego ziemniaczka... Pokroiłam go w plasterki i położyłam na chlebie. Tak bardzo mi smakował!

Wreszcie każda z więźniarek otrzymała kartki z dziennym przydziałem jedzenia. Pewnego dnia jedna z kobiet ukradła moje kartki i przez to nie mogłam jeść przez kilka dni. Gdy wydawało mi się, że dłużej już nie wytrzymam, urwałam trochę trawy i poprosiłam koleżankę, która miała dostęp do pieca, aby ugotowała mi ją na wodzie. Zjadłam tę trawiastą zupę, bo nie miałam innego wyboru. Nie trwało to wszystko jednak długo, bo zbliżał się front i znów przewieziono nas do Ravensbrück. Było to pod koniec kwietnia 1945 roku.

Na miejsce dotarłyśmy nocą. Do baraku, w którym nas umieszczono, przyszła esesmanka i kazała nam zrywać numerki z ubrań. Na ziemi siedzieli Żydzi. Przerażające było to, co powiedzieli. Wobec tego, że Niemcy planowali nas gdzieś zabrać, a nie pozwolili zatrzymać niczego, ani koców, ani misek, Żydzi uznali, że teraz nas zabiją.

– Wiecie, dokąd idziemy? Do nieba – powiedział jeden z nich.

Gdy o tym myślę, wciąż przeszywa mnie dreszcz.

Pod bramę obozową, gdzie dostałyśmy porcję jedzenia – jakieś konserwy, paczki z żywnością – zaprowadzono nas niedługo po rozmowie z Żydami. Zaraz później miałyśmy jechać, ściśnięte niemożebnie w wagonach, do Szwecji. Nie wiedziałyśmy, dokąd nas wiozą. Było nas ponad sześć tysięcy kobiet. Jechałyśmy same przez wiele dni. Sądzę, że podróż trwała około tygodnia. Nie było z nami już żadnego esesmana. Tylko my i mężczyzna prowadzący pociąg. Miałyśmy trochę jedzenia z paczek otrzymanych przy bramie w Ravensbrück, ale ani kropli wody. Gdy pociąg zatrzymywał się z powodu licznych bombardowań, niektóre kobiety wyskakiwały górą wagonów węglowych, by złapać choć kilka kropel wody skraplającej się z pary przy lokomotywie.

Czasami pociąg jechał tak wolno, że człowiek śmiało by go dogonił, idąc pieszo. Pamiętam, że podczas jednego z postojów pod wagon przyszedł jakiś Niemiec i pytał nas, czy mamy chleb!

Po dotarciu do Szwecji zostałyśmy skierowane na różnorodne badania. Polski Czerwony Krzyż wysłał mnie do szpitala, byłam leczona nie tylko z powodu niedożywienia, ale także typowych dla obozowych warunków chorób i dolegliwości. Miałam liczne bolesne owrzodzenia na całym ciele. Pamiętam, że jeszcze w Danii, gdy wychodziłyśmy z wagonów, ludzie na nasz widok płakali. Tak byłyśmy wychudzone i wycieńczone.

Wolna z dala od domu

Pomimo odzyskanej wolności tęsknota za domem i rodziną nie dawała poczucia komfortu i nie pozwalała w pełni cieszyć się z zakończenia wojny. Dlatego jak tylko w szpitalu podleczyli mnie na tyle, że odzyskałam siły fizyczne, bo emocjonalnie dochodziłam do siebie przez wiele lat, zgłosiłam się jako jedna z pierwszych z prośbą o powrót do ojczyzny. Pozostałe dziewczyny pozostawały nadal pod opieką lekarza lub musiały czekać na kolejne transporty.

Pewnego razu przyjechał do nas katolicki ksiądz. W budynku, w którym mieszkałyśmy, zrobiłyśmy na korytarzu ołtarz. Poprosiłyśmy o spowiedź. Później inne kobiety dziwiły się:

– Z czego wy się spowiadałyście?!

A my chciałyśmy wyznać obozowe grzechy: gdy ktoś ukradł mi chleb, ja ukradłam komuś innemu; gdy ktoś ukradł mi bieliznę, ja ukradłam komuś innemu… Każdy z nas walczył o przetrwanie, co nie zmieniało faktu, że te decyzje ciążyły na sumieniu.

Promem popłynęłam prosto do Gdyni, gdzie dostałam przepustkę pozwalającą mi bezpłatnie dojechać do domu. Do Pszczyny dotarłam 2 listopada 1945 roku. Nie miałam żadnych informacji o losie mojej rodziny. Natrafiłam wreszcie na dziewczynę, którą pamiętałam ze szkoły, sprzed wojny. Nazywała się Krzysteczko. Zapytałam, czy wie, gdzie jest moja mama i czy w ogóle wróciła z obozu. Ku mojemu zaskoczeniu dziewczyna u niej mieszkała! Od razu mnie do niej zaprowadziła.

Pamiętam, że mama wtedy kroiła kapustę… Gdy mnie zobaczyła, była taka szczęśliwa!

Po jakimś czasie od powrotu udałam się do urzędu pracy. Chciałam zacząć zarabiać i pomóc rodzinie finansowo pozbierać się po wojennych dramatach. Po wojnie zostaliśmy pozostawieni bez podstawowych środków do życia. Musieliśmy wszystko zaczynać od nowa. To, na co rodzice pracowali latami, zostało zagrabione przez Niemców. Piękna leśniczówka, beztroskie dni przy ognisku z harcerzami, wieczory, gdy Franek przygrywał na akordeonie, stały się odległym wspomnieniem. Nie mogliśmy tego już odzyskać. Blizny, które pozostawiła w naszym życiu wojna, nie miały prawa się zagoić.

– Wróciłam z obozu – powiedziałam, gdy urzędniczka zaproponowała mi pracę fizyczną w PGR. – Czy nie ma dla mnie lepszego zajęcia?

– Wy tam cierpiałyście, a my tu – odpowiedziała.

Cóż to za porównanie! Nie wątpię, że Polacy, którzy pozostali na „wolności", cierpieli i tracili swoje dobytki. Nie byli jednak świadkami masowej zagłady w niemieckich obozach!

Z obozu powróciły moja mama oraz siostra Waleria. Ojciec i dwaj bracia, Franek i Józef, zginęli. Z dokumentów wynika, że Józef był przenoszony do KL Gross-Rosen, KL Sachsenhausen, później KL Ravensbrück, dalej KL Mittelbau.

Nie miałyśmy pojęcia, co stało się z ojcem po ewakuacji Auschwitz. Dopiero po wielu latach o jego pobycie w Melk, podobozie KL Mauthausen[33],

[33] KL Mauthausen-Gusen – zespół niemiecko-austriackich nazistowskich obozów koncentracyjnych usytuowany w pobliżu miejscowości Mauthausen.

Brat Łucji, Paweł (w środku), od 1943 roku służył w RAF-ie. Brał udział w wielu akcjach zbrojnych na terenach okupowanej Francji i Holandii. W trosce o bezpieczeństwo rodziny zmienił imię i nazwisko na Paul Ran. Fot. Archiwum rodzinne

poinformował nas Internationaler Suchdienst w Arolsen[34]. Tata nigdy nie wrócił do domu. W dokumentach wpisano godzinę śmierci 21:10 oraz datę 16 marca 1945 roku, przyczyna: atak serca. Cóż, według papierów na rzekomy atak serca umierało w obozach wielu więźniów. To ogromny ból stracić

[34] Międzynarodowa Służba Poszukiwań (International Tracing Service – ITS) jest centrum dokumentacji losów ofiar reżimu narodowosocjalistycznego oraz ocalałych osób. Z ponad 30 mln dokumentów zgromadzonych w archiwum osoby prześladowane oraz ich potomkowie otrzymują od ITS informacje dotyczące doznanych represji: osadzenia w obozach, robót przymusowych, a także informacje zawarte w dokumentach powstałych po wojnie w ramach programu wsparcia ze strony aliantów. ITS upamiętnia ofiary Holokaustu i nazistowskich zbrodni oraz wnosi trwały wkład w kulturę pamięci. W 2013 r. oryginalne dokumenty archiwum zostały wpisane na Światową Listę Programu UNESCO „Pamięć Świata".

kogoś bliskiego, a tym większe poczucie niesprawiedliwości, gdy życie kończy się niemalże na wolności, po trudach wojny.

Mój brat Paweł, który był w Wojsku Polskim w Wielkiej Brytanii i walczył w RAF-ie, poznał piękną Irlandkę i postanowił zostać tam na stałe.

Szwagier Józef Niesyto zginął powieszony w Oldrzychowicach w Czechach z czterema innymi Polakami. Został tam postawiony pomnik upamiętniający egzekucję. Byłam z rodziną na jego odsłonięciu.

Przez wiele lat po wyzwoleniu borykałam się z powracającymi wspomnieniami, które mimo upływu czasu sprawiały taki sam ból.

13 listopada 1947 roku wyszłam za mąż za Franciszka Janosza i razem, aż do 1982 roku, prowadziliśmy gospodarstwo rolne w Pszczynie. Przez pięćdziesiąt osiem lat udzielałam się społecznie, pragnąc pomóc potrzebującym ludziom, a także byłym więźniom KL Auschwitz-Birkenau. Wygłaszałam prelekcje w szkołach, na „drodze śmierci" i pod pomnikami, chcąc przekazać jak najwięcej informacji o tym, co spotkało nas w obozie. Uważałam i nadal uważam, że jest to wiedza, której nie wolno zapomnieć. Powinna być dla wszystkich przestrogą.

Za swoje działania społeczne otrzymałam wiele odznaczeń, między innymi Krzyż Kawalerski Odrodzenia Polski w 1979 roku, Krzyż Partyzancki w 1991 roku, Krzyż Oświęcimski w 1986 roku. A także Krzyż Armii Krajowej, Honorowy Krzyż Wojska Polskiego, Order Przelanej Krwi za Ojczyznę. Mam stopień porucznika.

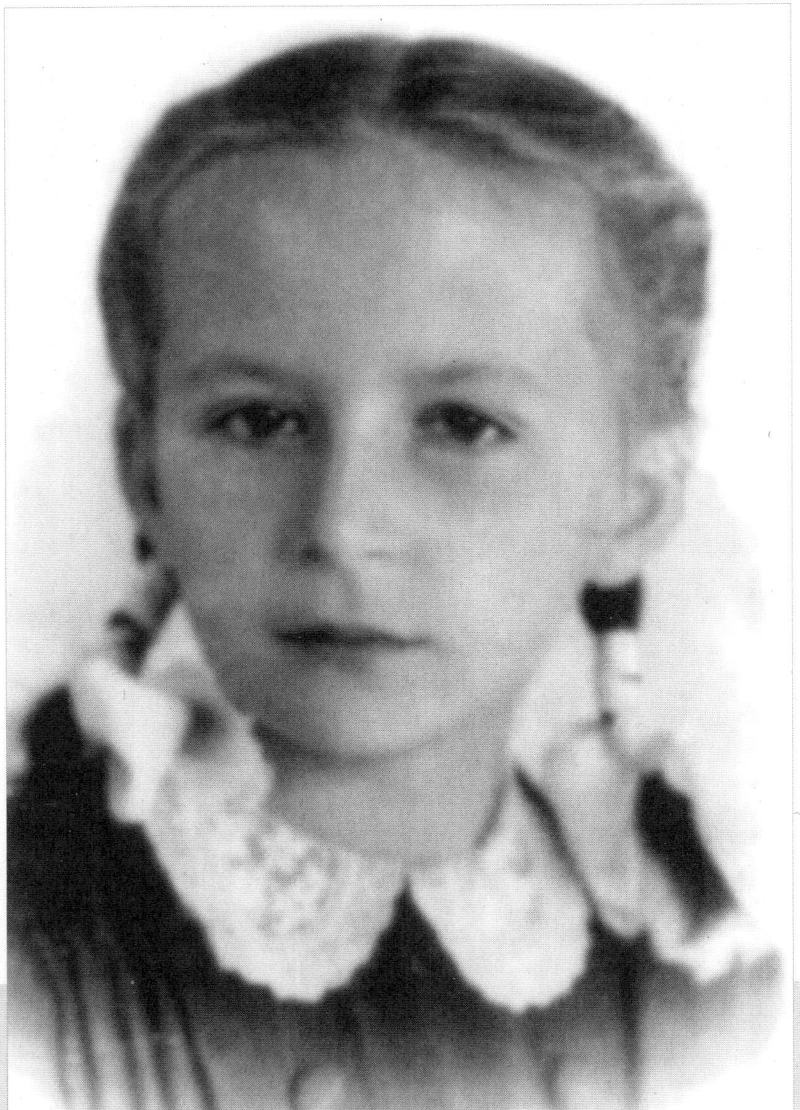

Barbara Doniecka przekroczyła bramę obozu Auschwitz-Birkenau jako 10-letnia dziewczynka. Fot. Archiwum rodzinne

Nr obozowy: 86341

BARBARA DONIECKA z domu **Racka**

Urodzona: 15 marca 1934 roku w Warszawie

Data wywózki do Auschwitz: 12 sierpnia 1944 roku

Obozy koncentracyjne: Auschwitz-Birkenau

Rany Boskie, to Oświęcim.

BARBARA DONIECKA

Samotna wśród wielu samotnych

Do obozu trafiła jako dziesięciolatka razem z matką. Obie nie do końca były świadome tego, gdzie się znalazły i jaki los je czeka. Najgorsze dla Basi było oddzielenie od mamy i pozostanie całkiem samej. Była świadkiem śmierci pięcioletniej dziewczynki, z którą spała na jednej koi. Dziewczynka zmarła z rozpaczy i tęsknoty za rodziną.

Wyczekiwane dziecko

Urodziłam się w 1934 roku w Warszawie. Moja mama miała na imię Genowefa, była dobrą kobietą i posiadała jedną charakterystyczną cechę – była bardzo niska. Tacie, Franciszkowi Rackiemu, sięgała do ramion. Gdy miałam dziesięć lat, byłam prawie jej wysokości. To bywało zabawne, szczególnie kiedy szłyśmy obok siebie. Ludzie pytali zaczepnie, która z nas to córka, a która to matka.

Kiedy mama była w ciąży, ojciec miał już trzydzieści cztery lata. Nie byli najmłodszymi rodzicami, za to bardzo pragnęli dziecka. Zaplanowali powiększenie rodziny, to nie był przypadek. Choć byłam oczekiwanym dzieckiem, jedynaczką, nie rozpieszczali mnie, bo w czasach, kiedy wojna wisiała na włosku, o udogodnieniach „wyższej klasy" nie było mowy. Życie, co

Zdjęcie ślubne rodziców Basi. Ślub odbył się w kościele św. Jakuba przy pl. Narutowicza w Warszawie w 1933 roku. Fot. Archiwum rodzinne

dalsze losy ukazują, też mnie nie rozpieszczało. Ale rodzice wychowywali mnie w dobrych warunkach i mogę powiedzieć, że jako dziecku żyło mi się, jak na tamte czasy, komfortowo. Niczego mi nie brakowało. Chodziłam do szkoły, miałam się w co ubrać, na wakacje jeździłam do ciotki do Fałkowa koło Kielc. Miałam zatem dobre dzieciństwo, które wspominam jednak z lekkim ukłuciem w sercu. Dlaczego? Bo zostałam z niego brutalnie wyrwana w czasie Powstania Warszawskiego. Miałam wtedy tylko dziesięć lat.

Jeszcze w czerwcu zdążyłam pójść do Pierwszej Komunii Świętej. Ubrana byłam w skromną, ale schludną białą sukienkę. Mieszkaliśmy z rodzicami na ulicy Kaliskiej 19 i to tam zastało nas powstanie.

Zostałyśmy tego dnia same z mamą, tata był w pracy. Kiedy nad Warszawą rozpoczęły się bombardowania, musiałyśmy razem z mieszkańcami okolicznych budynków uciekać do piwnicy, by tam przeczekać stan zagrożenia. Nie pomógł fakt, że Ochotę na początku opanowali nasi chłopcy, powstańcy. Z powodu dotkliwego niemieckiego ostrzału bezpieczniej było przebywać tego dnia w piwnicy.

W kolejnych dniach powstańcy opiekowali się nami, dzięki czemu czuliśmy się pewniej. Byliśmy przekonani, że lada dzień wszystko się uspokoi.

Basia w wieku 4 lat, Warszawa, ul. Grójecka, 1938 rok.
Fot. Archiwum rodzinne

Przebywając w piwnicy, staraliśmy się stworzyć normalne, jak na zaistniałą sytuację, warunki. Kobiety w wielkich kotłach gotowały zupy, którymi posilali się także powstańcy. A chłopcy wprost z powstania przybiegali do nas i mówili, że wkrótce zwyciężą. Za Wisłą już stoi Armia Radziecka i gdy będziemy potrzebować pomocy, na pewno staną po naszej stronie! Jak historia pokazała, były to złudne nadzieje.

Strach wśród nas narastał z każdym dniem. Zaczynaliśmy przeczuwać, że dzieje się coś niedobrego. 8 sierpnia Niemcy pod karabinami wypędzili nas przed dom. Mama i ja wyszłyśmy w pośpiechu, tak jak stałyśmy. Tylko w ubraniu, które miałyśmy na sobie. Cenniejsze rzeczy schowane były zawsze w jakichś zakamarkach odzieży. Ze zgrozą wspominam te wszystkie rabunki, jakich dopuścili się niemieccy żołnierze!

Kiedy wszyscy mieszkańcy znaleźli się przed budynkiem, niemieccy oprawcy, wyposażeni w miotacze ognia, bez skrupułów zaczęli rzucać płomieniami, które zajmowały ściany, dach i wnętrza naszych domostw. Patrzyliśmy na dom, który wydawał się nam twierdzą nie do pokonania. To było okropne – widzieć, jak płonie miejsce, w którym spędziło się tyle spokojnych lat. Płonęła cała Warszawa, jeden budynek po drugim.

Basia z ciocią Marią Łuszczyńską przed akademikiem na ul. Grójeckiej w Warszawie, 1938 rok. Fot. Archiwum rodzinne

Basia z mamą Genowefą Racką i tatą Franciszkiem Rackim u fotografa przy ul. Grójeckiej w Warszawie, 1938 rok. Fot. Archiwum rodzinne

Basia z ciocią Marią Łuszczyńską i tatą na ul. Marszałkowskiej w Warszawie, 1943 rok. Fot. Archiwum rodzinne

Wszyscy krzyczeli, kobiety, trzymając kurczowo w ramionach dzieci, płakały. Tak jak staliśmy, zaprowadzili nas na Zieleniak – targowisko przy ulicy Grójeckiej – i przetrzymali całą noc. Działy się tam straszne rzeczy. Siedzieliśmy przerażeni, skuleni, jeden bok drugiego. Tej nocy wyprowadzono spośród nas wielu mężczyzn i pod murem jednego z budynków, który do dziś zresztą stoi przy ulicy Grójeckiej, na naszych oczach ich rozstrzelano. Nie mogłam patrzeć na te okrucieństwa. Jak wiele innych osób, odwracałam wzrok. Wśród rozstrzelanych rozpoznałam dozorcę naszej kamienicy, pana Franciszka.

Po spędzonej na Zieleniaku nocy znów nas pędzono, tym razem na Dworzec Zachodni, skąd pociągiem elektrycznym zostaliśmy przewiezieni do Pruszkowa. Zgromadzono wszystkich, kobiety, dzieci i mężczyzn, w wielkiej hali. I choć pomieszczenie było ogromne, panował niewyobrażalny ścisk i zaduch, tak wielu nas tam było. Spędziliśmy dwa dni bez jedzenia i picia.

Po lewej Basia z rodzicami, a po prawej z ciocią Marią Łuszczyńską podczas Pierwszej Komunii Świętej. Uroczystość odbyła się w kościele św. Jakuba w czerwcu 1944 roku. Fot. Archiwum rodzinne

Nie mieliśmy już wtedy kontaktu z powstańcami, nie otrzymywaliśmy więc najświeższych wiadomości o sytuacji panującej w Warszawie. Każdy chyba jednak gdzieś wewnątrz przeczuwał, że najgorsze dopiero przed nami.

W pamięci utkwiły mi kobiety, które niczym w obłędzie głośno płakały. Niektóre z nich postradały zmysły. To, co działo się wokół nas – rozpoczynający się mord, poniżanie, brak poszanowania drugiego człowieka – spowodowało, że wiele z nich nie wytrzymywało psychicznie. Najczęściej te, które były naocznymi świadkami śmierci swoich bliskich. Dla kogo miały żyć? Kiedy zostały same, ogarnęła je panika – i wcale mnie to nie dziwi. Pamiętam, że kiedy któraś z kobiet krzyczała i płakała zbyt głośno, podchodził do niej Niemiec i wyprowadzał ją na zewnątrz. Dookoła panowała noc, nikt nie odważył się odezwać, zapytać, wyjść za potrzebą. Wszystko wyglądało, jakby było z kamienia. Nieruchome. Strzał! Jeden celny strzał dostała każda z obłąkanych kobiet, która lamentowała zbyt głośno.

Grosse Kinder

Wspominam z wielkim rozrzewnieniem, jak umęczone i wystraszone siedziałyśmy z mamą w pruszkowskiej hali, kiedy zauważyła nas starsza kobieta.

– Nie macie nic do jedzenia? – spytała. Oczywiście, że nie miałyśmy. I wyciągnęła z worka ukrytego pod spódnicą kilka kostek cukru. Dzięki niej łatwiej było przeczekać te straszne chwile, bo starsza pani, której niestety imienia nigdy nie poznałam, przez cały czas częstowała nas słodkimi kostkami.

Kiedy następnego ranka skierowano nas do kolejnego transportu, dokonano pierwszej w moim życiu selekcji. Oddzielono kobiety od mężczyzn, a na trzecią stronę przeszły matki z dziećmi. Jak wspominałam, moja mama nie należała do wysokich, byłam może o dwa centymetry od niej niższa. Aby nas nie rozdzielono, mama postanowiła przejść ze mną na stronę matek z dziećmi. Niemiec burknął tylko coś pod nosem, usłyszałam: „Grosse Kinder" (tzn. wyrośnięte dziecko) – i wskazał ręką na wagon towarowy, do którego się udałyśmy.

Oczekiwanie na rampie na selekcję, 1944 rok. Fot. Album Lili Jacob, nr neg. 24457–16=39

Droga mijała w niehigienicznych warunkach. Sierpień 1944 roku był upalny, a my nie mieliśmy wody ani niczego do jedzenia. Kolejny dzień. W wagonie było tłoczno. Jedni stali, inni leżeli prawie jeden na drugim. Nie było czym oddychać. Małe okienka zostały wcześniej skrzętnie zaryglowane tak, że świata nie było widać. Jedna tylko mała szparka zaślepiona drutami pozwalała świeżemu powietrzu wlecieć do środka, choć w niewielkich ilościach. Jechaliśmy cały dzień bez krótkich nawet postojów. Z przerażeniem wspominam odór odchodów unoszący się w wagonie. Nie mogąc wyjść na zewnątrz, każdy załatwiał swoje potrzeby fizjologiczne pod siebie.

Droga w nieznane zaczynała nabierać konkretnych kształtów. Wiedzieliśmy, że dokądkolwiek jedziemy, to, co obecnie przeżywamy, jest zaledwie przedsmakiem tego, co nas czeka. Dokąd nas wieźli? Do piekła.

Rany Boskie, to Oświęcim!

Do Auschwitz-Birkenau dotarliśmy nocą 12 sierpnia 1944 roku. Zmęczonych do granic wytrzymałości wypędzono nas na rampę. Wychodziliśmy niezdarnie w pośpiechu, a towarzyszyły nam okrzyki Niemców: „*Schneller, schneller*!".

– *Polnische Schweine*! – wydzierali się.

„Boże, gdzie ja się znalazłam, co to za miejsce?" – pomyślałam. Szybko otrzymałam odpowiedź. Jeden z mężczyzn, wychodząc z wagonu, rozejrzał się wokół i krzyknął ze łzami w oczach: „Rany Boskie, to Oświęcim!".

Nic mi to nie mówiło, ale domyśliłam się, że koszmar dopiero się zaczyna.

– Mamusiu, dlaczego oni wyzywają nas od świń? – spytałam.

– Cicho, cicho... Dziecko, nie pytaj głośno o takie rzeczy! Nic nie mów. – Zrozpaczona mama rozglądała się, czy aby na pewno nikt mnie nie usłyszał.

Marsz z KL Auschwitz do Brzezinki zrobił na nas wrażenie, którego nie sposób zapomnieć do końca życia. Ciemna noc, rozwścieczone psy, których ujadanie rozchodziło się po całym placu, reflektory na drutach i krematoria z dymiącymi kominami. Wtedy jeszcze my, *Zugang*, znaczy nowi, nie wiedzieliśmy, czym są te płomienie. Szpalery esesmanów lejących kolbami karabinów gdzie popadnie. Moja mama została uderzona tak mocno, że aż zgięła się wpół. Po raz pierwszy zadałam sobie pytanie: „Boże, dlaczego?". Na szczęście mama trzymała mnie mocno za rękę, bo inaczej przewróciłabym się i inni więźniowie by mnie stratowali. Panował straszny chaos, ludzie biegli przed siebie, płakali, rozglądali się za bliskimi, którzy gdzieś w tłumie zostali porozdzielani. Ponad nami słychać było ryki esesmanów i strzały. Rozdzierający krzyk bitych ludzi. Gdzieś w oddali grała orkiestra. I ten smród. Trupi odór. Zatykał nozdrza z każdym powiewem wiatru.

Później zabrali nas do łaźni. Rozebrane do naga, byłyśmy przerażone i zdziwione. Kiedyś nagość była tematem tabu. Nie to, co dziś, gdy widzimy ją niemal wszędzie. Zawstydzenie dla mnie było tym większe, że miałam dopiero dziesięć lat. Dookoła inne starsze kobiety i chłopcy, którzy razem ze swoimi matkami mieli znaleźć się na naszym bloku. Po „prysznicu", o ile można tak nazwać wykonywane z rozkazu czynności w łaźni, wyrzucili nas przed barak. Spędziliśmy tam całą noc. To, co przychodziło nam do głowy, a były to wyobrażenia o strasznych rzeczach, które mogą nas spotkać, miało niebawem okazać się niczym w zderzeniu z rzeczywistością.

Następnie gestapowcy zebrali cały nasz transport do baraku, gdzie kolejno strzygli nam głowy. Musiałyśmy przed esesmanami paradować gołe. W kolejce do golenia głów stało wiele kobiet z dziećmi. Ja z mamą znalazłyśmy się prawie na końcu. Przed nami była Ela Sobczyńska. Śliczna dziewczynka w podobnym do mnie wieku, z gęstymi włosami splecionymi w warkocz. Bardzo przeżywała to, że zaraz nie będzie po nich śladu. Tak bardzo rozpaczała i płakała, aż Niemiec rozkazał fryzjerom, którymi byli polscy więźniowie, aby zaniechali golenia głów. Być może nasi oprawcy byli już po prostu zmęczeni. W ten sposób Ela zachowała swoje włosy, zostały tylko skrócone. Tym samym i mnie, i moją mamę również ominęło całkowite golenie głów.

W której „dziesiątce" jestem?

Kiedy znalazłam się w obozie w 1944 roku, numerów nie tatuowano już na rękach. Wpisywano je tylko do ewidencji w dokumentach. W kolejce po numer odebrano nam wszystkie rzeczy. Zdjęcia, pieniądze, okulary, biżuterię, ubrania i rodzinne pamiątki, które w pośpiechu, uciekając z domu, ludzie zdążyli ze sobą zabrać. O ile zdążyli. Jeśli tak się stało, chowali je kurczowo w bieliźnie lub mieli ukryte w znanych tylko sobie zakamarkach ubrań, licząc na to, że nikt się nie dopatrzy. Jednak Niemcy skrupulatnie sprawdzali niewielki dobytek każdego więźnia i odbierali wszystko, przekazując informację, że to tylko na chwilę i że przedmioty zostaną zwrócone. Nigdy tak się nie stało. Nasze ubrania, buty, jeśli były w dobrym stanie, zostały wysłane do Niemiec. Z pewnością ktoś z nich jeszcze skorzystał. Mnie odebrano pierścionek i łańcuszek oraz pamiątki po Pierwszej Komunii Świętej, którą przeżyłam kilka miesięcy wcześniej.

Tamtego dnia, zaraz po strzyżeniu, mama zrobiła coś, co jeszcze dziś wyzwala we mnie wielkie emocje i łzy. Jako dziecko nie rozumiałam, dopiero kiedy spytałam, jej intencje stały się dla mnie jasne...

Mamusia zawsze, chcąc chronić swoją jedyną córkę, tuliła mnie, trzymając w swoich ramionach tuż przed sobą. Opatulała i strzegła jak Anioł Stróż. Kiedy jednak zbliżałyśmy się do Żydówki, która nadawała kolejno numery, nagle stanowczym ruchem mama schowała mnie za sobą. Zaniepokoiło mnie to, ale pouczona wcześniej, aby nie pytać, nie dociekać, dlaczego coś dzieje się tak, a nie inaczej, stałam posłusznie. Po chwili nasze imiona i nazwiska, nasze tożsamości, nasze życia zmieniły się w zwykłe cyfry. Nie byłyśmy już ludźmi. Mama otrzymała numer obozowy 86340, a ja kolejny – 86341.

– Mamusiu, dlaczego tak zrobiłaś? – spytałam później, kiedy nikt nie słyszał.

– Bo Niemcy dzielili nas na dziesiątki. Istnieje ryzyko, że ludzie z jednej dziesiątki mogą zostać rozstrzelani lub trafić do pieca, ale ci z drugiej mogą przeżyć. Jeśli do tego dojdzie, to może ty ocalejesz, bo jesteś w innej dziesiątce niż ja – odpowiedziała mama. Bywało, czego sama byłam świadkiem, jak w Warszawie gestapowcy bez powodu wyciągali z tramwaju mężczyzn, ustawiali wszystkich kolejno i nakazywali co dziesiątemu wystąpić z szeregu. Te osoby były rozstrzeliwane. Dlaczego, pytam. Skąd ta nienawiść i brutalność, których nie sposób zrozumieć? Pytam od wielu lat, ale wiem, że nikt mi nie odpowie.

Nie zapomnę do końca życia mojego przerażenia, gdy zorientowałam się, że w obozie dzieci nie mają taryfy ulgowej. Rodzice w domu trzymali mnie z dala od wojennych informacji, chcieli uchronić mnie przed okrucieństwem, zapewnić spokój. Tu jednak w ciągu kilkudziesięciu minut poczułam się dorosła, bo zaczynałam rozumieć, co mi grozi.

Numery i czerwone trójkąty zostały naszyte na nasze ubrania. Kolor czerwony oznaczał więźniów politycznych.

My wolności chcemy, a tu Warszawa idzie...

Kiedy wchodziliśmy na lager zaraz po przyjeździe z transportu, przed jednym z baraków stała kobieta. Rozglądała się dookoła przestraszona i pełna nadziei zarazem. Spojrzała na naszą grupę.

– Skąd wy idziecie? – spytała.

Ktoś odpowiedział, że z Warszawy.

– Boże, to Warszawa idzie? Myśleliśmy wszyscy, że na wolność niedługo wyjdziemy, a to Warszawa idzie – zdziwiła się i zawiedziona prędko wróciła do baraku.

My, wchodząc do piekła, jakim było Auschwitz-Birkenau, nie zdawaliśmy sobie sprawy, co nas może spotkać. Mieszkając w Warszawie, w ogóle nie wiedzieliśmy, że Auschwitz jest obozem zagłady. Oni tutaj również nie wiedzieli, co się dzieje poza obozem. Bo skąd? Czy wojna wreszcie się skończy? Czy zaznamy jeszcze wolności? Wolności, która jest naturalnym prawem każdego człowieka, a mimo to została nam okrutnie zabrana przez Niemców. Czy jeszcze cokolwiek nas czeka? Czy już tylko śmierć?

Gdy po tych wszystkich „przygotowaniach" zaprowadzono nas na FKL, oddzielono dzieci od matek. Kobiety wpędzono do bloku 16, a nas do kolejnego – 16a. Trafiły tu wszystkie dzieci, zarówno dziewczynki, jak i chłopcy

Komora gazowa i krematorium IV. Fotografia wykonana przez esesmana w 1943 roku. Fot. Archiwum Państwowego Muzeum Auschwitz-Birkenau

do czternastego roku życia. W baraku spaliśmy na kojach, które w niczym nie przypominały łóżek w domach. Dramat, który rozgrywał się już od kilkudziesięciu godzin, przybierał na sile z każdą kolejną chwilą. Wśród nas przebywały malutkie dzieci. Starsi, zdając sobie sprawę z trudnej sytuacji, podporządkowywali się obowiązującym w obozie zasadom. Maluchy, które miały po cztery czy pięć lat, pragnęły tylko być z mamą i tatą. Oderwane od normalnego życia i ciepła rodzinnego trafiły do cuchnących i zawszonych baraków z dala od rodzin, nie rozumiejąc, co dzieje się dookoła. Ciężko wytłumaczyć małej dziewczynce, dlaczego jej mama nie przyjdzie jej utulić do snu albo dlaczego bez powodu sztubowa uderzyła ją w twarz.

Dzieci, podobnie jak dorośli, w czasie porannych i wieczornych apeli musiały stać po kilka godzin, czekając, aż sztubowe wszystkich policzą. Czasami po apelach pozwalano nam spotkać się z matkami. Były to rzadkie sytuacje, ale ważne, że mogłyśmy choć na chwilę zobaczyć się z bliską nam osobą. Przekonać się, że żyje. To dodawało otuchy i sprawiało, że chciało się walczyć o życie. Niektóre z dzieci po takich spotkaniach wpadały w panikę. Płacz i lament roznosiły się po całym lagrze. „Mamo! Tato, pomóż!" – krzyczały maluchy w stronę bezradnych matek, stojących daleko i szukających wzrokiem swoich niewinnych, zdruzgotanych pociech.

Umarła z tęsknoty

Na kojach było ciasno. Spałyśmy po sześć dziewczynek na jednej. Nad ranem czuło się odrętwienie całego ciała. Pod głową worek z odrobiną sieczki, a do przykrycia spróchniała derma, która rozdzierała się na strzępy przy lekkim pociągnięciu.

Pamiętam, że spałam na jednej koi z pięcioletnią Helenką. To małe dziecko strasznie rozpaczało z tęsknoty za rodzicami. Minął sierpień, była już połowa września, a ona nie chciała jeść ani pić. Faktem było, że nic specjalnego do jedzenia nam nie dawali. Jednak suchy chleb pozwalał na przedłużenie wegetacji (bo z pewnością nie było to życie). Helenka ciągle płakała i nie pomagały jej bajki opowiadane przez starsze dziewczynki ani zapewnienia, że niedługo zobaczy się z rodzicami. Pewnego dnia sztubowa pozwoliła jej na spotkanie z matką w nadziei, że to nieco uspokoi dziewczynkę. Helenka wtulona w ramiona mamy na chwilę przestała łkać, ale po ponownym rozdzieleniu rozpoczęło się apogeum. Tak bardzo cierpiała i wpadła w takie spazmy, że nocą, leżąc obok mnie na koi, zmarła z tęsknoty. Sztubowe zorientowały się nad ranem, przed apelem. Wzięły stare płótno, którym byłyśmy przykryte, i położyły jej ciało w środku, unosząc je w powietrze. Chciały wynieść je na zewnątrz. Całe szczęście, że jedna z blokowych przytrzymała zwłoki rękami, bo zużyty materiał pękł i ciało malutkiej dziewczynki spadłoby na ziemię. Serce mi pęka, kiedy o tym myślę. Gdy człowiek umiera z tęsknoty sam, nie ma gorszej śmierci. Historia Helenki jest najdobitniejszym przykładem tego, co Auschwitz robiło ludziom. Kobietom, mężczyznom, dzieciom.

Boże, Ty wszystko możesz

Na jednym z porannych apeli stałam w pierwszym rzędzie. Esesman chodził tam i z powrotem, siejąc grozę. Licząc nas i czarnym, skórzanym pejczem uderzając lekko w swoją nogę, obutą w oficerki. Musiałyśmy stać prosto, nieruchomo, grzecznie, gdyż w innym wypadku kończyło się biciem lub inną drastyczną karą. Wszystkie starałyśmy się, jak tylko mogłyśmy, nie zwrócić na siebie uwagi. Nagle Niemiec stanął naprzeciwko mnie i przez dłuższą chwilę patrzył mi prosto w oczy. Spojrzałam na niego, ale nie wiedziałam, jak się zachować, więc spuściłam wzrok i zamknęłam oczy. Wtedy podniósł pejcz i uderzył mnie nim w twarz. Płakałam, ale nie drgnęłam nawet. Poraniony policzek i ucho bolały mnie bardzo długo. Pręga została na kilka dni. Pamiętam, że kiedy esesman odszedł, spojrzałam w niebo i w myślach pytałam drugi już raz: „Boże, dlaczego na to pozwoliłeś? Stoję przecież tak grzecznie, Ty wszystko widzisz i wszystko możesz, a jednak pozwoliłeś, aby bez powodu mnie tak uderzył". To było okropne. Nie miałam komu i nie mogłam się poskarżyć. Modliłam się więc, żeby Bóg pozwolił mi to wszystko przetrwać. Tego strachu, obawy o życie swoje i rodziny, zagrożenia czyhającego z każdej strony, zwątpienia nawet w Boga – nie da się opisać słowami. Niemcom nudziło się w czasie długich apeli, więc dla zabawy poszturchiwali i bili więźniów. Nawet dzieci!

Apele zawsze były pełne grozy. Nigdy nie było wiadomo, co może się wydarzyć, a mogło stać się dosłownie wszystko. Przed blokami dorosłych bito i rozstrzeliwano ludzi. Wśród dzieci przemocy było znacznie mniej, co nie znaczy, że nie było się czego bać. Z niechęcią wspominam dzień, w którym na naszym apelu jeden z esesmanów wywołał mój numer jako pierwszy. Skamieniałam. Przypomniały mi się od razu słowa mamy o dziesiątkach, które są wysyłane na pewną śmierć. Nie umiem oddać dziś słowami tego, co poczułam. Szybko okazało się, że tym razem Niemcy wybierali nie numery, lecz dziewczynki o ciemnych oczach, takich jak moje.

Zostałyśmy zaprowadzone na rewir do „Anioła Śmierci", słynnego doktora Mengele. Od starszych dziewczynek, które w obozie przebywały dłużej, słyszałyśmy o nim okropieństwa. Nie mogłyśmy jednak wiedzieć, czego dokonuje w Auschwitz. Przez kilka dni, wiele razy dziennie, zabierano nas do pomieszczenia, w którym pracował. Zakraplano nam coś do oczu, dostawałyśmy też zastrzyki. Do dziś nie wiem, co nam podawano. Nie opierałyśmy się, bo i po co. Nic byśmy nie wskórały. Oczy po tych zabiegach ropiały, swędziały, a powieki były spuchnięte. Prawie nic nie widziałam i całą twarz miałam owrzodzoną.

Dziś już wiemy, że eksperymenty, które prowadził Mengele, często doprowadzały do ślepoty lub śmierci. Był chorym człowiekiem. Jednym z celów jego eksperymentów było znalezienie sposobu na genetyczne warunkowanie cech aryjskich u dzieci, czyli między innymi blond włosów i niebieskich oczu, i to najlepiej w ciąży mnogiej. Dlatego interesowały go bliźniaki. Chciał „wyhodować" rasę nadludzi, za jakich Niemcy się uważali. Oczy brązowe chciał zmieniać na niebieskie. Takich rzeczy pragnęli Niemcy!

Wykrzyczeć, co czuję

Po tym wszystkim dziś zostały tylko słowa. Ale jak naprawdę wyrazić to, co kryje się pod pojęciami: „nieludzki czas", „hekatomba", „masowa zagłada", „obóz śmierci"? Czy ktoś, kto nie doświadczył tych udręk, będzie w stanie wyobrazić sobie zapach świeżej krwi, widok stosów trupów porozrzucanych po lagrze? Ciężko opisać to, co nas tam spotykało, i niebywale trudno zrozumieć komuś, kto nigdy czegoś podobnego nie przeżył, jakie emocje towarzyszą człowiekowi, kiedy przez długi okres każdego dnia patrzy śmierci prosto w oczy.

Walka z Gestapo to była walka z wiatrakami. My – wychudzeni, głodni i bez siły – naprzeciw potężnych i uzbrojonych Niemców. Nie raz, nie dwa miało się ochotę spojrzeć im w oczy i wykrzyczeć całą niesprawiedliwość, jaka nas spotykała z ich strony. Byliśmy jednak numerami, które w łatwy sposób można po prostu wykreślić z ewidencji. Dziwnym trafem dziś czasami słyszymy, że wielu więźniów umierało na zawał albo popełniało samobójstwo. Bzdury! Wszyscy byli mordowani, nawet ci, którzy sami odbierali sobie życie. Odbierali je pośrednio Niemcy, wykańczając uwięzionych psychicznie i fizycznie, doprowadzając do utraty zmysłów, tworząc rzeczywistość, z którą nie można się było pogodzić, niewidzialną ręką prowadząc na druty pod napięciem.

Berek!

Czasami po apelach dzieciom pozwalano zostać chwilę na dworze, aby się pobawiły. Tylko czym miałyśmy się bawić? Dookoła pustkowie, żadnego drzewa ani źdźbła trawy. Przy barakach na taczkach powyginane sztywno trupy. Niekiedy poukładane na stercie aż pod sam dach. „Aura" naprawdę nie sprzyjała zabawie. Ale zdarzało się, że biegaliśmy przed barakiem, bo ktoś kogoś zaczepił. I krzyknął „berek!".

Kiedy rano przed apelem albo po apelu siedzieliśmy w baraku, kazano nam nie ruszać się z koi. Jednak dzieci nie usiedzą na miejscu, więc biegałyśmy wewnątrz, wąskimi, ciemnymi korytarzykami pomiędzy kojami a ścianami. Najczęściej przebywałyśmy w barakach całymi dniami, a jedyną możliwość wyjścia na powietrze stwarzał poranny lub wieczorny apel.

Zdarzały się też zupełnie nieoczekiwane apele w trakcie dnia. Ogłaszały je syreny, których nieprzyjemny dla ucha dźwięk rozbrzmiewał po całym lagrze. Taki wyjec oznaczał, że ktoś uciekł z obozu. Apele trwały wtedy bardzo długo, bo liczono nas i pilnowano, dopóki nie znalazł się ten, który uciekł. Żywy lub martwy. Zazwyczaj uciekiniera odnajdywały rozwścieczone psy, a jego powrót do obozu oznaczał, że niebawem zostanie zabity. Kiedy trwały apele, nikt nie zwracał uwagi, czy jest czterdziestostopniowy upał czy siarczysty mróz. Jeśli życie było ci miłe, musiałeś przez kilka godzin stać nieruchomo.

Kopce pluskiew

Kiedyś ktoś zapytał mnie:

– Basiu, a jak wy tam spaliście? W samych piżamach w tym ziąbie?

Na te słowa roześmiałam się i z bólem wspomniałam obozowe warunki:

– Piżamy? Jakie piżamy? Dzieci dostały wstrętne, zawszone ubrania, które od brudu i potu zaraz robiły się sztywne. Nie mogłyśmy korzystać z wody, aby się umyć, a jeśli już, to bardzo rzadko. Ubrań też się więc nie prało, bieliznę wymieniano nam sporadycznie i twierdzono, że jest wyparowana – w co zresztą wątpiłam. Brud, który panował w obozie, przyczyniał się do szerzenia się chorób, a szczególnie świerzbu i tyfusu. Gdy zabierano nas do łaźni, dostawałyśmy po kawałku ohydnego, zielonego mydła z gliny, które wcale się nie pieniło.

Pewnego ranka tak zwana starsza obozu, Stenia, przyszła do nas na blok FKL i zapytała:

– Dzieci, co chciałybyście, abym dla was zrobiła? Może jest coś, co zrobić mogę.

Wszystkie jednym chórem odpowiedziałyśmy, że chcemy do domu.

– Tego i ja bym chciała – odpowiedziała Stenia. – Ale nie mogę wam tego obiecać. Co innego chciałybyście dostać?

Drugą rzeczą, o której marzyło każde bez wyjątku dziecko w Auschwitz, było wygazowanie wszy. Wielkie na pół palca insekty gryzły nas noc i dzień, wywołując nie tylko ból, ale przede wszystkim świąd nie do wytrzymania. Było ich tak dużo, że rozcierałyśmy je po twarzy. Wgryzały się w wychudzone ciała i spijały resztki krwi. Wchodziły do nosa, uszu, oczu. Zagnieżdżały się w rozdrapanych ranach.

– To mogę wam obiecać – odparła.

I rzeczywiście po kilku dniach wyprowadzono nas przed barak i odkażono nasze koje. Przy każdej z nich pozostała kupka, wielkości kopca kreta, zdechłych robali. Później zaprowadzono nas do łaźni, co zdarzało się bardzo

Żydzi z transportu w 1944 roku. Kobieta z dziećmi z dobytkiem, który będą musieli oddać. Fot. Album Lili Jacob, nr neg. 24457–124=119

rzadko, kazano się rozebrać, a łachmany, w których chodziłyśmy, zostały odkażone. Wszystkie ciuchy leżały na jednej wielkiej kupie, pomieszane w taki sposób, że żadna z nas nie wiedziała, gdzie znajdują się jej rzeczy. Każda więc brała po kolei. Jednej trafiło się ubranie za małe, drugiej zbyt duże... Dopiero w bloku się zamieniałyśmy. A gdy stałyśmy tak nago, jedna z dziewczynek, chcąc rozbawić resztę koleżanek z obozu, powiedziała: „Patrzcie! Garderoby do choroby. A jak mama pierze, to ja nago leżę".

Śmiałam się i ja. Trzeba było nam choć odrobiny uśmiechu, aby nie odejść od zmysłów. Ale takich chwil z uśmiechem na twarzy nie było za wiele. I szczerze przyznam, że do dziś mam wstręt do czarnych porzeczek. Gdy tylko czuję ich zapach, ogarnia mnie trwoga i obrzydzenie. Pachną jak rozgniecione w palcach pluskwy, które przez kilka miesięcy wgryzały się w moje ciało i w obozie były wszechobecne.

Któregoś dnia, stojąc na drabinie, jeden z więźniów namalował na ścianie w naszym baraku dzieci chodzące do szkoły i zabawki. Zastanawiałam się z koleżankami, po co nam malują takie rzeczy. Ani do szkoły nie możemy chodzić, ani zabawek nie mamy i wszyscy doskonale wiedzą, że czeka nas stracenie. Wcześniej czy później.

Rodziny żydowskie z transportu w 1944 roku. Fot. Album Lili Jacob, nr neg. 24457–128=121

Zjedz, zanim wywiozą nas do krematorium

Nie raz rozmawiałyśmy ze sobą o jedzeniu. Siedząc na koi, każda z nas marzyła o pysznościach, które zjadłaby, gdyby była w domu. Wspominałyśmy dania przyrządzane przez nasze mamy i wyobrażałyśmy sobie, że je właśnie zjadamy. Ale na nic te wspomnienia. Tutaj na śniadanie tylko kromka chleba gruba na jeden palec i kostka ohydnej margaryny. A na obiad woda zagotowana z łupinami, które wypluwałyśmy, lub z jarmużem palącym język, udająca zupę, nazywana przez więźniów plujką lub lurą. Czasami wrzucano do niej zgniłe warzywa. W zasadzie mogliby nam w ogóle nie dawać jeść. Śmieszne porcje żywieniowe były głodowe nawet dla dzieci, a co dopiero dorosłych, którzy po apelu wychodzili poza obóz do ciężkiej pracy. Takie warunki wyczerpywały organizmy. Nie ominął mnie szkorbut, wypadły mi zęby. Wielu więźniów nigdy nie opuściło obozu z powodu wyniszczenia organizmu. Czekaliśmy tam na śmierć.

Na ten głód i choroby wszyscy mówili, że były okropne, najgorsze. Ale mnie jakoś udawało się wytrwać. Kiedy któraś z nas poważnie zachorowała, trafiała na rewir. W „szpitalu" panowały równie złe warunki co na bloku, a w przypadku chorych obłożnie robiono selekcję i najsłabszych wysyłano do pieca kremacyjnego. Wiedziałyśmy o tym od innych dzieci, które były tego świadkami, więźniów, a czasami nawet rodziców, z którymi udawało nam się spotkać, gdy blokowa pozwoliła. Dlatego wiedząc o tym, jak może skończyć się „wizyta" na rewirze obozowym, nie przyznawałyśmy się, kiedy coś nam dolegało. Czasem bolało gardło albo brzuch, doskwierał świerzb – zmagałyśmy się z tym po cichu.

W zabawie w jedzenie czasami padały słowa: „Masz, to pyszna jagnięcina, zjedz, zanim wywiozą nas do krematorium".

Cegiełka

Niektóre koje były całkowicie zaciemnione, tak że nie było widać niczego. Przy mojej znajdowało się okno. Zaglądałam w nie czasami, obserwując niebo. Wydawało się takie odległe i nieskazitelne. A my tu, na ziemi, w niewoli, w piekle. Pytałam się w duchu, dlaczego nas to spotyka i czemu świat daje Niemcom przyzwolenie na takie okrucieństwa. Odpowiadała tylko cisza, zakłócana ciągłym sykiem drutów pod napięciem.

Kiedy więźniów prowadzono do gazu, zamykano nam okna, abyśmy nie patrzyli i nie słyszeli lamentów i krzyków ludzi. Niemcy nie robili tego wcale z troski o nas. Wręcz przeciwnie – nie chcieli siać paniki i wzbudzać w ludziach strachu większego niż ten, który już nimi owładnął. Wiedzieli przecież, że spanikowany tłum może być niebezpieczny. Na wysokości mojej koi była jednak poluzowana cegłówka. Podejrzewaliśmy, że jakaś więźniarka, która tu spała wcześniej, wydłubała zaprawę murarską. Dzięki temu, gdy nikt nie widział, mogłam z koleżankami podglądać, co dzieje się na zewnątrz. Ponieważ cegiełkę wyciągałyśmy i chowałyśmy z powrotem bardzo ostrożnie, uchodziło to uwadze blokowych.

Któregoś ranka po jednym z apelów przyprowadzono nas do baraku i rozkazano siedzieć spokojnie na miejscach. Zza murów słychać było szloch i krzyki: „*Oj, mame! Oj, tate!*". W pośpiechu wbiegłyśmy na koję i odsunęłyśmy cegłę. Widziałam wiele matek z dziećmi, prowadzonych w zwartej grupie. Przerażone matki jak cienie – wychudzone, blade – szły przed siebie, ciągnąc za sobą płaczące dzieci. To były Żydówki, bo miały na odzieży widoczną gwiazdę Dawida.

– Prowadzą ich do komory gazowej – powiedziała jedna ze starszych koleżanek. – Stąd można wyjść tylko przez piec krematoryjny.

Nie można sobie wyobrazić, jakie było nasze przerażenie.

Cegiełka, którą wyjmowałyśmy, zaczęła z czasem służyć jako narzędzie do przemytu jedzenia i innych drobiazgów. Czasami moja mamusia, niekiedy inne mamy podawały dzieciom przez szpary dodatkowy kawałek chleba, którego sobie odmówiły, albo jakąś maść na świąd, jeśli udało im się od kogoś wyprosić.

Zdarzyło się pewnego razu, że moja mama przyszła z matką Jacka Nadolnego, panią Zofią, która chciała przekazać swojemu synowi mały pakunek z jedzeniem. W baraku mieszkała z nami Basia Cesarska, spokrewniona z Nadolnymi. Basia pokłóciła się kiedyś z panią Zofią, a była dziewczynką upartą i zaczepną. Potrafiła dać komuś szturchańca, była niespokojna. Trudno było się dziwić. Jedne z nas popadały w nostalgię, inne reagowały na życie w obozie agresywnie.

Kiedy mały pakunek został włożony do szczeliny po wyciągniętej cegle, Basia powiedziała, że nie poda paczuszki Jackowi. Nie pomogły błagania pani Zofii. Wtedy mama poprosiła mnie, abym wzięła jedzenie i zaniosła chłopcu. A ja się bałam, że podpadnę Basi. Sama więc ją poprosiłam, by się zlitowała.

– Nic mnie to nie obchodzi – odpowiedziała. Wtedy wzięłam pakunek i zaniosłam chłopcu.

Deutsche kaputt!

W międzyczasie przeniesiono nas do bloku na lagrze cygańskim. Tam warunki traktowania ludzi były jeszcze gorsze. Trupy leżały przed barakami, w błocie i niemal na każdym rogu. Kiedy ktoś zmarł, wyrzucano go na stertę jak śmiecia. Ciała były wychudzone, nogi i ręce wyglądały jak patyki. Czasami wyłaniała się głowa z zapadniętymi oczami albo biodro. Więźniowie wkładali zwłoki na taczki lub wozy, którymi później przywożono jedzenie, i zabierali je do krematorium.

Na cygańskim lagrze byliśmy do 10 stycznia 1945 roku. Siarczysty mróz szczypał w policzki i nos. Prawie bose marzłyśmy niemiłosiernie. Rankiem na apelu gestapowiec wywołał mój numer. Koleżanki szeptały, że zabierają mnie do komory gazowej. Ogarnął mnie strach. Blokowe uspokajały, że pewnie chcą nas wywieźć do innego obozu. Za chwilę wywołano kolejne dziewczynki. Nikt niczego nie tłumaczył. Stałyśmy przerażone, kiedy nagle przyprowadzono do nas matki. Poczułam ulgę, że zobaczyłam mamę, zaraz pojawił się jednak lęk: czy razem pójdziemy do zagazowania?

Tego dnia pięćset matek z dziećmi niemieccy żołnierze wywieźli do Berlina. Rozpoczęła się ewakuacja obozu, ponieważ Niemcy doskonale już wtedy wiedzieli, że „*Deutsche kaputt!*". Spieszyli się i chcieli ukryć, co zrobili milionom ludzi. Bali się, że poniosą srogie konsekwencje. Burzyli krematoria, których ruiny tak dobrze zachowały się do dnia dzisiejszego, palili zwłoki, ubrania. Nie da się zatrzeć śladów kilkuletnich działań obozu zagłady.

Bardzo chciałam zobaczyć się z tatą, nie widziałyśmy go z mamą od poranka, gdy w domu zastało nas Powstanie Warszawskie. Czy żył? Nic nie wiedziałyśmy.

„Tata"

Do Blankenburga, jednej z dzielnic Berlina, jechaliśmy pociągiem w lepszych warunkach niż te, które panowały podczas wywózki do Auschwitz-Birkenau. W Blankenburgu znajdowała się filia obozu koncentracyjnego Sachsenhausen. Matki z dziećmi musiały tu pracować. Była to praca całkiem bezpieczna, choć nadal ciężka. Zdarzało się, że razem z niemieckim majstrem całą grupą chodziliśmy odgruzowywać zbombardowany Berlin. Pamiętam też, że sprzątaliśmy fabrykę czekolady po bombardowaniu. Znosiliśmy i układaliśmy cegły, kawałki drewna, a wśród gruzu leżały zamknięte szczelnie w metalowych puszkach czekolady. Podkradaliśmy je, gdy nikt nie widział. Wśród majstrów, którzy wychodzili z nami do pracy, był dobry Niemiec. Wołaliśmy na niego „tata". Pozwalał nam nosić mniej gruzu, niż powinniśmy, tak aby wiadra nie były zbyt ciężkie. Nie miał również nic przeciwko temu, aby zjeść kawałek czekolady. Był przyjazny i czasami, kiedy miał coś do jedzenia, potrafił się z nami podzielić. Drugi majster był zupełnie innym człowiekiem. Wzbudzał wymuszony respekt i strach. Trzeba było przy nim dokładnie uważać, co się robi i mówi, a najlepiej było robić tylko to, co należało do naszych obowiązków. W innym razie zdolny był uderzyć nawet dziecko.

Pewnego dnia zastał nas w Berlinie nalot. Bombardowanie i ogień buchały z każdej strony. Budynki waliły się tuż obok nas i trzeba było uważać, aby nie znaleźć się pod nimi. Panował przez to wszystko ogromny chaos. Nigdy dotąd nie widziałam czegoś takiego. Aby nie zginąć pod gruzami lub by nie rozszarpał nas wybuch, musieliśmy się ukryć. Kiedy więc zaczęły wyć syreny, rzuciliśmy robotę i pobiegliśmy za tłumem. Wszyscy, którzy mogli, schronili się w pobliskim bunkrze. Jedna Niemra – tak nazywałyśmy Niemki – zatrzasnęła drzwi betonowego bunkra tuż przede mną.

Stosy butów po zamordowanych Żydach. Zdjęcie z 1945 roku. Fot. Archiwum Państwowego Muzeum Auschwitz-Birkenau

Wszyscy zdążyli się schować, tylko nie ja. Kolejny raz postawiono mnie przed, o zgrozo, sytuacją bez wyjścia. Na moje szczęście obok pojawił się starszy, siwy mężczyzna, również Niemiec, wziął mnie za rękę i otworzył drzwi do schronu. Słyszałam, jak krzyczał na kobietę, która nie pozwoliła mi się ukryć.

Wyzwolenie ma smak zupy

W Berlinie byłyśmy z mamą aż do wyzwolenia. Pamiętam, jak zbliżał się front. Na teren miasta wkroczyły rosyjskie wojska. Jeden z oficerów był taki przystojny, ładnie ubrany, mówił nawet nieco po polsku! Generalnie jednak rosyjskie wojsko to był obraz nędzy i rozpaczy: podarte mundury, a z walonek wystawały gazety.

Oficer zagroził żołnierzom poważnymi konsekwencjami, jeśli tkną jakąś kobietę. Wzbudzał w nich respekt i po jego słowach żaden mężczyzna nie zbliżył się do nas. Zasugerował naszej kilkuosobowej grupie więźniów, abyśmy udali się do następnej miejscowości, bo są tam Polacy i nam pomogą. Tą samą trzykilometrową trasą szli Francuzi, Włosi, Polacy. Kiedy dotarliśmy na miejsce i zobaczyliśmy swoich, ogarnęła nas wielka radość. Wolność? Czy naprawdę to przetrwaliśmy? Czy to już koniec?

Polacy widzieli w nas ludzi zmartwychwstałych, bo tak też wyglądaliśmy. Pamiętam, że dali nam do zjedzenia gorącą zupę, grochówkę. Niemądre było to, co większość z nas zrobiła. Najadła się. Skurczone żołądki, nieprzyzwyczajone do ciepłych i dużych posiłków, bardzo nas rozbolały. Zupa była pyszna i ja też sporo jej zjadłam. Później myślałam, że się wykończę. Jednak człowiek po pobycie w obozie zagłady jadł, kiedy mu dawano, i ciągle było mu mało.

Powrót do Polski odbywał się głównie pieszo. Szliśmy zmęczeni, czasami zatrzymując się na nocleg. Od czasu do czasu ktoś zlitował się i podał coś do jedzenia. Ale bywało, że jedzenie trzeba było kraść i spać pod gołym niebem. Ludzie nie zawsze chcieli pomagać. Niekiedy Polacy jadący ciężarówkami na nasz widok zatrzymywali się i podwozili nas parę kilometrów.

Któregoś dnia na jednej ze stacji na trasie do Poznania natrafiliśmy na odkryty wagon do przewożenia węgla. Przez jakiś czas podróżowaliśmy w nim większą grupą Polaków w stronę kraju, ale później kazano nam wysiąść. My z mamą uprosiłyśmy jednak kolejarza, aby pozwolił nam jechać aż do samego Poznania. Stamtąd udałyśmy się pociągiem elektrycznym do Warszawy. Im bliżej byłyśmy Polski, tym częściej odczuwałam tęsknotę za tatą.

W Auschwitz na jesionce miałam namalowany krzyż. Namalowali go czerwoną farbą, gdy nam zabierali odzież w obozie. I tak naznaczony płaszczyk w końcu do mnie wrócił. Dotarłam z nim do Warszawy. Później moja mama wydłubywała farbę, abym mogła z niego korzystać po wojnie, gdyż nie miałam innej odzieży.

Brama

Nasze miasto legło w gruzach. Dokąd miałyśmy pójść? Przecież na własne oczy widziałyśmy, jak miotaczami ognia Niemcy spalili nasz dom. Udałyśmy się jednak na Kalicką, gdyż żadne inne miejsce nie przychodziło nam do głowy. W miejscu, gdzie kiedyś stała nasza kamienica, były ruiny. Ale tuż przed nimi nienaruszona prawie zachowała się kamienna brama. Zobaczyłyśmy na niej dziesiątki małych karteczek i kopert powciskanych w szczeliny, rogi i zakamarki.

– To rodziny zostawiają informację, gdzie przebywają, dla tych, którzy wracają z wygnania lub z obozów – powiedziała mama. Chwilę sama szukała z nadzieją, że tata zostawił jakąś wiadomość.

I rzeczywiście – znalazła! Na karteczce było napisane: „Franciszek Racki, Grażyny 20". Był to adres siostry mojego ojca. Mieszkała tam przed powstaniem i adres się nie zmienił. Czym prędzej przez Pole Mokotowskie poszłyśmy w tym kierunku, odczuwając wielką radość, że spotkamy kogoś z rodziny.

Ciocia była wielce uradowana, gdy nas zobaczyła. Przytulałyśmy się, nie zabrakło łez wzruszenia. Zrobiła nam herbaty i o wszystko wypytywała. W domu nie było jednak taty. Razem z siostrzeńcem Heńkiem co dzień wychodził na Dworzec Zachodni, gdzie wracali więźniowie z obozów, i wyszukiwał nas w tłumie. Do tej pory bezskutecznie. Wtem usłyszałyśmy głosy dobiegające z podwórza (okno w kuchni było otwarte). Ciocia mieszkała na parterze, więc słowa dochodziły do mnie wyraźnie.

– Heniu, ale by było, gdybyśmy tak weszli do domu, a tam siedziały Gienia z Basią – rozpoznałam głos ojca. Serce trzepotało mi radośnie, bo wiedziałam, że wreszcie wszyscy znów będziemy razem!

Kiedy tata wszedł do kuchni i nas zobaczył, o mało nie zemdlał. Płakał i przytulał nas do siebie. Płakali też kuzyn Henio i ciotka. Rodzina. Byliśmy razem. Przeżyliśmy wojnę. Ja z mamą przetrwałyśmy Auschwitz – obóz masowej zagłady.

Z rozmów z tatą dowiedziałyśmy się, że Powstanie Warszawskie zastało go na Wolskiej 84, gdzie pracował w magazynach Społem. Kiedy wrócił do domu, nie było ani nas, ani budynku, w którym mieszkaliśmy. Opowiadał nam, że bardzo to przeżył. Magazyny Społem podczas powstania zostały przejęte przez Niemców. Dlatego nie zabrali taty do Oświęcimia. Dopóki mężczyźni do pracy byli potrzebni na miejscu, nie ładowano ich do transportu. Ojciec został konwojentem i jeździł dużą ciężarówką z niemieckim kierowcą. W styczniu 1945 roku pojechali z towarem w okolice Grodziska. Niemiec zapytał tatę, czy ma rodzinę. Ojciec przytaknął i pokazał mu fotografię moją i mamy, którą zawsze nosił przy sobie. Kierowca pochwalił, że jesteśmy ładne, wsiadł do ciężarówki i powiedział: „*Deutsche kaputt!*". Wskazał ręką stronę przeciwną do Warszawy i dodał: „*Nach Hause*". Sam odjechał do stolicy.

To uratowało tacie życie, ponieważ wielu jego kolegów z pracy w Warszawie straciło w tym czasie życie. Ojciec do końca obawiał się, jak Niemiec się zachowa. Czy nie strzeli mu w plecy, gdy się odwróci i będzie chciał odejść? Starszy kierowca okazał się jednak dobrym człowiekiem. Może sam nie miał rodziny albo ją stracił i przez to pozwolił tacie wrócić do nas?

Ojciec dopiero w listopadzie 1944 roku dowiedział się, gdzie jesteśmy. Wtedy moja mama wysłała z Oświęcimia kartkę (kupioną w kantynie za kawałek chleba) do swojej siostry w Kieleckiem, do Fałkowa. Nasz dom był spalony i nie była pewna, czy pod innym adresem wiadomość dotrze do taty. Treść kartek z Oświęcimia zawsze była cenzurowana i musiała brzmieć jednakowo: „Jestem w Oświęcimiu, nie jestem głodna i jest mi tu dobrze. Jestem zdrowa". Co za ironia! Esesmani kazali pisać dokładnie to, co było przeciwnością rzeczywistości. Robiąc to, pozostawili po sobie ślad w historii. Kolejny ślad kłamstwa.

Kiedy ciocia Marysia z Fałkowa dowiedziała się o miejscu naszego pobytu, chciała wysłać paczkę z jedzeniem i ciepłym ubraniem na zbliżającą się zimę. Ale wtedy już paczek w obozie nie przyjmowano.

Tata bardzo przeżył wojnę i rozłąkę z nami. Choć sam wiele widział, nie był w Auschwitz. A czym był obóz zagłady, nie można uzmysłowić komuś, kto nie widział tego wszystkiego na własne oczy. Patrząc na mnie, ojciec powiedział:

– Basia, to źle nie wygląda.

– Tato, ja taka spuchnięta z chorób i głodu jestem – odparłam. Miałam chude nogi i duży brzuch. Sądziłam, że jestem brzydka. Mimo pocieszeń taty bardzo się krępowałam.

Dzieci oswobodzone w 1945 roku. Fot. Archiwum Państwowego Muzeum Auschwitz--Birkenau

Z jednej niedoli w drugą niedolę

Kiedy skończyła się gehenna życia obozowego, rozpoczęła się druga. Gehenna jedenastoletniej już dziewczynki, która bez środków do życia i dachu nad głową musiała opiekować się chorującymi rodzicami. Tata zaczął chorować na serce, mama dostała półpaśca i bardzo cierpiała. Pomogła mi wtedy ciocia, siostra taty. Bez niej nie poradziłabym sobie.

Gdy sytuacja nieco się polepszyła, ojciec rozpoczął remont mieszkania na Grażyny. Ciocia mieszkała na parterze, a nasz dom tworzył się w pocie czoła na pierwszym piętrze. Ojciec wyburzał ściany i stawiał nowe z cegły i gliny z octem. Pamiętam, jaki chodził zmęczony, wychudzony, w podartych ubraniach i drewniakach. Długo trwało, zanim uporaliśmy się z powojennymi problemami. Jednak ostatecznie przetrwaliśmy i to.

Nowe życie

Swoją rodzinę założyłam z Kazimierzem Donieckim. Poznałam go w Fałkowie. Ciotka Bronka, siostra mamy, wyszła za mąż za rodzonego brata ojca mojego męża. Kazika poznałam, gdy przyjeżdżałam do niej na wakacje. On studiował we Wrocławiu, a ja mieszkałam w Warszawie. Spotykaliśmy się tylko latem w Fałkowie. Pewnego dnia wuj, mąż mojej ciotki, zauważył:

– Coś ten Kazik nam się zmienił na lepsze. Nigdy nie przychodził i nie mówił za dużo, zajmował się głównie sobą. A teraz przyjdzie do domu i więcej pogada, dłużej pobędzie.

– Jakiś ty głupi! On nie do ciebie, tylko do Basi przychodzi! – roześmiała się ciocia.

W 1957 roku pobraliśmy się. Jesteśmy szczęśliwą rodziną. Mamy dwóch synów i synowe, wnuczki i prawnuki. Cieszę się, że udało nam się umknąć śmierci, która podczas wojny zagrażała na każdym kroku, i przeżyć swoje życie. Doceniam w nim wszystko, co mam. 26 grudnia 2017 roku obchodziliśmy z mężem sześćdziesiątą rocznicę ślubu. Jestem szczęśliwa, mając tak kochającą się rodzinę.

Sen o Auschwitz

To jak sen o śnie. Sen, który nie ma prawa się urzeczywistnić, a jednak się wydarzył. Był. I pozostawił ślady w naszych głowach, na naszych ciałach,

Pani Barbara z mężem Kazimierzem Danieckim. Ślub odbył się 26 grudnia 1957 roku w kościele św. Michała przy ul. Puławskiej w Warszawie. Fot. Archiwum rodzinne

w historii całego świata. Auschwitz to była fabryka śmierci. Służąca masowemu zabijaniu ludzi, a według Niemców – podludzi. Od początku obóz w Oświęcimiu i Brzezince był nastawiony na mordowanie niewinnych. Napływ nowych więźniów był nieograniczony. Nowe baraki budowały się w mgnieniu oka, Niemcy planowali stworzenie największego na świecie pieca krematoryjnego, gdzie będzie można masowo palić zwłoki, po wcześniejszym zagazowaniu ludzi cyklonem B. I udawało im się to, byli na drodze do stworzenia takiego systemu.

W moich snach powraca obraz biednej Helenki. Niewinne dziecko stało się według mnie symbolem śmierci niewinnych. Zawsze kiedy jestem na uroczystościach w Oświęcimiu, idę do baraku 13. Staję naprzeciwko koi,

Na tej koi zmarła 5-letnia Helenka. Pani Barbara, będąc w Auschwitz, zawsze stawia jej aniołka, ponieważ tę koję traktuje jak jej nagrobek. Fot. Archiwum rodzinne

na której razem spałyśmy, i zostawiam Helence aniołka. Niech jej strzeże. Tę koję traktuję jako nagrobek Helenki.

Do Auschwitz jadę jak na wielkie cmentarzysko. W ziemię zarówno na terenie obozu, jak i poza nim, wsiąkło tyle cierpienia i nienawiści, że śmiem stwierdzić – i jestem o tym przekonana – iż każdy centymetr tej ziemi przesiąknięty jest krwią. Tyle prochów po spaleniu ludzkich ciał zostało tam rozsypanych, nawet na przyległe do obozu pola, do rzek. Kości porozrzucano i rozkruszono, tak że chodząc po dzisiejszym muzeum, chodzimy po nich. Co więcej można dodać? Czy trzeba coś jeszcze powiedzieć?

Niech każdy zamknie oczy i wyobrazi sobie noc, nieprzeniknioną czerń, którą rozjaśniają tylko światła reflektorów ustawione nad drutami i czerwone lampki na drutach przypominające, że płynie w nich śmiertelne napięcie. Nieprzerwana cisza i wolność zamknięta w klatce z drutów kolczastych.

Leokadia Rowińska. Fot. Archiwum rodzinne

Nr obozowy: 83512

LEOKADIA ROWIŃSKA z domu **Sokołowska**

Urodzona: 20 maja 1924 roku w Warszawie

Data wywózki do Auschwitz: 12 sierpnia 1944 roku

Obozy koncentracyjne: Auschwitz-Birkenau

Tuliłam go od porodu przez dziewięć dni. W Auschwitz było tyle łez i wrzasku, a on nie zapłakał ani jeden raz. Spojrzał na mnie pewnego dnia... miał niebieskie oczy.

LEOKADIA ROWIŃSKA

Ciąża i poród w Auschwitz

Gdy trafiła do Auschwitz, była w trzecim miesiącu ciąży. Przeżyła tylko ona i jej matka. Przedstawia swoją historię z perspektywy kobiety ciężarnej i ukazuje, jak okrutnie traktowane były przyszłe matki. Ireneusz, bo takie imię nadała swojemu synkowi, stał się najmłodszą ofiarą Marszu Śmierci. Pochowała go w pudełku po makaronie, we wsi Poręba pod kapliczką Świętego Józefa.

Jak pięknie, jak pięknie ćwiczą!

Pamiętam, jak 1 września 1939 roku mój brat wspiął się na dach domu przy ulicy Grójeckiej, gdzie mieszkaliśmy, i krzyczał zachwycony w stronę nadlatujących samolotów:

– Jak pięknie, jak pięknie ćwiczą!

Jedni – tak jak mój brat – sądzili, że to ćwiczenia, inni byli przekonani, że to przedsionek wojny. Kiedy sąsiedzi powiedzieli, że na polach leży pełno trupów, brutalnie dotarło do nas, że to nie były ćwiczenia. Gdy po raz pierwszy zobaczyłam niemieckiego żołnierza, ktoś właśnie do niego strzelał. Mężczyzna nie zmarł od razu. Konał powoli. Niedługo później stałam się ofiarą Niemców, będąc więźniem obozu w Brzezince.

Zanim to jednak nastąpiło, poznałam na Ochocie Henryka Rowińskiego. Byłam przekonana, że to mężczyzna, z którym zostanę na dobre i złe. Nasza miłość, jak każda inna, miała swoje wzloty i upadki.

Moja przyszła teściowa, Karolina Rowińska, była przeciwna naszej miłości. Zależało jej, aby syn nie poślubił mnie, ale inną, może bardziej zamożną kobietę. Mimo to Henryk kupił dla mnie złoty pierścionek i oświadczył mi się. To nie spotkało się z aprobatą jego matki. W końcu, zdenerwowany, podjął decyzję, że wyjedzie na roboty do Niemiec, do fabryki zbrojeniowej. Szybko jednak zrozumiał, że jest to ciężka praca i zapragnął wrócić do domu. Uciekł. Wrócił do Warszawy, gdzie został aresztowany.

Postanowiłam, że go wykupię. Nie miałam jednak pieniędzy. Musiałam oddać swój złoty zaręczynowy pierścionek. Choć straciłam rzeczowy dowód jego miłości, odzyskałam więcej – samego Henryka! Postanowiliśmy się pobrać. 15 sierpnia 1943 roku stałam się panią Rowińską. Ślub wzięliśmy w kościele świętego Jakuba.

Sytuacja w kraju, wydawało się nam, stała się bardziej stabilna. Był to dla nas piękny rok. Miałam wtedy dziewiętnaście lat, Henryk był rok starszy.

Nasze szczęście nie trwało jednak długo. Do dziś nie mogę się z tym pogodzić. Ale czy mam wyjście? Tak wyglądała wojna. Nie mieliśmy wpływu na to, co działo się dookoła nas.

Kiedy 12 sierpnia 1944 roku Niemcy wtargnęli do naszego mieszkania, byłam z rodzicami i starszym bratem Jankiem oraz mężem. Niemcy krzyczeli, że mamy się spakować i wynosić z domu. Najpierw wypędzili nas na podwórko, ustawili pod ścianą i rozkazali klęknąć. Wiedzieliśmy, że chcą nas rozstrzelać. Nagle jednak coś się wydarzyło, być może otrzymali inne polecenie. W konsekwencji pozostawili nas przy życiu. Pędzili nas z Ochoty na Zieleniak, zielony plac, na który wchodziło się zieloną bramą od strony ulicy

Grójeckiej. Zatrzymaliśmy się dopiero na Dworcu Zachodnim, skąd mieliśmy zostać przewiezieni do Auschwitz-Birkenau. Tatę, Jana Sokołowskiego, już z Warszawy wysłali do Mauthausen. Nie wiedziałam wtedy, że nie zobaczę go więcej. Biegnąc z Grójeckiej, odwróciłam się jeszcze i zobaczyłam, jak nasz dom płonie. Wszystko tak nagle się zmieniło.

Złoty pierścionek

– Nie! Tylko nie moja walizka! – krzyczała jedna z kobiet z mojego transportu, kiedy dotarliśmy na rampę w Brzezince. Po przybyciu do obozu hitlerowcy zabierali nam ubrania, nasze rzeczy, o ile walizki nie zostały rozkradzione wcześniej przez niemieckich żołnierzy.

Z rampy zaprowadzili nas pod cuchnący prysznic, z którego leciała brudna i równie śmierdząca woda. Miałam wrażenie, że po „kąpieli" byłam bardziej brudna niż przed nią. Później dostałam obozowe ubranie. Trafiła mi się jedwabna sukienka. Cóż z tego, że jedwabna, skoro na plecach była zamalowana czerwoną farbą. Więzień polityczny.

Kobieta, na którą patrzyłam, była elegancko ubrana i pomimo kilkudniowej tułaczki, która zapewne ją spotkała (jak każdą z nas), wyglądała na zadbaną. Miała na sobie futro. Sądzę, że było prawdziwe. Głowę zdobił bordowy kapelusz. Widząc jej przerażone oczy, kiedy esesmani wydzierali jej z rąk walizkę, nie musiałam się długo zastanawiać, by stwierdzić, co znajduje się w środku. Każdy, kogo zainteresowała ta scena, domyślił się. Niezainteresowani i tak lada chwila mieli się dowiedzieć. Przy szarpaninie torba rozpięła się i wysypały się z niej kosztowności. Były to szlachetne kamienie, złota biżuteria, srebrne monety, perłowe naszyjniki. Ja nie miałam przy sobie wiele rzeczy. Jak większość z nas, więźniów. W tobołku pod pachą kilka ubrań, które i tak zostały nam odebrane, ślubne zdjęcie i kilka sztućców – prezent ślubny. Nie mogłam zrozumieć zachowania tej kobiety. Nie myślała o tym, czy przeżyje? Bardziej interesowały ją bogactwa, które na nic zdały się w tym miejscu. Esesmani zabierali, co chcieli, bez pytania. Zachowywali się, jakby wszystko na tym terytorium było ich własnością. Łącznie z nami.

Po ziemi turlał się jeszcze złoty pierścionek. Utkwiłam w nim wzrok. Poczułam ściśnięcie w klatce piersiowej i spojrzałam na serdeczny palec u prawej ręki. Nie było na nim pierścionka zaręczynowego. I przypomniałam sobie moje ostatnie spotkanie z Henrykiem.

15-letnia Leokadia z bratem Jankiem, przyszłym mężem Henrykiem i koleżanką. Fot. Archiwum rodzinne

Do Auschwitz w rocznicę ślubu

Do obozu zostaliśmy skierowani całą rodziną. Jedyne, co wówczas odczuwałam, to strach. Stracę rodzinę, nie zobaczę nigdy więcej Henryka... A jeśli nawet nam się uda, to nie mamy domu, nie mamy do czego wracać... Stałam na Dworcu Zachodnim pośród spanikowanych rodzin. Matki płakały, ściskając w ramionach swoje dzieci, a te, niczego nieświadome, rozglądały się w zdumieniu dookoła. Niektóre pary zamarły w mocnym uścisku. Inni biegali, jakby gorączkowo szukali pomysłu na to, jak uciec i nie trafić do obozu. A niektórzy, tak jak ja, stali sparaliżowani strachem i patrzyli gdzieś przed siebie. Transportem z Warszawy jechaliśmy wszyscy, oprócz taty, który wyruszył, wtedy jeszcze, w nieznane. Nasz pociąg zatrzymał się po drodze w obozie przejściowym w Pruszkowie. Plotka już niosła, że wiozą nas do Oświęcimia. Uznałyśmy wtedy z mamą, że Henryk musi uciekać. Pruszkowski obóz słynął z tego, że wielu więźniom się to udało.

Pod sercem od trzech miesięcy nosiłam nowe życie. Nie chciałam, aby mój mąż zginął w obozie. Henryk był przecież uciekinierem z Niemiec. Od razu skazaliby go na śmierć. Przekonywałam go razem z moją mamą, że jak urodzi się dziecko, muszę mieć do kogo wracać. Starałam się go pocieszyć, że kierują nas tam do pracy i kiedy urodzę, wyślą mnie do domu. Czy w to wierzyłam? Nie. Ale bardzo chciałam wierzyć. Henryk na moją prośbę uciekł z dworca w Pruszkowie. Udał się do Łaz, tam jego ojciec wywiózł całą rodzinę. Ustaliliśmy, że jeśli wyjdziemy z tego cało, zarówno ja, jak i mama przyjedziemy do nich właśnie pod ten adres.

Nie tak miało wyglądać nasze życie po ślubie...

W pierwszą rocznicę ślubu byłam już w niemieckim obozie zagłady Auschwitz.

Tak rozdzielono naszą rodzinę.

Leokadia Rowińska z koleżanką, Warszawa. Fot. Archiwum rodzinne

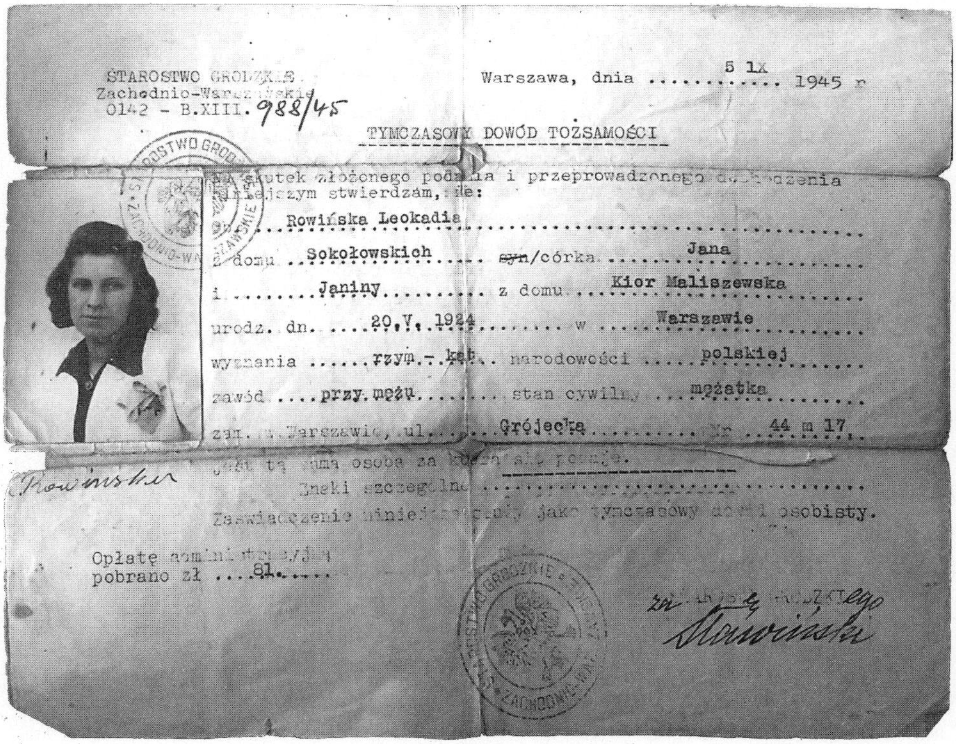

STAROSTWO GRODZKIE
Zachodnio-Warszawskie
0142 - B.XIII. 988/45

Warszawa, dnia 5 IX 1945 r

TYMCZASOWY DOWÓD TOŻSAMOŚCI

[illegible] skutek złożonego podania i przeprowadzonego [illegible]dzenia niniejszym stwierdzam, że:

Rowińska Leokadia

z domu Sokołowskich ~~syn~~/córka Jana

i Janiny z domu Kior Maliszewska

urodz. dn. 20.V.1924 w Warszawie

wyznania rzym.-kat. narodowości polskiej

zawód przy mężu stan cywilny mężatka

zam. w Warszawie, ul. Grójecka Nr 44 m 17

jest tą samą osobą za [illegible]

Znaki szczególne

Zaświadczenie niniejsze [illegible] jako tymczasowy dowód osobisty.

Opłatę administracyjną pobrano zł 81

Przedwojenny dowód osobisty Leokadii. Fot. Archiwum rodzinne

W Pruszkowie, podobnie jak w Warszawie, Niemcy wepchnęli nas na siłę (osobno kobiety i mężczyzn) do bydlęcych wagonów. Było w nich ciemno, duszno, a jedyne, ledwo dostrzegalne smugi światła przenikały przez malutkie okienka.

Na rampę wypuszczono nas nocą. W Birkenau byli wówczas więzieni mężczyźni. Podbiegali do nas po kryjomu i pytali:

– Kto z Ochoty? Kto ze Śródmieścia? Kto ze Starego Miasta?

Szukali swoich. Chcieli wiedzieć, czy ktoś z ich rodziny tu przyjechał, czy żyje ojciec, matka, brat...

Rankiem zrobiono selekcję. Gestapowcy pytali, kto jest chory, na co i czy są wśród kobiet ciężarne.

– Zgłoś się – podpowiedziała mama. – Może odeślą cię do domu.

Chciała dla mnie jak najlepiej.

Nie mogła wiedzieć, że obie zostaniemy w obozie jako więźniarki, a ona trafi niebawem do Bergen-Belsen[35] do Niemiec. Ja zaś zostanę w Auschwitz zupełnie sama.

Jedwabna sukienka

Dopóki w Oświęcimiu byłam z mamą, łatwiej było mi przetrwać. Poświęcała się dla mnie. Nie chciałam, aby się głodziła, ona jednak rezygnowała z jedzenia, a mnie i swojemu nienarodzonemu jeszcze wnukowi przynosiła dodatkowe porcje. Dzięki mamie miałam więc nie pół, a litr zupy, nie jedną, a dwie lub półtorej kromki chleba. Raz nawet za jedzenie, którego sobie odmówiła, kupiła mi od innych więźniarek sznurowane buty! W ślubnych, w których tu przyjechałam, nie dałabym rady przetrwać, szczególnie zimą. Wszędzie było błoto. Nogi zapadały się prawie po kostki. Drewniane trepy, w których poruszały się inne dziewczyny, spadały im z gołych nóg i zostawały w tym bagnie. Nie wiem, jakim cudem, ale moje ślubne buty udało mi się przywieźć do domu z powrotem.

Gdy mamę wywieźli do innego obozu, było mi o wiele trudniej. Hitlerowcy kazali ciężarnym przebywać w baraku. Prawie cały czas leżałam na pryczy. Przykrywałam się szorstkim, brudnym kocem. Kiedy nadchodziła pora obiadowa, zazwyczaj to mnie wysyłano po ciężki gar zupy. Byłam w trzecim miesiącu ciąży, inne kobiety miały dużo większe brzuchy.

[35] KL Bergen-Belsen – nazistowski obóz koncentracyjny istniejący w latach 1940–1945 w pobliżu miasta Bergen w Niemczech. Odegrał ważną rolę w dziejach tzw. Marszów Śmierci.

Leokadia Rowińska, 1941 rok. Fot. Archiwum rodzinne

Blokowe, Żydówki, wykorzystywały mnie, a ja nie miałam siły. Bolał mnie brzuch, martwiłam się o dziecko. Modliłam się. Właściwie tylko to mi pozostało.

W obozie wiele razy mijałam grupy dzieci. Kilkulatki szły parami, trzymały się za rączki. W wolnej ręce każde miało po pół bochenka niedużego chleba. Pewnego dnia powiedziałam blokowej, że strasznie im zazdroszczę. Maluchy są normalnie ubrane, mają chleb i pewnie właśnie wędrują na wolność.

– To ty taka głupia jesteś!? – parsknęła jedna z Żydówek. – Zaraz będą świecić z komina!

Dopiero wtedy zorientowałam się, że droga, którą szły dzieci, prowadziła wprost do pieca kremacyjnego.

Twarze

Gdyby tam szedł twój ojciec, twój brat lub syn – nie poznasz, tak starzec podobny jest do młodzieńca swą wątłą postacią, a młody chłopiec pooraną ma twarz jak starzec[36].

Zapadło mi w pamięć wiele osób z obozu. Hilda, Niemka, trafiła do Auschwitz tylko dlatego, że zakochała się w Polaku i urodziła mu dziecko. Zawsze była taka radosna! Kiedy miałyśmy czas na spacer, biegła w stronę

[36] S. Szmaglewska, *Dymy nad Birkenau*, Warszawa 2012, s. 21.

Henryk Rowiński, Berlin 1941 rok. Fot. Archiwum rodzinne

drutów do chłopaka, który czekał po drugiej stronie (obóz męski znajdował się zaraz za drutami, tuż przy „naszym" bloku 12). Hilda miała rude włosy, jak na obóz dosyć długie. Gdy biegła, powiewały pięknie. Mnie podczas drugiej „kąpieli" hitlerowcy ogolili głowę całkowicie, do skóry.

Pamiętam również piękną góralkę z Zakopanego, córkę kobiety, która do Auschwitz przyjechała z wielką walizką kosztowności. Chciała za nie kupić wolność.

Wspominam też Niemkę z synkiem, który miał jasne blond włosy. Mieszkała w osobnym pomieszczeniu. Nigdy się do nas nie odzywała, nieczęsto wychodziła. Nic o niej nie wiedziałyśmy.

Najbardziej jednak w głowie utkwiły mi szare, wręcz przeźroczyste z głodu i wyczerpania twarze. Twarze ludzi przecierających wciąż te same szlaki pomiędzy drutem kolczastym. Ze wzrokiem utkwionym przed siebie, jakby patrzyli na coś konkretnego, choć tak naprawdę zaglądali w nicość. Twarze matek rozdzielonych z dziećmi, buzie dzieci nierozumiejących, dlaczego ich rodzice zostali rozstrzelani. Twarze córek, których nikt nie przy-

Leokadia z mężem. Fot. Archiwum rodzinne

tuli, synów, których matki nie ucałują w spracowane czoła. Twarze osób, których nikt nie pochowa. Twarze nieruchome, ponadgryzane przez ogromne szczury. Te trupie twarze zostaną mi w pamięci najdłużej.

Szkarłat na śniegu

Przyszła sroga zima. Mróz sięgał dwudziestu siedmiu stopni. Zbliżał się front i ogłoszono ewakuację Auschwitz. Widziałam Hildę, kiedy wychodziła z obozu. Na sankach, które zrobił jej ukochany Polak, wywoziła owinięte kocami dziecko. Nie wiedziałam, czy chcę opuszczać lager, bo poza nim była wielka niewiadoma. Dokąd nas zaprowadzą?

Mimo obaw 17 stycznia 1945 roku wyruszyłam z Auschwitz jako jedna z kilkuset uczestniczek Marszu Śmierci. Szłam w grupie z Niemkami. Łudziłam się, że dzięki temu uda mi się szybciej wrócić do bliskich. Sądziłam, że potraktują nas mniej restrykcyjnie niż inne więźniarki. Może wyślą szybciej do domu, wsadzą do pociągów, nie każą pokonywać pieszo morderczo długiej trasy?

Byłam wtedy w zaawansowanej ciąży i ciężko było mi się poruszać. Nie czułam się dobrze, doskwierały mi bóle brzucha, puchły nogi. Ciągle byłam głodna, a z głodu bardzo słaba. Moje dzieciątko cierpiało i głodowało razem ze mną.

Hitlerowcy doprowadzili nas do rowu poza obozem. Zmierzchało. Niemiec z latarką w dłoni podchodził do każdej z nas i świecił prosto w twarz. Jeśli któraś była starsza, schorowana, to odpychał ją na bok. Miała zostać w obozie. Kobiety zdawały sobie sprawę, że to wyrok śmierci. Mnie esesmani przepuścili dalej, więc poszłam przed siebie. Nie wiedziałam, jak długo dam radę iść i co się stanie z moim dzieckiem. Słyszałam rozmowy więźniarek, że gnają nas w stronę Wodzisławia Śląskiego.

Pierwszy widok za murami obozu? Wielka kałuża krwi na śniegu. Spływała po jezdni cienką smużką. Kilka kroków dalej, pod drzewem, leżała zamarznięta kobieta, skulona, jakby ostatkiem nadziei chciała ogrzać się, nim zaśnie. Po rowach i przy drodze leżały pojedyncze trupy. Co chwilę słychać było serię z karabinu lub jakiś pojedynczy strzał. I znów nastawała cisza. Człowiek bał się drugiego człowieka. Niemcy chcieli się pozbyć

Leokadia z kuzynką Jadwigą Kamińską, 1940 rok. Fot. Archiwum rodzinne

świadków zagłady w obozie. Zdawałam sobie sprawę, że esesmanom zależy teraz na zatarciu dowodów zbrodni, której się dopuścili. Dziś zastanawiam się, na co liczyli. Czy myśleli, że świat nie zauważy, wcześniej czy później, ich karygodnych czynów, stosów trupów pozostałych w niemieckich obozach, pieców, które nieudolnie chcieli wysadzić w powietrze?

Podczas Marszu Śmierci wspominałam mojego starszego braciszka, Stanisława. Trafił do Auschwitz z pierwszym transportem. Miał tylko osiemnaście lat. Niewiele mniej niż ja, gdy trafiłam do obozu. Rodzice chcieli zapobiec tej wywózce. Podpowiedzieli bratu, aby zgłosił się po zaświadczenie o nauce do szkoły, do której uczęszczał. Na uczelni dostał dokument potwierdzający, że chodzi do szkoły wieczorowej, ale i tak został wysłany do obozu. Niestety. Pewnego dnia moja mama otrzymała od niego list. Prosił w nim o przysłanie ciepłych ubrań, bo tam, gdzie się znalazł, jest bardzo zimno. Mama kupiła grube skarpety i ciepłą koszulę nocną. Wysłała na wskazany adres. 4 grudnia 1940 roku dostała jednak telegram z wezwaniem na Szucha. Miała odebrać prochy mojego brata. Nie uwierzyła w jego śmierć. Tym bardziej, że w dokumentach widniał Juliusz, a jej syn to Stach! Nie podpisała pokwitowania. Niedługo później do domu wróciła paczka wysłana do Auschwitz. Razem z zakrwawioną koszulą. Bardzo kochałam swojego braciszka i brakowało mi go. Paraliżowała mnie myśl, że wszyscy tak zakończymy.

Kiedy marzłam i traciłam czucie w palcach u nóg, przyglądałam się więźniarkom, które były ciepło ubrane. Najczęściej były to Żydówki. Miały swetry lub płaszcze i ciepłe buty. One często pracowały na Kanadzie, gdzie odbierały od *Zugang* ubrania i pakowały je do worków. Po kryjomu podbierały to, co było im potrzebne albo się podobało. A ja i inne, owinięte kocami, dygotałyśmy z zimna.

Kiedy dotarłyśmy do Pszczyny, gestapowcy kazali nam odpocząć. Jedna z Żydówek rozpakowała swoje rzeczy i jadła chleb. Na śniegu przez przypadek zostawiła ciepłą koszulę nocną. Rozejrzałam się, czy nikt nie widzi, i wzięłam ją. Musiałam sobie jakoś radzić. Każdy walczył o przeżycie. Założyłam koszulę na siebie i znów owinęłam się kocem. Było mi cieplej. Taki nabytek mógł przydać się też później – mogłam go wymienić na inne potrzebne rzeczy.

Dalej pędzili nas do Poręby, pierwszej wsi zaraz za Pszczyną. Blisko sześć kilometrów. Tu mieliśmy zostać na noc. Nie miałam już nadziei, szłam na samym końcu, ostatkiem sił, czekając, aż Niemiec wreszcie wymierzy karabin w moją stronę. Rzeczywiście podszedł do mnie, ale na szczęście tylko popchnął kilka razy i oszczędził. Może miał w domu żonę w ciąży.

Nie było miejsca w żadnej gospodzie

Gdy cudem dotarłam do wsi Poręba, już nie było dla mnie miejsca. Przyszłam ostatnia. Ludzie, którzy mieli warunki i chęć, aby przyjąć kogoś pod dach, udostępnili każdą wolną przestrzeń tym, którzy zjawili się wcześniej. Zaglądałam do każdej gospody. Jedni odmawiali, inni wręcz mnie przeganiali. Stanęłam bezradnie pośrodku chaosu panującego dookoła. Popłynęły łzy. Głodna, zmarznięta, bez sił, tuż przed porodem. „Pomocy!" – krzyczałam w myślach. „Pomocy, ratujcie mnie i moje dziecko!".

Odpowiedziały mi tylko cisza, siarczysty mróz i ludzka obojętność, która mimo tego, co już przeżyłam, nieustannie mnie zaskakiwała.

Wtedy dostrzegłam niewielki folwark. Stary i nieduży domek stał na uboczu, a po drabinie na strych wchodziła jedna z więźniarek. Nie zastanawiając się długo, podjęłam decyzję, że nie będę pytać, po prostu podążę za nią. Muszę się ratować. Kiedy wreszcie udało mi się wdrapać na górę, rozpoczęły się bóle porodowe.

Na strychu było już kilka kobiet. Rozłożyły sobie słomę na podłodze i ułożyły się do snu. Nikt nie zwracał na mnie uwagi. Jęczałam prawie całą

Po wyzwoleniu obozu. Fot. Archiwum Państwowego Muzeum Auschwitz-Birkenau

noc w pocie i bólu. Moje ukochane dziecko. Pragnęłam dla niego tego, co najlepsze. Jedna z kobiet zlitowała się wreszcie i zeszła na dół do właścicielki gospody, pani Kurtok. Powiedziała jej, że zaczęłam rodzić. Na dole w pokoiku spały blokowe. Znajdowała się tam też Niemka z córką i dwie dziewczyny: Monika i Marta z dziećmi. Wszystkie w małym pomieszczeniu, w którym ledwo mieściły się krzesła, stół i łóżko. Blokowa ustąpiła mi miejsca i pozwoliła usiąść na jednym z krzeseł. Inne kobiety niechętnie na to przystały. Ale Marta chciała mi pomóc.

Po niedługiej chwili do pokoju wpadł Niemiec.

– *Raus!* – krzyknął i przepędził wszystkie kobiety. Ja zostałam, było mi już wszystko jedno, jeśli mają mnie zabić, to nawet tu. Rodziłam. Nikt nie będzie mnie teraz przepędzał. Poczułam się nagle bardziej odważna i silna. Miałam ważną misję do wykonania. Szczęście w nieszczęściu, że jedna z kobiet, z Poznania, dobrze znała język. Wytłumaczyła więc po niemiecku, że rodzę i nie mogę teraz iść. Pani Kurtok powiedziała, że jestem jej córką. Niemiec machnął ręką i wyszedł. Więcej po mnie nie wrócił.

Bez poduszki, bez pieluszki

Przesiedziałam na krześle resztę nocy. Jęczałam z bólu. Niemcy mieszkający w domach obok słyszeli te krzyki. Powiedzieli, że mnie zabiją, jeśli „nie stulę gęby". Zaciskałam więc zęby w brudnym kocu obozowym, chcąc stłumić krzyk spowodowany bólem. Ktoś pobiegł do sąsiedniej wsi po akuszerkę. Nie zdążył jednak, bo dziecko już się urodziło. Ireneusz przyszedł na świat w ciszy 21 stycznia 1945 roku. Nie zakwilił, nie zapłakał ani razu. Całe jego malutkie i chude ciałko pokryte było czymś, co przypominało otręby. Nie miałam dla niego poduszki ani pieluszki. Chciałam go nakarmić, ale nie miałam czym. Moje piersi nie miały pokarmu. Serce pękało mi z żalu. Tuliłam go tylko mocno. Nie mogłam mu dać nic więcej. Jakaś kobieta przyniosła troszkę ciepłego mleka od krowy. Ireneuszkowi ciągle się ulewało, nie mógł jeść. Ktoś przyniósł becik po swoim zmarłym dziecku, ktoś inny – potargany smoczek. Iruś nie ruszał się dużo, nie płakał.

Bardzo zależało mi, aby ochrzcić synka. Pewna kobieta zaprowadziła mnie do katolickiego księdza, który był Niemcem. Nie mogłam uwierzyć, że odmówił chrztu, bo dziecko było polskie. Wtedy ta kobieta powiedziała mi, że same ochrzcimy dziecko, że tak można. Nie czekałyśmy ani chwili. Ireneusz Antoni Rowiński. Drugie imię otrzymał po dziadku.

Gdy Niemcy zaczęli się wycofywać, nakazali wszystkim mieszkańcom i więźniom odsuwać się od szosy w głąb wsi. Pani Kurtok, właścicielka folwarku, w którym urodziłam synka, mieszkała przy samej szosie. Poleciła mi iść do dwóch wdów, Niemek mieszkających po drugiej stronie wsi. Zanim wybrałam się do nich, przyszedł do nas mężczyzna, który odmówił mi wcześniej noclegu.

– Jest pani po porodzie – powiedział do mnie. – Proszę, to dla pani. Musi się pani teraz lepiej odżywiać. – I podał mi wielki krowi udziec. Byłam mu wdzięczna. To był pierwszy porządny posiłek, jaki miałam w ustach od momentu, kiedy z Dworca Zachodniego wywieźli mnie z rodziną do Auschwitz.

Po drodze zajrzałam do dwóch starszych kobiet. Słyszałam, że jedna z nich odbierała porody. W ich kuchni wisiał ogromny obraz Matki Boskiej Częstochowskiej. „Pomogą mi" – pomyślałam. Ale odmówiły.

Dotarłam wreszcie do dwóch wdów, do których pani Kurtok, opuszczając folwark, poleciła mi iść. Nawet mnie nie wpuściły do domu. Bały się tego

Jugosłowianka W. Taus i mała Czeszka K. Beer po wyzwoleniu obozu. Kadr z filmu nakręconego przez żołnierzy Armii Czerwonej. Fot. Archiwum Państwowego Muzeum Auschwitz-Birkenau

niewinnego, ledwo żyjącego dziecka? A on ledwie oczka otworzył, odkąd się urodził, może raz albo dwa spojrzał na mnie. Oczy miał niebieskie.

Musiałam się gdzieś podziać. Postanowiłam zaryzykować i wrócić do folwarku. Może jest otwarty. Spotkany przypadkiem Ukrainiec zdecydował się mi pomóc.

– Proszę jeszcze raz pójść do wdów. Powiedziałem im, że mają panią przyjąć.

Zrobiłam, jak polecił. Kazały mi spać w jednym pokoju z tym Ukraińcem. Bałam się go. Wiedziałam, co jego rodacy robią kobietom. Nim je zabiją, gwałcą. Nie miałam jednak innego wyjścia. Położyłam się z mężczyzną na jednym łóżku, w ramiona wtuliłam Irusia, ale nie spałam całą noc. Obserwowałam każdy ruch tego człowieka, jego oddech, byłam gotowa bronić siebie i dziecka. Następnego dnia Ukrainiec dał mi w prezencie ciepłą bieliznę. Prosił, aby nikomu o tym nie mówić.

– Myśli pani, że mąż jeszcze żyje? – zapytał niespodziewanie. – Mam swoją masarnię, a więc i wystarczająco dużo pieniędzy. Mogę pani pomóc wychować dziecko – zaoferował, co było widać, szczerze. Podziękowałam mu za dobre chęci. Wierzyłam, że mój mąż żyje. Chciałam z Irusiem wrócić do domu.

Synka tuliłam w ramionach przez dziewięć dni. Niestety Ireneusz Antoni zmarł. Odszedł w ciszy, tak samo jak w niej przyszedł. Nie zapłakał ani razu.

Za Porębą stała kapliczka Świętego Józefa. Znajdowała się pomiędzy dwiema lipami. Tam, w pudełku po makaronie, pochowałam mojego synka.

Kręte ścieżki prowadzą do domu

Niemcy kazali opuścić Porębę wszystkim, którzy nie byli w niej zameldowani. Musiałam więc iść. Zanim to się stało, jakaś Niemka, która była właścicielką dużego folwarku, podała mi przez swoją służącą nową, ciepłą chustkę. Dostałam od niej także bochenek chleba i spory kawałek słoniny. Nie wiem, jak nazywała się ta dobra kobieta, nigdy nie widziałam jej twarzy. Służąca, która do mnie przyszła, powiedziała tylko, że to podarunek na drogę do domu.

Byłam sama, nie miałam nikogo. Żadnych przyjaciół, znajomych ani rodziny. Nawet synek, aniołek, opuścił mnie. Nie wiedziałam, którędy iść, jak dostać się do domu. Przy szosie stały cztery kobiety, ciepło ubrane – rozpoznałam, że to Żydówki. One też próbowały wrócić do siebie, postanowiłam, że do nich dołączę.

Przez długi czas szłyśmy drogą. Chociaż doskwierało zmęczenie i ból nóg, czasami można było coś zjeść, ktoś mieszkający we wsi poratował kubkiem gorącej zupy czy kawałkiem chleba. Drogi pomiędzy wsiami były opustoszałe. Rzadko ktoś nimi jeździł, tylko rolnicy od czasu do czasu przemieszczali się, by załatwić swoje sprawunki. Któregoś razu usłyszałyśmy zbliżający się w naszą stronę samochód. Ciężarówka. Kierował nią Ukrainiec.

– Skąd idziecie, dokąd chcecie się dostać, jesteście tu same? – wypytywał. Wiadomo, że niebezpiecznie jest samotnie podróżować z nieznajomymi, ale nas było aż pięć – myślałyśmy. Trudno było wejść na pakę ciężarówki. Kierowca pomógł każdej z osobna. Po kilku kilometrach samochód zatrzymał się nagle i Ukrainiec zaproponował, żeby jedna z nas usiadła z nim z przodu, bo tam jest cieplej. Sam wybrał jedną z Żydówek. Ujechałyśmy może kilometr, gdy ta zaczęła krzyczeć i pięściami uderzać w tył kabiny. Mężczyzna też wykrzykiwał jakieś przekleństwa. Chciał ją zgwałcić. Na szczęście udało się jej uwolnić. Cała nasza piątka z powrotem znalazła się na drodze. Dalej szłyśmy pieszo.

Dostałyśmy się do Katowic, gdzie trzy Żydówki się odłączyły. Ktoś podwiózł nas do Częstochowy. Byłam coraz bliżej domu. Poszłam do klasztoru na Jasnej Górze podziękować Matce Boskiej za ocalenie z Auschwitz. Za to, że chociaż mój syn zmarł po porodzie, mogłam go tulić przez kilka dni w swoich ramionach i ochrzczonego pochowałam na wolnej ziemi. Dziękowałam, że nie byłam zmuszona zostawić go na cmentarzysku, jakim był obóz zagłady. Wzruszyłam się tą chwilą. Człowiek wierzący to człowiek wolny.

Z Częstochowy wyjeżdżał pociąg do Warszawy. Na dworcu czekało mnóstwo ludzi. Ciężko było wejść do wagonu, panował okropny gwar, były przepychanki i wyzwiska. Ze wszystkich sił chciałam stąd wyjechać. Próbowałam wcisnąć się do pociągu, ale wewnątrz nie było miejsca. Na szczęście kolejarz wskazał mi pomieszczenie przy wagonie, do którego weszłam i mogłam wreszcie ruszyć w kierunku domu.

Radosne powroty

W obozie przebywałam z matką narzeczonej mojego brata Janka. Powiedziała mi, że jeśli z obozu wyjdziemy żywi, a nasze domy będą zburzone, możemy przyjechać do ich domu w Grodzisku. Mieszkanie znajdowało się na Mątwy 1. Kiedy więc pociąg, którym wracałam, zatrzymał się w Warszawie, od razu udałam się do Grodziska. Mój dom został spalony, widziałam to na własne oczy. Nie miałam do czego wracać. W Grodzisku zastałam dwie dziewczyny, siostry, jedna z nich była narzeczoną mojego brata.

Kazały mi zrzucić z siebie stare łachmany i wrzuciły je do pieca. Wykąpałam się, ubrałam w ich czyste ciuchy i poczułam się jak nowo narodzona.

Dowiedziałam się, że mój mąż poszukiwał mnie w Warszawie. Aby go znaleźć, wyruszyłam w stronę Łaz i spotkaliśmy się po drodze! Cóż to była za radość! Zamieszkaliśmy na ulicy Grójeckiej 44, tuż przy placu Narutowicza. Tego domu dziś już nie ma, został rozebrany. Dzieliliśmy dwa małe pokoiki z rodziną mojego męża, a gdy pół roku później wróciła moja mama, również z nią.

Ja z Henrykiem, moja mama oraz dwoje dzieci, które zdążyłam później urodzić – przez lata żyliśmy w piątkę w jednym pokoju. Dopiero gdy rodzina męża otrzymała inne mieszkanie, rozgościliśmy się w dwóch pokojach. Wreszcie wszystkim było wygodniej.

Pamiętam, że kolega męża zrobił dla mojej córeczki małe buciki z butów wojskowych. Jola w nich później chodziła. Mam to nawet uwiecznione na fotografiach.

Henryk tuż po zakończeniu wojny został powołany do wojska do Lublina. Po zakończeniu służby pracował w Centralnym Kolportażu Wojskowym. Prosiłam go, aby i mnie polecił tam do pracy. On jednak uważał, że powinnam być w domu z dziećmi. Z natury byłam upartą osobą, chciałam wyjść z domu, przebywać z ludźmi, pracować, sama więc wybrałam się do szefa mojego męża i poprosiłam o tę pracę. Początkowo zatrudnili mnie tylko na próbę. Kiedy jednak dostrzegli, że pracuję sumiennie i skrupulatnie, dostałam stałą posadę, a z czasem zajęłam stanowisko kierownicze.

Najmłodsza Ofiara Marszu Śmierci

Na cmentarzu w Pszczynie znajduje się pomnik Ofiar Marszu Śmierci, gdzie w zbiorowej mogile spoczywa kilkudziesięciu więźniów, którzy zginęli – w wyniku rozstrzelania bądź wycieńczenia – po ewakuacji obozu KL Auschwitz. Niewiele brakowało, a leżałabym wśród nich.

W sześćdziesiątą szóstą rocznicę urodzin Irka, to jest 21 stycznia 2011 roku, odsłoniłam na tym pomniku tablicę ufundowaną przez Radę Ochrony Pamięci Walk i Męczeństwa. Widnieje na niej inskrypcja:

Córka pani Leokadii, Jola, w bucikach wykonanych z butów wojskowych przez kolegę męża Leokadii w Berlinie. Fot. Archiwum rodzinne

Pamięci Ireneusza Rowińskiego, najmłodszej Ofiary Marszu Śmierci, urodzonego we wsi Poręba przez więźniarkę Leokadię Rowińską 21 stycznia 1945 roku. Żył dziewięć dni.

To była dla mnie ważna chwila. Wolontariuszki długo walczyły, aby Najmłodszej Ofierze Marszu Śmierci, Ireneuszkowi, postawiono osobną tablicę lub napis. Niewinne dziecko przez nienawiść Niemców zostało pozbawione możliwości życia na naszym świecie. Na ziemi, która powinna być wolna dla wszystkich ludzi, niezależnie od rasy, narodowości, ideologii.

Uroczystość odsłonięcia tablicy poprzedziła msza w kościele Świętej Jadwigi Śląskiej w Pszczynie. Wśród modlących się w kościele byli więźniowie Auschwitz-Birkenau i kombatanci Armii Krajowej. Liturgię celebrował ksiądz major Mariusz Tołwiński, kapelan „Czerwonych Beretów" z 18. Bielskiego Batalionu Desantowo-Szturmowego.

Ślub Janiny Jakimiuk (fragment zdjęcia). Fot. Archiwum rodzinne

Nr obozowy: **22074**

JANINA JAKIMIUK z domu **Orczyk**

Urodzona: 12 stycznia 1926 roku w Ćmielowie

Obozy i podobozy koncentracyjne: Auschwitz-Birkenau, Dresden

Pamiętam, że transport odbywał się w nieludzkich warunkach. Ciasnota, duchota i smród.

JANINA JAKIMIUK

Niewinna jak wszystkie inne

Do obozu trafiła sama, bez rodziny. Osądzona jako więzień polityczny, choć naprawdę nie miała nic do ukrycia. Najdłużej pracowała w saunie, gdzie zajmowała się m.in. strzyżeniem nowo przybyłych więźniów i odkażaniem ich ubrań. Dzięki temu opowiedziała swoją historię z tej drugiej strony…

W złym miejscu, o złej godzinie

Wczesnym wrześniowym rankiem gestapowcy zapukali do naszych drzwi. Zabrali mnie i moją mamę Bronisławę do Ostrowca. W domu zostało moje rodzeństwo: młodszy brat Józef i siostra Krysia. Do dziś nie wiem, kto opiekował się nimi pod nieobecność mamy.

Ona nie rozumiała, dlaczego nas aresztowano, przecież nie udzielałyśmy się w konspiracji. Bała się o mnie. Wychowywała trójkę dzieci sama, bo tata Jan zmarł 13 sierpnia 1939 roku na atak serca. Byłam wtedy na kolonii i nie mogłam się nawet z nim pożegnać. Dlatego posłuszna jej prośbie nie angażowałam się w działania organizacji konspiracyjnych. Miałam jednak kuzyna, Heńka Sikorskiego, który był powiązany z konspiracją. Był już studentem. Studiował na Akademii Sztuk Pięknych. Ja natomiast miałam dopiero szesnaście lat. Pamiętam, jak pewnego dnia odprowadzałam go do domu. Za nami jechało niemieckie auto, a z okna bacznie przyglądała się nam jakaś kobieta. Gestapowcy musieli wiedzieć o działaniach Heńka, śledzić go. Może chcieli złapać go na gorącym uczynku? A ja przebywałam z nim, więc z góry założyli, że jestem wspólniczką. Znalazłam się po prostu w złym miejscu o złej godzinie.

Podejrzewali mnie o „sabotowanie III Rzeszy". Heniek natomiast, chociaż złapany, z uwagi na bogatego ojca został zwolniony z aresztu. Po dwóch tygodniach pobytu na Gestapo[37] moją mamę również wypuszczono do domu. Mnie zaś z wieloma innymi kobietami wywieziono do Kielc do więzienia. Spędziłam tam tylko jedną noc.

W czasie przesłuchania wypytywali mnie o powiązania z nielegalnymi organizacjami. Nie mogłam się do niczego przyznać, bo naprawdę z nikim nie współpracowałam. Nie wierzyli. Uznali mnie za wroga III Rzeszy. Byłam więźniem politycznym. Podczas przesłuchania bili mnie pejczami. Po plecach, po nogach, gdzie popadło.

Chłopcy to czy dziewczęta?

Do KL Auschwitz wywieźli nas następnego dnia. Transport odbywał się w nieludzkich warunkach. Ciasnota, duchota, smród. Pociąg nie zatrzymywał się na stacjach, a nawet jeśli był postój, to nie wypuszczano nas na

[37] Budynki Gestapo w Ostrowcu znajdowały się przy ul. Sienkiewicza 61–63.

zewnątrz ani do toalety. Za potrzebą musieliśmy chodzić do kącika w rogu wagonu.

Nazwa „Oświęcim" nic mi nie mówiła. W 1942 roku nic nie mówiła jeszcze większości ludzi. Choć nie wiedziałam, jaka przyszłość mnie tu czeka, z przerażeniem spoglądałam w stronę więźniów za drutami. Ubrani w pasiaki, wychudzeni, ogoleni praktycznie na łyso. Byłam przekonana, że to chłopcy. Za chwilę okazało się, że patrzyłam na kobiety – wyniszczone, zagłodzone i chore. Nie minęło wiele czasu, jak dołączyłam do nich w szarej, obozowej sukience z ogoloną głową.

Byłam zła, że ścięli mi włosy. Dlatego kiedy esesman mnie fotografował, zrobiłam zeza! Na złość. Zorientował się, ale nie uderzył mnie. Musiał jednak powtórzyć zdjęcie. Potem Niemcy na nogi kazali mi założyć ciężkie, drewniany trepy. Kim wtedy się stałam? Kim byłam? Nikim. Nadali nam numery, traktowali nas jak bydło.

Nie można wyobrazić sobie przerażenia dziecka w obozie. Trafiały do niego dzieci znacznie młodsze niż ja, niektóre oddzielone od rodziców, inne samotne, bo rodzice zostali zabici. Jedne zabierano do eksperymentów, inne do gazu i krematorium. Niektóre, przeważnie żydowskie, wrzucano do dołów i palono przed krematorium. Słychać było krzyki, piski! Do dziś słyszę je we wspomnieniach! Jak żywe. Pamiętam, jak jeden Niemiec wyrwał Żydówce malutkie dziecko i rzucił nim do swojego kolegi, a ten „podał" do kolejnego. Trzeci esesman skierował maleństwo do gazu!

Auschwitz to zbrodnia, za którą nie ma wystarczającej kary. Nic nie jest w stanie naprawić krzywd wyrządzonych tym wszystkim ludziom. Zarówno tym, którzy przeżyli, lecz stracili całe rodziny, jak i tym, którzy już nie mogą opowiedzieć swoich historii, bo zostali brutalnie zabici lub zmarli, wykończeni głodem i ciężką pracą.

Porcje jedzenia były tak niewielkie, że już po kilku dniach zaczęło brakować mi siły, by wstawać z koi. A przecież musiałam stawiać się na apelu i iść do roboty w polu. To była moja pierwsza praca. Potem z innymi więźniarkami uczestniczyłam w stawianiu budynków dla esesmanów, kopałam rowy.

Najdłużej jednak pracowałam w saunie. Kiedy przyjeżdżały transporty do obozu, obcinałam nowo przybyłym włosy. Długość włosów nie mogła przekraczać czterech centymetrów, ale nauczyłam się ciąć ładnie. Nie chciałam szpecić ludzi. Byli wystarczająco pokrzywdzeni. Nie mniej niż ja. Inne fryzjerki obozowe obcinały włosy niechlujnie, tworząc na głowie brzydkie „schodki". Tak właśnie mnie obcięto na początku, gdy przyjechałam do Brzezinki.

Zajmowałam się też wyparzaniem ubrań więźniów. Wrzucałam je do kabin, w których było bardzo gorąco. Pewnego razu ubrania wewnątrz kabiny się zapaliły! Być może w którymś z nich były schowane zapałki, a może temperatura w kabinie była za wysoka. Do gaszenia pożaru przyjechali Niemcy.

Jednego dnia przyszła do mnie znajoma, Stefania Wnuk. Skarżyła się, że jest jej zimno. Dałam jej wtedy sweter, który znalazłam. Zawołałam ją do kabiny i powiedziałam, aby się w niego ubrała. Założyła go pod sukienkę obozową, tak aby nikt się nie zorientował. Chętnie pomagałam ludziom, jeśli mogłam, ale musiałam uważać. Gdyby na mnie ktoś naskarżył, mogłabym trafić do komanda karnego, gdzie pracowało się ciężej, a esesmani byli wyjątkowo surowi i brutalni.

Po latach spotkałam Stefanię przypadkowo na jednej z uroczystości rocznicowych. Przybiegła do mnie radosna, mówiąc:

– Jasieńka, ten sweter, który mi dałaś, po wyjściu z obozu wyprałam i oddałam swojemu synowi. I okazało się, że był w nim wszyty złoty zegarek!

Na każdym kroku nienawiść

O tym, jak Niemcy byli okrutni, świadczy wiele faktów historycznych i osobistych opowieści byłych więźniów. Ja pamiętam szczególnie dwie takie historie.

Pewnego dnia, gdy pracowałyśmy w polu, w *Aussenkommando*, wielki wilczur poszczuty przez Niemca pogryzł więźniarkę. Nie mogłyśmy przerwać pracy. Dopiero wieczorem esesman kazał kobietom z komanda, do którego należała pogryziona więźniarka, zawlec ją do obozu. Ja byłam w innym komandzie, szłam więc za nimi i widziałam, jak ciągną nieżywą kobietę. Uderzała głową o kamienie, których nie brakowało na drodze, bo ciągle trwała budowa. Idąc w drewnianych trepach, patrzyłam pod nogi, aby nie zdeptać kawałków jej mózgu, który wypływał z rozbitej czaszki. Płakałam. Chciałam krzyczeć. Wykrzyczeć Niemcom, jak bardzo nie mogę znieść tego, co robią z ludźmi! Ale musiałam milczeć.

O niewyobrażalnym okrucieństwie wroga świadczy też zdarzenie, które miało miejsce zaraz po moim przyjeździe do Brzezinki. Niemiecka więźniarka funkcyjna pobiła inną Niemkę. Nie wiem, z jakiego powodu, widziałam jednak, jak kopała kobietę z całej siły. W końcu ją zabiła. Jej wyraz twarzy był pełen nienawiści. Nie mieściło mi się to w głowie. Uznałam wtedy, że jeśli Niemka Niemce bez skrupułów odebrała życie, to strach myśleć, co może uczynić z nami, Polkami, lub kobietami innych narodowości!

Anioł Stróż

Od dziecka byłam nauczona pokory. Starałam się być grzeczna i uczynna. Za wszystko dziękowałam. I szczerze wierzyłam, że mimo nienawiści, jaką Niemcy do nas żywili, muszę pozostać dobrym człowiekiem. Może dzięki temu udało mi się przeżyć? Przez całą wojnę miałam wrażenie, że czuwał nade mną mój Anioł Stróż. Potwierdzenie znalazłam w obozie.

Kiedy w 1942 roku zachorowałam na tyfus, wylądowałam na rewirze. Któregoś dnia późnym wieczorem przyszedł na blok szpitalny Mengele z drugim lekarzem, który był Polakiem. Gdy Mengele wyszedł, Polak przyjrzał mi się i kazał mnie przenieść do baraku, w którym mieszkałam, zanim zachorowałam. Było już po dwudziestej drugiej, gdy pielęgniarka obozowa wprowadziła mnie na moją koję.

Kobiety z transportu w 1944 roku. Żydówki idą piątkami na pierwszy apel. Widać szare sukienki i chustki na głowach. Fot. Album Lili Jacob, nr neg. 24457-154=181

Dnia następnego wszystkie kobiety z bloku, w którym przebywałam na rewirze, zostały skierowane do komory gazowej i krematorium. Cudem uniknęłam śmierci.

Powtarzałam sobie zawsze: „Boże, daj mi siłę, abym to przeżyła...". Do tej pory Bóg mnie wysłuchiwał.

Być Polakiem do końca

Poznałam w obozie dwie kobiety, które pokazały mi wiersze obozowe. Była to poezja smutna, ale prawdziwa. Nie mogłam uwierzyć, że w Auschwitz-Birkenau zostały napisane tak piękne, przejmujące wiersze. Nauczyłam się ich na pamięć. Każdego wieczoru szeptem wypowiadałam ich słowa... Chociaż więźniowie musieli się podporządkować niemieckim rozkazom, wewnątrz, w sercu, większość z nas starała się pozostać sobą. Jako Polka starałam się nią pozostać do końca.

Sama nie wiem, jak to się stało, że udało mi się przetrwać. Jak wszystkie inne kobiety umierałam z głodu, byłam zmęczona, przemarznięta. Mimo to dotrwałam do momentu, gdy Niemcy rozpoczęli wywózkę więźniów z Auschwitz.

Pamiętam, że przed samą wywózką rozkazali nam się rozebrać do naga i iść jedna za drugą. Na końcu kolejki obnażonych więźniarek stali dwaj Niemcy z drewnianymi laskami i przyglądali się wszystkim uważnie. Dotknięciem laski wskazywali kobiety, które miały wystąpić z szeregu. Te wskazane stawały na boku. Nie umiem oddać słowami, jak bardzo bałam się, gdy zbliżałam się do tych Niemców! Obawiałam się, czy przejdę selekcję pozytywnie, czy odeślą mnie do gazu. Starałam się spuszczać wzrok, aby nawet na nich nie patrzeć. By nie ściągnąć na siebie ich spojrzeń! Udało mi się.

Na początku 1945 roku trafiłam do Drezna. Pracowałam tam w fabryce broni.

Pamiętam to słynne bombardowanie miasta. Razem z innymi pracownikami przebywałam wtedy na piątym piętrze fabryki. Nikomu na szczęście nic się nie stało. Jednak wszystkie szyby w budynku wyleciały w powietrze. Naprzeciwko zawalił się kościół.

Widziałam ludzi opuszczających okoliczne domy. Na wózkach ciągnęli swoje rzeczy. Uciekali na wozach zaprzęgniętych w konie. Wspominałam wtedy Polaków wygnanych ze swoich domów. Wierzyłam w sprawiedliwość, która właśnie miała się ziścić. Historia zmieniła swój bieg, choć jeszcze kilka miesięcy temu nic na to nie wskazywało.

Selekcja Żydów na rampie w Brzezince. Esesmani rozdzielają kobiety do obozu lub do gazu, wskazując na kobiety laską. Fot. Album Lili Jacob, nr neg. 24457–27=38

Niemcy nie wiedzieli, co z nami zrobić. Krążyliśmy przez wiele dni po okolicznych lasach. Wiedziałam, że ta droga donikąd może w każdej chwili zmienić się w drogę ku śmierci.

Kiedy na noc zatrzymaliśmy się w stodole i Polacy przynieśli nam jedzenie, Niemcy przegonili ich, strzelając. Wiedziałam, że wreszcie będą musieli się i nas pozbyć. Zaproponowałam więc swoim koleżankom, które szły w mojej piątce, aby uciec do lasu. I tak zrobiłyśmy!

Czy to z Niemcami, czy bez nich, skazane byłyśmy na głodowanie. Nie miałyśmy ani wody, ani jedzenia i musiałyśmy się ukrywać, by nie wpaść znów w ręce wroga.

Trafiłyśmy jednak na dobrego człowieka. Pracował w lesie przy drzewie. Przejął się naszym losem, bo zobaczył, że jesteśmy więźniarkami. Był Ukraińcem. Dał nam cywilne ubrania i nakarmił. W zamian ofiarowałyśmy mu puszki z zupą, które dostałyśmy w Dreźnie od Niemców, a których nie mogłyśmy otworzyć.

To dodało nam siły do dalszej, choć nie lżejszej drogi.

Obóz w Brzezince. Fot. Archiwum Państwowego Muzeum Auschwitz-Birkenau

Z Niemiec wracałyśmy do domu pieszo. Raz podrzucił nas mężczyzna wiozący zboże do browaru w Namysłowie. Pamiętam, że jechaliśmy przez zbombardowany Wrocław. Jeszcze paliły się budynki. Ze stacji w Namysłowie ruszyłyśmy we cztery do Częstochowy. Jedna z koleżanek miała w Częstochowie znajomą, która ugościła nas obiadem! To był pierwszy ciepły posiłek od bardzo dawna.

Niespodzianka

Pociąg, którym wracałam do domu, zatrzymywał się na stacji Ćmielów Miasto, naprzeciwko mojego domu. Kolejna stacja: Ćmielów, gdzie mieszkała moja ciocia z wujkiem. Specjalnie pojechałam najpierw do cioci, bo bałam się iść od razu do mamy. Martwiłam się, że jak mama mnie zobaczy, będzie w szoku i coś jej się stanie! Niemal natychmiast wujek pojechał do mamy, przywiózł ją do domu, gdzie czekałam z ciocią. Schowana w innym pomieszczeniu słyszałam, jak powiedział do niej:

– Chodź, coś ci pokażę!

Mama nie podejrzewała, jaka czeka ją niespodzianka. Gdy mnie zobaczyła, popłynęły łzy radości!

Ślub Janiny Jakimiuk. Fot. Archiwum rodzinne

Po powrocie do domu dowiedziałam się, że mój kuzyn Heniek zginął w partyzantce w 1945 roku.

Po wojnie dostałam dobrą pracę, zostałam kierownikiem sklepu, poznałam ludzką dobroć. Ludzie byli dla mnie życzliwi.

Wyszłam za mąż w 1946 roku. A później urodziłam dwóch synów: Tadeusza i Zdzisława. Dziś nie martwię się już o przyszłość, staram się cieszyć każdym dniem. Uważam, że nie można się ciągle przejmować, należy chwytać całe dobro, jakie daje nam świat.

Sabina Nawara, zdjęcie wykonane tuż przed aresztowaniem (fragment).
Fot. Archiwum rodzinne

Nr obozowy: 45712

SABINA NAWARA z domu **Leska**

Urodzona: 16 czerwca 1923 roku w Sulejowie

Data wywózki do Auschwitz: 2 czerwca 1943 roku

Obozy i podobozy koncentracyjne: Auschwitz-Birkenau, Ravensbrück, Neustadt-Glewe, Buchenwald, Altenburg

O czym marzyłyśmy w Auschwitz?
O tym, aby coś zjeść i umrzeć.

SABINA NAWARA

Odważna więźniarka

Zanim trafiła do Auschwitz, była więziona w Piotrkowie Trybunalskim. Przetrwała niewyobrażalne tortury, nie zdradzając swoim oprawcom żadnych informacji. Zawsze starała się pomagać innym więźniom. W lutym praca w lodowatej wodzie przy oczyszczaniu stawu spowodowała ciężką chorobę. Nie po raz pierwszy cudem uniknęła śmierci.

Poranek inny niż wszystkie

45712 – numer dla kobiety, która być może resztę życia spędzi w obozie zagłady. Mężczyzna, również więzień, który tatuował ciąg cyfr na moim przedramieniu, patrzył spojrzeniem pełnym współczucia. Wyglądał, jakby zdał się na los, który trzyma go w Oświęcimiu pewnie już od kilku lat. A ja dopiero mam poznać, czym jest prawdziwy głód, dopiero zajrzę śmierci prosto w oczy. On już to widział. Wiedział, co stało się z blisko czterdziestoma pięcioma tysiącami kobiet. Jestem kolejna. Mnie spotka to samo.

Kiedy rano dotarliśmy do Auschwitz, czekał na nas „orszak powitalny". Esesmani i esesmanki z psami wypatrywali swoich kolejnych ofiar. „Jak zbrodniarzy" – pomyślałam.

Po ciężkiej podróży zaprowadzono nas do Brzezinki. To był spory kawałek drogi! A my byliśmy tacy głodni, niewyspani, pobici. Później wszystko działo się automatycznie. Tak szybko, że nawet nie jestem w stanie wspominać szczegółów. Pamiętam jednak doskonale, jak bałam się morderczej selekcji.

Sabina Nawara (po prawej) z młodszą siostrą Tereską. Zdjęcie wykonane tuż przed aresztowaniem, 1942 rok. Fot. Archiwum rodzinne

Później zaprowadzili nas przed saunę i kazali nam się rozebrać. Pomieszczenie było małe. Wilgotne ściany wyglądały obskurnie. Zaraz przy nich znajdowały się schodki, na których można było usiąść, co zresztą uczyniły słabsze kobiety. Gorąca para buchała na nas z rozgrzanej podłogi. Czasami kobieta wyglądająca na taką, co tu rządzi, polewała posadzkę wiadrem zimnej wody. Temperatura sięgała czterdziestu stopni Celsjusza. I nie wiem, co było gorsze – czy ten upał, w którym ledwo łapałam oddech, czy lodowaty prysznic, pod który zaprowadzili nas chwilę później.

Zupełnie nagie stałyśmy na dworze do momentu, aż mężczyźni pełniący w obozie funkcję fryzjerów przyszli nas ogolić. A robili to tępymi narzędziami, niejednokrotnie raniąc nas. Najgorsze dla mnie było to, że musiałam rozebrana stanąć okrakiem tuż przed mężczyzną, który golił moje miejsca intymne. Ta sytuacja była symboliczna, typowa dla Niemców, którzy mieli na celu nie tylko zabijać, ale także upokorzyć człowieka. To dla kobiet, a szczególnie dla młodych dziewczyn, było bardzo wstydliwe! Wiele z nas nie widziało nigdy wcześniej nagiej osoby. Zawstydzona, odarta z godności, na koniec zostałam posmarowana za pomocą pędzla jakąś zieloną cieczą. Jak

Rodzice Sabiny Nawary, Marcjanna i Jan Lescy, oraz dwie siostry, Leokadia (stoi po prawej) i Teresa. Na kolanach mamy siedzi mały Jureczek, synek siostry Sabiny, Sulejów 1943 rok. Fot. Archiwum rodzinne

Brat pani Sabiny, Mieczysław Leski w szkole lotniczej. Fot. Archiwum rodzinne

Mieczysław Leski zginął w wypadku na lotnisku w Poznaniu 2 czerwca 1938 roku. Zdjęcie wykonano w 1936 roku. Fot. Archiwum rodzinne

się domyślałam, służyło to dezynfekcji. Niektóre dziewczyny płakały rzewnie, bo podczas strzyżenia straciły długie warkocze, pukle loków. Ja nie ubolewałam nad fryzurą. Wyczuwałam poważniejsze zagrożenia i straty, przy których ścięcie włosów było niczym.

Po całej serii „zabiegów higienicznych" zaprowadzono nas do baraku, w którym rozdano nam ubrania. Pamiętam, że dostałam wtedy pasiak, koszulę, majtki do kolan, drewniane trepy zamiast butów i chustkę na głowę. Miałam wielkie szczęście, że trafiła mi się bielizna. Większość kobiet pozostawała w samych, często za dużych, pasiakach.

Tak spędziłam swój pierwszy dzień w obozie. 2 czerwca 1943 roku.

Na blok skierowano mnie przed wieczornym apelem. Kiedy przyszła po nas blokowa, od razu zaznaczyła, jakie tutaj panują warunki. Mamy się do nich dostosować, inaczej zginiemy. Dobitnie dała do zrozumienia, że nie mamy żadnych praw i jesteśmy nikim. Nie mogłam zasnąć przez całą noc. Targały mną strach i tęsknota za domem, którego – miałam wrażenie – więcej nie zobaczę.

Nowy dom

Jak już wspomniałam, do zasad panujących w obozie trzeba było się dostosować. To była walka o życie i przetrwanie. Zarówno z Niemcami, jak i pomiędzy samymi więźniami.

Kobiety potrafiły walczyć o wszystko. O kawałek chleba, dodatkową porcję zupy, lepszą pracę – o ile miały na to wpływ, choć najczęściej nie miały. Prace przydzielane były przez sztubowe albo blokowe. Niekiedy zdarzało się jednak, że znajomy więzień wciągnął przyjaciela z koi do dobrej roboty. Najlepsze były prace wykonywane w barakach, pod dachem.

Powodem do walki stawały się koje, a raczej miejsca na nich. W baraku 14, w którym spędziłam dwutygodniową kwarantannę, koje były murowane i dość szerokie. Najwyższa znajdowała się tuż pod dachem. Było to dobre miejsce, choć gdy padało, woda kapała na głowę. Środkowe legowisko było zdecydowanie najbezpieczniejsze.

Na kojach wykładałyśmy skoszoną trawę, która musiała nam zastąpić poduszkę. Trawa jednak szybko się kruszyła i często spałyśmy na gołym betonie. Niekiedy trafił się koc do okrycia – dopóki ktoś w nocy go nie ukradł. Koc był luksusem, przynajmniej do momentu, gdy nie obsiadły go wszy. A te zagnieżdżały się w nim szybko. Człowiek nie jest w stanie wyobrazić sobie takiej ilości wszy, z jaką nam przychodziło żyć na co dzień.

Pamiętam, że na samym początku otrzymałyśmy pościel wypełnioną sianem. Szybko jednak zaczęła śmierdzieć uryną i potem. Nie wietrzyło się jej ani nie prało. Nawet jeśliby kto chciał i mógł ją przepłukać, to nie było gdzie.

Najniższy poziom na kojach był najgorszy. Najzimniejszy. Gdy padało, często zalany był wodą. Ale to nie wszystko. Tam najczęściej łaziły szczury. Bałam się ich okropnie. One wręcz przeciwnie, w ogóle ludzi się nie bały. Były wielkie i spasione. Żywiły się resztkami z kuchennych baraków, a gdy nastał zmierzch, atakowały śpiących ludzi. Najczęściej ogryzały martwe ciała więźniarek. Trupy leżące przed barakiem miały ponadgryzane policzki, nosy, brody. Dziury pojawiały się na całym ciele.

Pamiętam, jak w nocy kobieta obok mnie zmarła. Musiałam leżeć przy niej do rana. Gdy się obudziłam, miała obgryzioną brodę.

Na początku i ja spałam na najniższej koi. Dusiłam się w przenośni i dosłownie. Było bardzo ciasno, więc musiałyśmy się układać w poprzek, tak że nasze głowy dotykały bocznej ścianki.

Z wysiłkiem przywoływałam wspomnienia. Przypominałam sobie mój dom, który także wiele wycierpiał. W 1939 roku został częściowo zburzony przez naloty niemieckie, które nasilały się każdego dnia. Po nalotach uciekliśmy całą rodziną na wschód, do brata mojego ojca. Zatrzymaliśmy się tam do czasu, gdy mogliśmy wrócić do siebie, czyli – o ile mnie pamięć nie myli – do listopada 1939 roku. W rodzinnym domu miałam swoje łóżko i ciepłą kołdrę. Nie wiem dziś, co było dla mnie ważniejsze, gdy przebywałam w obozie, śpiąc wyziębnięta. Że poduszka i kołdra w domu były ciepłe czy że były czyste? A może to, że pachniały świeżością, smagane wiatrem? Mama wynosiła je na dwór, gdzie na słońcu nabierały zapachu lata. Widziałam przed oczami ojca, który działał w konspiracji i nauczył mnie patriotyzmu, oraz mamę, troskliwą kobietę. I ją później złapali. We wrześniu 1943 roku została wywieziona do Ravensbrück.

Tymczasem spałyśmy, więźniarki, w tej ciasnocie w osiem, czasami więcej, jedna obok drugiej, aby zmieścić się na koi. Osoba, która musiała zająć miejsce przy samej ścianie, odcięta była od świeżego powietrza czy delikatnej smugi światła, rzucanej przez niewielką żarówkę, gaszoną w nocy przez blokową. Każdy unikał tego miejsca, ale któraś z nas musiała w końcu się tam położyć.

Gdy pojawiała się możliwość, by spać na środkowej koi, dziękowałyśmy Bogu. Zwykle te miejsca zajmowały starsze stażem więźniarki. Jeśli któraś je

Koje w barakach, zdjęcie współczesne. Fot. Archiwum Państwowego Muzeum Auschwitz-Birkenau

ubiegła, dochodziło do kłótni, a nawet bójek, które kończyły się szybciej, niż zaczynały. Bat sztubowej szybko radził sobie w takich sytuacjach. Zrozumiałe było, że więzień na środkowej koi nie oddawał swojego miejsca „po przyjacielsku" nikomu innemu. Walczysz o siebie – żyjesz, poddajesz się – przegrywasz i umierasz. Oto Auschwitz.

Obóz był jedną wielką próbą człowieczeństwa. W tak trudnych warunkach nikt nie traktuje drugiej osoby jak ludzkiej istoty. Istoty czującej. Pojawiająca się złowrogość, zasada „kto silniejszy, ten ma lepiej" powodowały, że można było zapomnieć, iż jest się człowiekiem.

Po dwóch tygodniach kwarantanny przeniesiono nas do bloku numer 7, gdzie blokową była Stenia z Tarnowa. Piękna, ale okrutna kobieta.

Przesiąkłyśmy zapachem baraków. Był to zapach fekaliów i stęchlizny. Nie miałyśmy dostępu do wody, więc o kąpieli nie było nawet mowy. Na początku w Brzezince nie miałyśmy nawet umywalni. Dopiero później na zewnątrz zostały zbudowane waszraumy[38] – umywalnie, z których czasami pozwalano nam korzystać. Jeśli nie było to możliwe, po deszczu wypatrywałam większych kałuży, w których mogłam umyć twarz, ręce lub się podmyć. Nie było również ubikacji. Za barakami kazano nam wykopać rowy, które, jak miało się wkrótce okazać, służyły nam za latryny. Aby się załatwić, musiałyśmy kucać i uważać, aby nie wpaść w dół przepełniony fekaliami. Wiele kobiet potopiło się w tym kale i brudzie. Dookoła było ślisko i nietrudno było o nieszczęście. A wycieńczone z głodu i przepracowane kobiety, kiedy zemdlały lub przewróciły się i wpadły do środka, nie miały siły, by wyjść.

Nad nami, trzy metry nad ziemią, siedzieli postowie[39] w swoich budach i patrzyli na to wszystko. Można było się krępować, płakać. Czy miałyśmy jednak inne wyjście?

Towarem deficytowym, nie wiedzieć czemu, były miski. Kiedy po przybyciu do obozu przeszłyśmy na blok, każda z nas dostała taką czerwoną, obrzydliwą, metalową. Wykorzystywałyśmy ją do jedzenia, a czasami jako nocnik – kiedy nie wolno było po zmroku opuszczać baraku. Miskę wszędzie się ze sobą zabierało, nawet poza obóz, jeśli pracowało się w polu czy przy rozbiórce budynków.

Obiady dowożono na miejsce pracy. Najczęściej była to jakaś zupa. Nie mam tu na myśli oczywiście takich zup, jakie jadamy dzisiaj. Woda

---

[38] Z niem. *Waschraum* – umywalnia.

[39] Post – esesman z oddziałów wartowniczych, który miał za zadanie pilnować więźniów przy pracy lub pełnił wartę na wieży strażniczej.

Praca przy kopaniu rowów. Fot. Archiwum Państwowego Muzeum Auschwitz-Birkenau

zagotowana z brukwią albo z pokrzywami, liśćmi brzozy, rzadko z ziemniakami. Bez smaku i wartości odżywczych. Czasami dostawałyśmy na cztery bochenek chleba, tak zwaną zulagę[40], dodatek.

Rano dawali nam do picia wodę albo czarną ciecz, jakieś zioła, również do miski. Na kolację najczęściej dostawałyśmy pajdę chleba i czarną wodę. Podejrzewałyśmy, że ten czarny płyn to coś, czym faszerują kobiety, aby wstrzymać im okres. Wiele dziewczyn zauważyło, że menstruacje zanikły. Ja sama po przyjeździe do Auschwitz-Birkenau tylko raz miałam miesiączkę. Jednak nie u wszystkich kobiet miesiączkowanie się zatrzymało. Takie dziewczyny miały poważny problem higieniczny, ponieważ, tak jak wspominałam, w obozie w Brzezince nie było wody ani toalety, nie mówiąc już o jakichś wkładkach. Kobiety musiały ratować się szmatkami, podartymi ubraniami, które przepłukiwały w brudnych kałużach.

Czerwone miski były rozkradane. Wystarczyło tylko na chwilę spuścić je z oczu! Ja ze swoją ohydną miską nawet spałam. Nie tylko zresztą ja,

---

[40] Z niem. *Zulage*, w żargonie obozowym również culaga, oznacza dodatek żywnościowy dla pracujących.

każda pilnowała swojego naczynia. Kradłyśmy je sobie wzajemnie, jeśli było trzeba. I ja też kradłam, nie miałam innego wyjścia. Czasami, gdy nadchodził przydział zupy, a naczynie zniknęło, pożyczałyśmy je sobie. Trzeba było jednak pilnować, aby miska wróciła.

Kradziono także jedzenie. Należało gospodarować pożywieniem z rozwagą, ponieważ na śniadanie chleba nie dawano. Dlatego każda z nas, a przynajmniej te bardziej rozważne, zostawiały sobie resztę z kolacji na rano. Czasami był jakiś kawałek pasztetówki czy margaryna. Ale te głodowe porcje tylko podsycały nieustanny głód. Pewnej nocy włożyłam kawałek chleba do swojej miski. Podłożyłam ją pod głowę, pod siennik, na którym spałam. Nagle czuję przez sen, że ktoś rusza miską. I rzeczywiście! Złapałam koleżankę Baśkę za rękę. Nie chciała się przyznać, ale wiedziałam, że zamierzała ukraść mi jedzenie.

Cóż mogę powiedzieć... O czym marzyłyśmy w Auschwitz? O tym, aby coś zjeść i umrzeć.

Jedna chwila radości

Z całego pobytu w obozie pamiętam tylko jedną chwilę radości, podczas której całkowicie zapomniałam o tym, gdzie się znajduję. Gdy pracowałyśmy w upalny dzień, grabiąc nad Wisłą skoszoną trawę, znalazłyśmy spory dół, w którym znajdowała się woda. Być może deszczówka. Dla spoconych, rozgrzanych, zakurzonych kobiet wskoczenie do tego stawiku było marzeniem. W normalnych warunkach żadna z nas nawet minuty by się nie zastanawiała. W tym przypadku jednak podobną decyzję mogłyśmy przypłacić życiem. Może nie byłam rozsądna, ale podjęłam ryzyko. Podeszłam do kapo i zapytałam, czy pozwoli nam wejść do wody.

– A macie stroje kąpielowe? – zażartował.

– Będziemy kąpać się nago. Proszę, ten jeden raz.

Zgodził się. Kazał jednak się spieszyć, bo sam miałby problemy, gdyby ktoś zauważył.

Jaka to była radość! Chłodna woda zmyła z nas pot i brud. Była kojąca. Najpierw zachłannie starałyśmy się umyć, w końcu od tygodni nie pozwalano nam się wykąpać. A później, gdy już wiedziałyśmy, że wykorzystałyśmy wodę najlepiej, jak potrafiłyśmy, stałyśmy w niej szczęśliwe, sycąc się błogością chwili. W tamtym momencie naprawdę zapomniałam o wszystkim dookoła.

Szara rzeczywistość

Dzień zaczynał się często już o trzeciej nad ranem. Wtedy blokowe budziły nas na apel. Wyprowadzano nas przed barak, ustawiano piątkami i stałyśmy tak godzinami, a auzjerki[41] liczyły. Liczba musiała zgadzać się z ewidencją, jednak po każdej nocy była inna. Często nie mogły doliczyć się wszystkich, bo nocą kobiety umierały. To na kojach, to utopiły się w dole z fekaliami. Inne odchodziły z głodu i wycieńczenia. A czasami apele trwały tak długo, że i podczas nich dziewczyny umierały.

Bywało też, że kobiety same decydowały się skończyć z życiem, Niemcy nie musieli przykładać do tego ręki. W nocy, gdy w obozie zapadała niepokojąca cisza, „rozrzedzana" syczeniem drutów elektrycznych, więźniarki wymykały się z baraków, przeskakiwały dół, do którego się załatwiałyśmy, i rzucały się na druty. Odbierały sobie życie, bo nie chciały dłużej patrzeć na taki świat.

Tak czy inaczej, ewidencja musiała się zgadzać. Trzeba było przed końcem apelu znaleźć każde zwłoki, każdą zagubioną.

Nienawidziłam tego, co mnie spotkało. Ale nie mogłam nawet głośno się pożalić. Bo do kogo? W jakim celu?

Żadnej pracy się nie bałam

Każda kobieta w obozie musiała pracować. Mnie od razu udało się dostać do komanda roboczego numer 17, wychodzącego poza obóz. Tam najczęściej pracowałam. Prowadzili nas esesmani z nabitymi karabinami, bagnetami i psami.

Choć wiele osób narzekało na pracę w polu, ja lubiłam ją najbardziej. Miałam namiastkę świata poza drutami.

Najpierw wraz z innymi dziewczynami wychodziłyśmy na wały wiślane i zbierałyśmy pokrzywy. Nie miałyśmy oczywiście żadnych rękawic, dlatego starałyśmy się zrywać je przez ubranie. Wtedy mniej parzyły. Pokrzywy zanosiłyśmy do obozowej kuchni w lagrze kobiecym, potem dawano nam je do zjedzenia. Zdarzało się czasami, że niosłyśmy je do Oświęcimia, do głównego męskiego obozu.

Pewnego dnia, kiedy tam byłyśmy, podszedł do mnie mężczyzna.

---

[41] Z niem. *Aufseherin* – SS, nadzorczyni. W obozie funkcjonowały też formy aufseherka, aufsejerka, aufzejerka.

– Ile masz lat? – zapytał.

– Dziewiętnaście – odpowiedziałam. Nie znałam go. Obiecał, że gdy przyjdę następnym razem, da mi kawałek mydła. Nie wiedziałam, dlaczego wybrał akurat mnie. Byłam mu wdzięczna, choć miałam świadomość, że bez umywalni i tak nie będę mogła wykorzystać mydełka.

Następnego dnia, kiedy przyszłam, wrzucił podarunek do mojego koszyka, a ja owinęłam go chrzanowym liściem, aby nikt się nie zorientował. Kara mogłaby być straszna, zarówno dla mnie, jak i dla tego mężczyzny, którego imienia nie poznałam. Podziękowałam mu serdecznie i schowałam zawiniątko do czerwonej miski, którą jak zwykle miałam przy sobie. Będąc w głównym obozie, przyglądałam się napisowi „*Arbeit macht frei*". Do dziś przechodzą mnie ciarki.

Inną pracą, którą wykonywałam, była rozbiórka budynków mieszkalnych po wysiedleńcach, którzy rozpoczęli budowę obozu w Brzezince. Domy były przeważnie drewniane, a praca ciężka i niebezpieczna. Robota nie dla kobiet, ale nikt na to nie patrzył. Musiałyśmy zrobić swoje i nie było dyskusji. W innym razie groziły kary bicia, a nawet śmierci. Nasz szef widział, że dobrze pracuję. Byłam energiczna i wykonywałam swoje obowiązki najlepiej, jak umiałam. Dlatego pozwolił mi „w nagrodę" wkładać laski dynamitu we wcześniej zrobione otwory i rozwalać mury. Najwięcej domów rozebrałyśmy w okolicy wsi Harmęże. Oczywiście podczas rozbiórek budynków po wysiedlonych zdarzały się wypadki. Musiałyśmy wtedy zanosić ranne dziewczyny do rewirów, czyli „szpitali", które mieściły się w drewnianych barakach w obozie.

Wiem, że niektóre kobiety sadziły lasy w Rajsku i okolicy, inne pracowały na roli. Ja pewnego razu zostałam wysłana do sadzenia buraków, zdarzało mi się też prowadzić konia, chociaż nie miałam w tym żadnego doświadczenia. Niestety ta praca była dla mnie bardzo ciężka i któregoś razu wywróciłam wóz. Kapo bardzo się zdenerwowała, okładała mnie kijem. Strasznie mnie wtedy potłukła.

Kiedy nadeszła zima i nie było zbyt wielu robót, komanda były kierowane do kopania rowów. Do tej pracy szłyśmy daleko za obóz, nad Wisłę. Kiedy kilka lat temu pojechałam do Auschwitz, specjalnie udałam się w tamto miejsce, aby sprawdzić, jak usypane przez nas wały wyglądają. Okazało się, że istnieją do dziś. To nasza praca!

Przez cały pobyt w obozie pracowałam w wielu miejscach. Łapałam się każdej roboty i starałam się wykonywać ją poprawnie. To dawało mi szansę na przeżycie. Pewnego razu jednak przez pracę omal nie umarłam. Zostałam wtedy wysłana do czyszczenia stawu rybnego. Szef z tego komanda

Praca komando. Fot. Archiwum Państwowego Muzeum Auschwitz-Birkenau

był okrutnym człowiekiem. Kazał wchodzić nam do lodowatej wody i wycinać sitowie. Jedna z Żydówek bała się zanurzyć, więc przewrócił ją na ziemię, do szyi przystawił jej szpadel i bez zastanowienia stanął na nim całym ciężarem swojego ciała. Kobieta drgnęła tylko i już nie żyła. Każda z nas bała się, że spotka ją ten sam los. Nie wiadomo, czego obawiałyśmy się bardziej – życia w obozie czy śmierci. Wykonywałyśmy jednak rozkazy, wchodziłyśmy do zimnej wody, a pijawki przyczepiały się do naszych ciał. To była jesień 1943 roku. Wyczerpana, przemarznięta, zachorowałam na tyfus i znalazłam się w rewirze w bloku 26.

Nie pamiętam zupełnie nikogo z rewiru. Wiem tylko, że pielęgniarki były dla mnie dobre. Paliły w piecyku, było ciepło i dawały mi do jedzenia chleb. Myślałam, że nie przeżyję. Strasznie gorączkowałam. Ale dzięki pomocy pielęgniarek się udało.

Zaraz po chorobie przeniesiono mnie na blok piętnasty na odcinku BIb. Wróciłam do pracy. Dla mnie robota na *Aussen* była ważna, wolałam być na świeżym powietrzu. Inne kobiety uważały, że lepiej pracować pod dachem.

Pani Sabina (po lewej) z Zofią Górną, koleżanką z klasy. Zofia Górna zginęła w obozie. Zdjęcie wykonane tuż przed aresztowaniem. Fot. Archiwum rodzinne

Powiedzmy sobie jednak szczerze, żadne zajęcie w tym obozie nie dawało gwarancji życia.

Kiedyś spotkałam koleżankę z Sulejowa, Zosię Górną. Zachęcałam ją do pracy poza obozem, jednak ona zarzekała się, że nie da rady. Chciała dostać pracę w szpitalu i rzeczywiście ją dostała. Nie popracowała jednak w rewirze długo, bo zaraziła się wstrętną chorobą, pęcherzycą, i wkrótce zmarła.

Będąc w Auschwitz, nie mogliśmy wiele zrobić dla innych. Jedynie patrzeć, jak nasi znajomi, rodzina, nowo poznani i obcy ludzie powoli umierają – zamordowani albo z wycieńczenia. Oni też patrzyli na nas. I tylko te spojrzenia nam pozostały – wolne i nasze. Mimo to zawsze znajdywałam wokół siebie grupę solidarnych ludzi, którzy nawet w tak tragicznych warunkach zwracali uwagę na drugiego człowieka i nie przechodzili obojętnie obok potrzebujących. Starałam się również postępować w ten sposób. Nie mogłam nikomu wiele dać, bo sama nic nie miałam. Mogłam jedynie odmówić sobie kawałka chleba i ofiarować go choremu czy też skrawkiem szmatki z koszuli, którą ukradłam, zawiązać komuś ranę. Z perspektywy czasu te gesty ukazały mi, że nawet w takim piekle, jakim było Auschwitz-Birkenau, zachowały się okruchy ludzkości. A dopóki mieliśmy je w sobie, wciąż byliśmy ludźmi. Gdybym była oschła wobec innych i przeżyła, dziś nie potrafiłabym spojrzeć sobie w oczy.

O krok od krematorium

Praca w lodowatej wodzie przy oczyszczaniu stawu, kolejny raz w lutym 1944 roku, dała o sobie znać. Zachorowałam ponownie, tym razem na zapalenie stawów kolanowych, i znów znalazłam się na rewirze. W szpitalu często robili selekcję, a ja nie mogłam chodzić. Każdy z więźniów doskonale wiedział (nie była to tylko plotka), że osoby niechodzące prosto z rewiru kieruje się do krematorium. Bałam się, że mimo mojej walki i zmagania z losem przegram.

Stało się wreszcie to, przed czym drżałam. Któregoś popołudnia lekarz obozowy wszedł z esesmanami do rewiru i kazał nam wstać z łóżek. Tego dnia nie wstałam. Mój numer został zapisany przez blokową na kartce. Mnie i kilka innych kobiet zabrano do bloku 25. Leżałyśmy tam bez jedzenia, całkiem nagie. Byłam pewna, że to koniec. Zapisali mnie... No trudno.

Orkiestra obozowa, fotografia wykonana przez esesmana w Auschwitz, 1941 rok. Fot. Archiwum Państwowego Muzeum Auschwitz-Birkenau

Żebym tylko nie cierpiała pod krematorium, czekając na zagazowanie. Już jutro mnie nie będzie – myślałam.

Przed spaleniem ludzie trafiali do pomieszczeń, w których więźniów gazowano. Palenie żywcem nie wchodziło w grę, bo wśród zszokowanych ludzi prawdopodobnie wybuchłaby panika. Zresztą jaką pracę mieliby wtedy ludzie, którzy wkładali ciała do pieców?

Nie wyobrażam sobie, aby żywcem spalić człowieka. Byłam świadkiem wielu egzekucji, ale odwracałam wzrok. Nie chciałam patrzeć na dodatkowe cierpienia, bo na co dzień ich nie brakowało.

Kiedy przyszła blokowa i wyczytała mój numer, nie odezwałam się. Dobrze wiedziałam, że chodzi o mnie. Ponownie zawołała. Znów się nie zgłosiłam. Wreszcie kobieta leżąca obok mnie powiedziała:

– Powiedz, że to ty! To przecież ciebie wołają.

– Wiem – odpowiedziałam jej. – Lepiej siedzieć cicho i się nie odzywać.

Wtedy blokowa podeszła i sama zweryfikowała mój numer. Wywołała jeszcze pięć, może sześć innych dziewczyn, same Polki, i powiedziała, że wracamy na rewir. Nie mogłam w to uwierzyć, byłam przekonana, że zaraz podjadą samochody i wywiozą nas do krematorium.

– Myślicie, że nie wiemy, dokąd nas zabieracie? – pytałam, kiedy podeszła do mnie. Wciąż byłam przekonana, że idziemy do gazu.

– Dziś Aryjczyków nie palą – odparła.

Zastrzyk życia

Będąc na rewirze, nadal bardzo źle się czułam. Co prawda udało mi się czmychnąć śmierci sprzed samego jej nosa, ale na jak długo? Nie mogłam chodzić, gorączkowałam. W każdej chwili ponownie mogli mnie skierować na Blok Śmierci. Pomagało mi tylko to, że dostawałam od ojca paczki.

Zdarzyło się jednak, że równocześnie ze mną zachorowała blokowa z rewiru i przyszedł do niej doktor z męskiego szpitala.

Wtedy odważyłam się na rozmowę. Może to gorączka mnie oszołomiła, a może w akcie desperacji podjęłam ryzyko. Tak czy inaczej zapytałam lekarza, czy zna doktora Kwapińskiego, znajomego mojego taty. Spotykali się u nas w domu i prowadzili tajne rozmowy. Miało to miejsce jakiś czas przed moim aresztowaniem, gdy wraz z rodzeństwem zorientowaliśmy się w konspiracyjnych działaniach taty.

Podałam lekarzowi swoje imię i nazwisko oraz powód pobytu w szpitalu. Pojawił się jeszcze następnego dnia w naszym rewirze, ale nie odezwał się do mnie ani słowem. Było mi przykro, czułam żal, sądząc, że na nic moje prośby. Brałam jednak pod uwagę to, że może zwyczajnie się bał okazać mi zainteresowanie, aby nikt nie doniósł.

Jednak pewnego dnia blokowa, która wreszcie wyzdrowiała, podeszła do mnie i powiedziała, że dostanę zastrzyk.

– Czy to zastrzyk śmierci? – zażartowałam. Tak, żartowałam. Co innego mi pozostawało.

– Nie, to zastrzyk życia. Masz szczęście, bo wymknęłaś się śmierci – odpowiedziała.

Okazało się później, że lekarz odwiedzający blokową, chociaż nie odezwał się do mnie słowem, odnalazł doktora Kwapińskiego i przyniósł przekazane przez niego zastrzyki dla mnie. Byłam zaskoczona postawą blokowej i bardzo nią ucieszona, bo wcale nie musiała się przyznawać, że posiada te leki. Mogła uratować życie komuś innemu, wymienić je na towar „luksusowy", na przykład papierosy. A jednak dotrzymała słowa i przyczyniła się do tego, że żyję. Gdyby nie zastrzyki od doktora Kwapińskiego, z pewnością zmarłabym na szpitalnej pryczy.

Idzie dziewczę po lesie...

Gdy wreszcie wyzdrowiałam, musiałam wrócić do pracy.

Do roboty wychodziłyśmy przez bramę na odcinku BIa. W tym miejscu stała orkiestra. Później, kiedy kobiety zostały przeniesione na BIb, muzyków umieszczono pomiędzy odcinkami A i B. Rola orkiestry obozowej była niezmiernie istotna. Grali, gdy wychodziłyśmy do pracy poza obóz. Kiedy znalazłam się w Auschwitz, zespół nie był jeszcze całkowicie zorganizowany. Granie było nierówne, dyrygentka sobie nie radziła. Przez to maszerowałyśmy nierówno i dostawałyśmy po głowie od naszych postów. Później jednak dyrygentką została słynna Alma Rosé[42], która grała też na skrzypcach. To było piękne! Lubiłyśmy słuchać tej muzyki.

Gdy szłyśmy rano do pracy do lasu po gałęzie do krematorium, obok nas szli: uzbrojony esesman, kapo, auzjerki. Krzyczeli do nas: „maszerin!".

Bywało, że esesman, który szedł obok, kazał nam śpiewać. Ale śpiewałyśmy tylko wtedy, gdy miałyśmy ochotę. Często sama rozpoczynałam *Idzie dziewczę po lesie...* Myślałam sobie: „A dlaczego mamy nie śpiewać?! Myślicie,

---

[42] Alma Rosé – ur. 1906 r. w Wiedniu, zm. 1944 r. w Oświęcimiu, w obozie Auschwitz-Birkenau. Austriacka Żydówka, wybitna skrzypaczka, była siostrzenicą kompozytora Gustava Mahlera.

że jesteśmy całkiem ułomne? My wszystko umiemy, tylko przestańcie nam rozkazywać!". Tyle radości potrafiłyśmy z siebie jeszcze wydusić! Tyle chociaż. Nasi szefowie lubili rygor, więc ja, śpiewając, maszerowałam i krzyczałam:

– Lewa! Lewa! – Wtedy nasze komando miało troszkę lżej, bo kapo i esesman widzieli, że się staramy w pracy i maszerujemy tak, jak należy. Kiedy maszerowałam obok starszej osoby, która sobie nie radziła, zachęcałam ją, aby szła równo ze mną, patrzyła mi na nogi i powtarzała moje kroki. Dzięki temu miałam w swoim komando dużo koleżanek, wszystkie mnie lubiły. Gdy tylko wychodziłyśmy do pracy, słyszałam:

– Sabinka, jaką piosenkę śpiewamy?

Nasza rozśpiewana grupa była lubiana przez postów i kapo. Wiedzieli, że idąc z nami na zewnątrz, będą zadowoleni z pracy.

Niemy krzyk dzieci

Nawiążę jeszcze do kwestii noszenia pod krematoria gałęzi, które zebrałyśmy w zagajnikach. Nieopodal krematoriów znajdowały się głębokie doły, ale nikt nie wiedział, do czego miały służyć. Pewnego słonecznego dnia usłyszałyśmy przerażający krzyk i głośny wybuch. Zaczęłam się rozglądać, skąd dochodzi potworny hałas. Spojrzałam w stronę dołów, zauważyłam wysoki na kilka metrów ogień i ciemny dym. To było straszne! Krzyki się nasilały i przeszywały serce. Nigdy ich nie zapomnę. Po obozie zaczęły chodzić pogłoski, że tego dnia w dołach spalono żywcem dzieci. Nie widziałam tego na własne oczy, wiem, że nosiłam tam z innymi dziewczynami gałęzie. Ale po co? Po Auschwitz przecież można się było spodziewać wszystkiego.

Ukryta wiadomość

W obozowym piekle spotkałam się też z ludzką dobrocią. To było rzadkie zjawisko. Jednak myśl, że w tak trudnych czasach istnieją ludzie wrażliwi na krzywdę drugiego człowieka, była bardzo krzepiąca. Doświadczyłam tego w niezwykle trudnej dla mnie i moich współwięźniarek chwili. Zmagałyśmy się z okropnym świerzbem. Byłyśmy mocno poranione, a żeby ulżyć uporczywemu świądowi, smarowałyśmy się własnym moczem. Innego sposobu nie było, przynajmniej nie w obozie zagłady.

Kiedy kopałyśmy rowy przy drodze w kierunku Trzebini, mijałyśmy domy z pięknymi ganeczkami. Śliczne, wiejskie domki, okolone zielenią i kwiatami, a w nich rodziny – przynajmniej pozornie szczęśliwe. Wiadomo było, że w tamtych czasach każdy był zastraszony. Pomaganie więźniom było wielkim ryzykiem dla mieszkańców pobliskich wsi. Ryzykiem, które mogło zakończyć się aresztowaniem lub rozstrzelaniem.

Mimo to pewnego dnia dostrzegłam na ganku jednego z domów starszą kobietę. Patrzyła z bólem w oczach w naszą stronę i z wyraźnym żalem kiwała głową. Płakała. Pomyślałam, że nie powinna ronić łez, bo ciągle żyjemy.

Nie wolno jej było się do nas odezwać. Postanowiłam jednak, że najostrożniej, jak tylko potrafię, zwrócę się do niej o pomoc. Napiszę karteczkę i poproszę o maść na świerzb. Dużo ryzykowałam. Gdyby kapo dostrzegł, co zamierzam zrobić, na pewno dostałabym kulkę.

Przy szosie naprzeciwko tego domu stał niewielki płot, a pod nim rosła wysoka trawa. „Akurat taka, aby coś w niej schować" – pomyślałam. Starsza pani nie pojawiała się przez dwa kolejne dni. Dopiero trzeciego dnia zauważyłam, że stoi na ganku i na nas patrzy. Ostrożnie odłączyłam się od zwartej kolumny więźniarek, prosząc koleżanki, aby mnie kryły. Wskazałam kobiecie karteczkę i wrzuciłam ją w trawę przy płocie. Zrozumiała.

Po kilku dniach ukradkiem dała znać, że w trawie czeka na mnie odpowiedź. Znalazłam za płotem mały pakunek. Szybko schowałam go pod pasiak.

Pomyślałam, że muszę się odwdzięczyć. Poprosiłam koleżankę, która pracowała w magazynie, w Kanadzie, aby wyszukała ładną bluzeczkę. Znajoma znalazła śliczny sweterek w morskim kolorze i przy najbliższej okazji wrzuciłam go za płotek życzliwej kobiety. W kolejnym dniu dostrzegłam, że miała go na sobie. Jeszcze kilkakrotnie zostawiała nam w trawie coś do jedzenia, kolejną maść na świerzb, a ja rozdzielałam wszystko po równo pomiędzy piątkę koleżanek, z którymi szłam do pracy.

Dzięki nieznajomej wyleczyłyśmy się ze świerzbu. W tej sytuacji od dodatkowych porcji jedzenia i maści ważniejszy był jednak fakt, że komuś na nas wreszcie zależało. Spędziłam w Auschwitz-Birkenau blisko trzy lata i wiele widziałam, sporo przeżyłam. W tym czasie zdążyłam zapomnieć, czym jest ludzka dobroć i jak to jest, kiedy komuś na mnie zależy. Domek ze ślicznym gankiem przy szosie w kierunku Trzebini zawsze już będzie dla mnie symbolem nadziei.

Transport w nieznane

Nastała jesień. Rok 1944. Nie mogę powiedzieć, że dzień obozowy miał być taki, jak zawsze – w Auschwitz-Birkenau nigdy nie można było przewidzieć, co się wydarzy. Nic jednak nie wskazywało na tak poważne zmiany. Rankiem nas wywołano i wyprowadzono na lager A. Rozglądałyśmy się zdziwione, przestraszone - co z nami zamierzają zrobić? Oczekiwanie przeciągało się do popołudnia. Przez cały czas stałyśmy, bo nie padł rozkaz, aby usiąść. Pierwsza plotka, która wdarła się między nas wieczorem - nie będę ukrywać, że wyczekiwana - mówiła o tym, iż czekamy na transport. Tak minęło sześć, może siedem dni. W tym czasie nie chodziłyśmy do pracy. Za dnia kazano nam siedzieć niedaleko ogrodzenia z drutu kolczastego. W pobliżu znajdowały się rowy, do których się załatwiałyśmy. Na noc prowadzono nas do bloków. Po tygodniu blokowa Stenia przybiegła z nowiną, że jedziemy do Niemiec. Do pracy.

Przetransportowano wtedy około tysiąca osób. Do wagonów wsadzali setkami. Można sobie wyobrazić, jak było ciasno.

W przeciwieństwie do transportu z Warszawy do Oświęcimia tym razem nie związano nam rąk. Droga jednak nie była bezpieczna ani łatwa. Pamiętam, że z powodu nalotu musieliśmy się zatrzymać w Berlinie. Esesmani wybiegli z wagonów, zamykając nas wewnątrz. Sami się gdzieś pochowali, a my razem z wagonami podskakiwaliśmy na torach przy każdym wybuchu. Niektóre pociski padały naprawdę blisko! Myśleliśmy, że nie wyjdziemy z tego cało.

Mama

Kiedy rano dotarliśmy na miejsce, ktoś zawołał, że jesteśmy na dworcu Ravensbrück. „Przecież ja się tutaj z moją mamą zobaczę!" - pomyślałam. „Jeśli jeszcze żyje, na pewno ją znajdę. Przebywa tutaj długo, więc ktoś na pewno ją zna. A może mama dowie się, skąd przybył ten transport, i sama będzie mnie szukać?". Zrodziła się nadzieja na to, że spotka mnie coś dobrego.

W obozie dostaliśmy nowe numery. Ja 46331. Wtedy jeszcze o tym nie wiedziałam, ale nie pomyliłam się w kwestii mamy. Wkrótce się okazało, że żyje. Słysząc, że przybył transport z Oświęcimia - o czym dowiedziała się od znajomej w kancelarii - postanowiła mnie odszukać. Tego dnia, kiedy przyjechałam do Ravensbrück, poprosiła blokową o skierowanie do lekarza, dzięki czemu mogła opuścić miejsce pracy. Gdyby nie wymówka z lekarzem, trudno byłoby nam się znaleźć.

Obserwowała, szukała mnie w tłumie i pytała innych kobiet, czy jest wśród nich Sabinka Leska. Odpowiedziały jej, że jestem.

Tymczasem z dziewczynami z Oświęcimia szłyśmy do sauny, ponieważ musiałyśmy się przebrać. Cały czas się rozglądałam. Bardzo pragnęłam ujrzeć mamę, choć nie miałam żadnej gwarancji, że dała radę przetrwać w obozie. Nagle znajoma twarz mignęła mi przed oczami. Spojrzałam jeszcze raz w stronę betonowego słupa i ją zobaczyłam.

– Mama! – krzyknęłam.

Ona również mnie dostrzegła i zaczęła do mnie biec. Rzuciłam się jej na szyję i nie chciałam wypuścić. Dopiero teraz poczułam, jak bardzo mi jej brakowało. Człowiek może tęsknić dniami, latami za ulotnym wspomnieniem. Kiedy jednak ściska się w ramionach bliską osobę, której nie widziało się przez tak długi czas, osobę, o której losach nie miało się pojęcia, tęsknota zmieszana ze strachem uderza ze zdwojoną siłą.

– Moja kochana córka – mówiła. – To moja kochana córka!

Jakaś sztubowa nas zobaczyła, podbiegła i zaczęła okładać mamę kijami. Rozdzieliła nas, a ja zdążyłam tylko krzyknąć, żeby zapamiętała blok, do którego nas zaprowadzą.

Zimna kąpiel szybko zmyła ze mnie wzruszenie i radość, którą jeszcze przed chwilą czułam, wpatrując się w mamę. Dostałam nowe i czyste ubranie: jasną, lnianą sukienkę, bieliznę, a nawet biustonosz. Niestety szybko mi go skradziono. Ktoś, już nie pamiętam kto, zlitował się nade mną i dał mi pantofle. Więcej jednak było w tym geście egoizmu niż ofiarowania. Drewniane trepy z Oświęcimia bardzo hałasowały. Pantofle były więc dobrym rozwiązaniem nie tylko dla mnie, ale też dla wielu osób w baraku.

Rajskie życie

Byłam bardzo zdziwiona – pozytywnie – warunkami, jakie panowały w Ravensbrück. To było coś zupełnie innego niż Auschwitz. Siennik, na którym spałam, a dostałam miejsce na samej górze, był czysty i suchy. Z górnej koi widziałam cały barak, był ogromny. Mieścił chyba z pięćset osób. To była jedna wielka hala. Każda z kobiet spała osobno – czy to możliwe? Dostałam koc powleczony poszewką i poduszkę, choć wypełnioną słomą. Było też prześcieradło. W blokach znajdowały się beczki do mycia, okrągłe kadzie i krany. Myłyśmy się codziennie. W Auschwitz nie kąpałam się chyba przez cały rok. Tu dostałyśmy nawet ręczniki. Nie mogłam uwierzyć własnym oczom. Rajskie życie!

Rano zaprowadzili nas do stołówki, gdzie miałyśmy jeść śniadanie, więc żyć nie umierać. Jedzenie nadal nie było smaczne, ale przynajmniej każda dostała pajdę chleba.

W trakcie mojego pobytu w Ravensbrück z mamą spotkałam się wiele razy. Dwa dni po moim przyjeździe do obozu z samego rana usłyszałam dziewczyny, gdy jak głośny głuchy telefon krzyczały po kolei każda w moją stronę:

– Wołaj Sabinkę!

– Wołaj Sabinkę, jej mama w oknie jest, czeka na nią!

Pobiegłam z radością. Martwiłam się za każdym razem, że ktoś może ukarać mamę za takie wyjścia. Przez długi czas przebywałam z nowo przybyłymi na kwarantannie. Byłyśmy oddzielone od pozostałych. Więźniom takim jak mama wolno było się poruszać po terenie obozu, więc nasze spotkania były „teoretycznie" bezpieczne. Należało jednak uważać, aby nikomu nie zajść za skórę, nie wyróżniać się w tłumie.

W Ravensbrück przebywałam około półtora miesiąca. Następnie przewieziono nas do Buchenwaldu. Transport odbywał się w znacznie lepszych warunkach niż te poprzednie.

Jak zostałam kontrolerem

Trafiłam do Altenburga, do fabryki amunicji. Była potężna, zajmowała ogromny teren i nie miała ogrodzenia. Ogrodzony był tylko budynek pofabryczny, w którym spałyśmy. Otaczały go druty kolczaste pod napięciem elektrycznym. Podczas wykonywania pracy pilnowali nas postowie.

Robota w fabryce amunicji była wyczerpująca, jednak w porównaniu z katownią w Auschwitz naprawdę nie było tak źle. Pracowałam po dwanaście godzin dziennie z krótką przerwą obiadową, na zmianę dzienną i nocną. Nikt nas tam nie żałował. Ale Niemki, choć były surowe, dbały o nas, przynosiły jedzenie i picie. Kiedy miałam nocki, mogłam spać w dzień.

W fabryce amunicji byłam odpowiedzialna za kontrolę kul karabinowych. Pracowałam przy gilzach[43]. Udało mi się dostać do tej pracy, bo znałam niemiecki. Byłam solidna, zgłaszałam każdą usterkę i jakościowo złą sztukę. Miałam do tego odpowiednie narzędzia i wszyscy na mnie polegali. Nawet inżynierowie pytali mnie o proces produkcji, o jakość materiałów. Jeden z nich podziękował mi za zaangażowanie. Moja dobra praca była niejednokrotnie zauważana. Za wszystko dziękowałam, okazywałam pokorę i za to mnie cenili. Zaszłam już tak daleko, więc chciałam iść dalej, ku wolności. Nie myślałam o tym, że wojna się skończy, nie robiłam sobie aż tak wielkich nadziei, niemniej marzyłam, by znów być wolną.

---

[43] Gilza – łuska naboju.

W fabryce pracowały tylko więźniarki. Mężczyźni w cywilu zajmowali się mechaniką, reperowali maszyny. Był wśród nich pewien Włoch, majster, dobry człowiek. Kiedy dostawał przydział jedzenia albo piwo, dzielił się z nami. Na Wielkanoc otrzymałam od niego paczkę z różnymi słodyczami, a wszystkim podzieliłam się z innymi więźniarkami. Władze obozowe oczywiście o tym nie wiedziały. Gdyby podarunki wyszły na jaw, ukarano by nas wszystkich. Na stanowisku, jakie zajmowałam, byłam poniekąd chroniona. Nie wolno było mnie bić. Byłam kontrolerką.

Niektórzy Niemcy również byli mili, współczuli nam i dobrze nas traktowali. W noc sylwestrową z 1944 na 1945 rok zabrali mnie do kancelarii dyrektora oddziału, postawili butelkę wina i chcieli mnie poczęstować. Byłam nieśmiała, obawiałam się skorzystać z poczęstunku. Ale to było miłe z ich strony.

W Altenburgu mogłam korzystać z waszraumów, kąpać się, prać sukienkę, tę samą zresztą, którą dostałam w Ravensbrück. Dopiero później dali mi normalny, cywilny strój. Wszystkie je dostałyśmy. Każde z ubrań było jednak naznaczone – na plecach naszyty był albo kawałek łaty, albo sztrajfa[44]; byłyśmy więźniarkami, nie mogło być inaczej. Z czasem otrzymałyśmy również całkiem wygodne wojskowe buty.

Na terenie obozu znajdował się basen przeciwpożarowy i pozwolono nam się w nim kąpać. W hali, gdzie spałyśmy, było ciepło. Warunki nie były najgorsze, z pewnością lepsze niż w Oświęcimiu. To był obóz pracy, nie zagłady. Spędziłam tu długi okres. Minęło Boże Narodzenie, Wielkanoc i nastał kwiecień 1945 roku, zbliżał się front.

Bombardowanie

Kiedy zbombardowano Lipsk, ucierpiała także fabryka amunicji, w której pracowałam. Wiele więźniarek zostało uwięzionych wewnątrz i udusiło się lub zostało stratowanych przez ludzi uciekających do schronów. Mnie uratowało tylko to, że mocno trzymałam się poręczy i nie dałam się zepchnąć ze schodów. Inaczej skończyłabym jak te nieszczęśniczki.

Niedługo potem ustawiono nas piątkami i wypędzono z obozu. Bardzo bałyśmy się, że zostaniemy rozstrzelane. Pod nadzorem esesmanów głodne

---

[44] Z niem. *Streifen* – tu oznacza pasy szerokości 3–4 cm, wymalowane czerwoną farbą, tworzące krzyże na plecach; oznaczenie umieszczane na cywilnych ubraniach wydawanych więźniom.

i wycieńczone szłyśmy całą noc przez pola i lasy. Dookoła paliły się drzewa. Wyglądało to bardzo złowieszczo. Rano zatrzymałyśmy się na łące, żeby odpocząć. Ale cóż mógł dać nam odpoczynek, skoro nie miałyśmy niczego do jedzenia? Tułaczka trwała kilka dni, a podczas ciężkiej podróży towarzyszyły nam niepokój i niepewność. Kobiety, które z wycieńczenia zostawały w tyle, były dobijane. Mimo braku sił, na przekór wszystkiemu, szłam i modliłam się, żeby przetrwać ten koszmar.

Wreszcie dotarłyśmy do jakiejś miejscowości. Dookoła było widać las i góry.

Zaprowadzono nas do szkoły. Tam dostałyśmy po kawałku chleba, kartofle, kubek mleka. Znów ruszyłyśmy w drogę. Nikt nie baczył na to, że ze zmęczenia kobiety padają jak muchy. To było okropne. Ale komu miało zależeć, jeśli nie nam samym? Z pewnością nie niemieckim esesmanom. Gdybyśmy poumierały, byłoby im to na rękę.

Któregoś dnia znalazłyśmy sterty wykopanych, surowych warzyw: ziemniaków i buraków. Nie przejmując się konsekwencjami, rzuciłyśmy się wygłodniałe na znalezisko. Byłyśmy bardzo szczęśliwe, zabierając ze sobą jedzenie. Garstką więźniarek dotarłyśmy w końcu do Zwickau[45]. Dobrze zapamiętałam tę nazwę. Szef razem z postami i resztą władz oddalili się gdzieś, zupełnie się nami nie przejmując. Gdzie mamy spać? Co zjeść? Nikt się nie interesował.

Zebrałyśmy się w pięć dziewczyn, by poszukać noclegu (większą grupą byłoby najbezpieczniej, ale trudniej znaleźć miejsce do spania). Bardzo potrzebowałyśmy snu, żeby kolejnego dnia iść dalej. Kiedy dotarłyśmy do jednego z domów, zapukałyśmy, a drzwi otworzył młody chłopiec w mundurku Hitlerjugend. Można się było tego spodziewać – odmówił i krzyczał, że postraszy nas psami. Od razu poznał, że jesteśmy więźniarkami. Poddałyśmy się. Usiadłyśmy w przydrożnym rowie, tam postanowiłyśmy spędzić noc. Nagle zobaczyłyśmy jednak samochód jadący w naszą stronę, a w nim więźniarki i komendanta naszego obozu. Zatrzymał się i kazał wsiadać do środka. Wywiózł nas do szkoły wypełnionej niemiecką amunicją. Jedyne, co wtedy przyszło mi do głowy, to myśl, że wysadzą nas w powietrze razem z tą szkołą. Ale czy miałam inne wyjście? Oczywiście, że nie. Jeśli wejście do środka oznaczało śmierć, to ucieczka była dokładnie tym samym. Nie było sensu się przeciwstawiać. Przenocowaliśmy tam wszyscy. Na szczęście nikomu nic się nie stało.

---

[45] Zwickau – miasto we wschodniej części Niemiec, w Saksonii.

Biała flaga

Nad ranem ruszyliśmy dalej, aż dotarliśmy do wielkiej autostrady. Ujrzeliśmy na niej mnóstwo niemieckich samochodów jadących na zachód. Komendant i reszta władz byłego obozu pozrywali wszystkie swoje dystynkcje z mundurów i wyrzucili je do rowu. Zastanawiałam się, co się dzieje. Nagle zza lasu wyłoniły się wielkie amerykańskie czołgi i wszystko stało się jasne.

Niemcy rozpoczęli strzelaninę, która trwała pół godziny. Chociaż dla mnie, przerażonej i wyczekującej końca, trwało to całą wieczność. Cała roztrzęsiona uciekłam w konopie, które rosły nieopodal.

Wreszcie widok, o którym wszyscy marzyli od lat! Nie mogłam w to uwierzyć. Białe flagi wystawione przez Niemców. Pamiętam tę sytuację doskonale. Tyle emocji, łez i strachu! Nagle cisza i wszystko zaczęło się dziać jakby w spowolnionym tempie. Dookoła pełno krwi, ciała zabitych koleżanek z obozu, uciekający Niemcy, ogromne czołgi. A pomiędzy tym wszystkim my, które przeżyłyśmy, ofiary obozów zagłady i pracy. Czekałam tej wolności jak świeżego chleba, jak spotkania z rodziną, a kiedy wreszcie do mnie przyszła, byłam w szoku i nie wiedziałam, co z nią zrobię.

Żołnierze podchodzili i pytali, kim jesteśmy. Kiedy powiedziałyśmy, że idziemy z obozu, dali nam wielkie i ciężkie paczki jedzenia. Tak ciężkie, że sama nie mogłam ich unieść. Musiały mi pomóc inne kobiety. Nagle Niemcy wyszli na szosę z kubkami wody. Teraz, kiedy nadeszła wolność. A jeszcze dzień wcześniej żałowali nam każdego łyka i traktowali jak najgorszych zbrodniarzy.

Na szczęście nic mi się nie stało podczas strzelaniny. Niektóre koleżanki zostały postrzelone, jednej z nich urwało rękę. Żołnierze zabrali nas do szpitali i nakazali się nami zająć.

Długa droga do domu

Dwa dni przed ogłoszeniem kapitulacji Niemiec przeniesiono nas ze szpitala do teatru. Tam spałyśmy w oczekiwaniu na transport do Polski. Miałyśmy możliwość umycia się, a z magazynów przyniesiono nam świeże ubrania. Właściciel teatru był poruszony naszym losem. Zadbał o to, by niczego nam nie brakowało. Po długim okresie niewoli, traktowania nas jak ludzi gorszej kategorii, czyjaś troska była nieoceniona. Szybko jednak wystąpiły kolejne problemy. Okazało się, że władze miasta nie są w stanie zagwarantować nam przejazdu do Polski, w związku z tym komendant miasta kazał nam prze-

Sabina Nawara z synkiem Ireneuszem w Sulejowie w ogrodzie u swojej mamy Marcjanny Leskiej, 1948 rok. Fot. Archiwum rodzinne

nieść się do obozów zakładanych na Zachodzie i tam czekać, aż coś zmieni się w tej kwestii. Nie chciałyśmy się zgodzić na przejście do tych obozów. Podjęłyśmy z dziewczynami decyzję, że do Polski wracamy na własną rękę. Wtedy komendant odwiózł nas na najbliższą stację kolejową.

Pociągiem towarowym pojechałyśmy w stronę Lipska, gdzie roiło się od radzieckich żołnierzy. Bałyśmy się ich okropnie! Nie miałyśmy ze sobą nic do jedzenia, a transportu do Polski nadal nikt nie przewidywał. Przypadkowo dowiedziałyśmy się od zawiadowcy stacji, miłego człowieka, że za jakiś czas wyrusza pociąg towarowy do Rawicza. Musiałyśmy na niego czekać bardzo długo, a sama podróż była ciężka i niewygodna. Składem przewożono szyny i metalowe rury. Pociąg często się zatrzymywał i długo stał na stacjach. Wtedy biegałyśmy do okolicznych gospodarstw opuszczonych przez Niemców i szukałyśmy pożywienia. Najczęściej udawało nam się coś znaleźć.

Długa droga do domu w strachu, ale jednak na wolności, przywoływała wspomnienie podróży do obozu. Myślałam o tym, jak w dniu wywózki wyprowadzili wszystkich przed więzienie, spisali, sznurkami związali ręce i ustawili piątkami, prowadząc w stronę dworca, na rampę towarową. Dostrzegłam w tłumie Stefana Krupę, znajomego taty. Był zagubiony, zdezorientowany jak większość więźniów. Dookoła panował chaos, przeczuwałam, że dzieje się coś niedobrego.

Kobiety szły pierwsze, a mężczyźni za nami. Długo czekałyśmy na pociąg. Wiedziałam o tym, bo z więzienia wyszliśmy rankiem, a w godzinach obiadowych ciągle stałyśmy na dworcu.

Kiedy przyjechał skład z Radomia, kazali nam do niego wsiąść. To nie było proste, bo wagony były wysokie, a my ciągle miałyśmy związane ręce z tyłu. Starałyśmy się pomagać sobie wzajemnie. Przewracałam się i podnosiłam, poranione kolana niektórych z kobiet krwawiły. Kiedy wreszcie części udało się wejść do środka, okazało się, że w wagonie są mężczyźni i znów trzeba było wysiadać. To było żenujące.

Ciasnota i upał towarzyszyły nam przez całą podróż do Auschwitz. Kobiety stały jedna obok drugiej, bez możliwości spoczynku. Żadna się nie odzywała. Złowrogą ciszę rozpraszał tylko stukot pędzącego po szynach pociągu. Gdzieś poza nim był spokój, była wolność. Ptaki latały po niebie, drzewa kołysały się na wietrze, a my… ku czemu zmierzałyśmy? Kto pomyślałby, że wiele z nas jechało ku śmierci?

Sabina Nawara z siostrą Leokadią u swojej mamy w Sulejowie, 1950 rok. Fot. Archiwum rodzinne

Teraz koleżanki opowiadają, że nie raz, nie dwa do Oświęcimia docierały wagony pełne uduszonych ludzi. Wcale się nie dziwię. Nasz wagon był przepełniony, mogłyśmy skończyć dokładnie tak samo. Pilnowało nas dwóch gestapowców z nabitymi karabinami. Nawet im ciężko było wytrzymać w tej duchocie, bo uchylali drzwi, aby wpuścić choć trochę świeżego powietrza. Może tylko dlatego się nie podusiłyśmy!

Miałam wrażenie, że w Częstochowie, gdzie zatrzymaliśmy się na chwilę, kolejni więźniowie wchodzili do pociągu. Nocą staliśmy długo w polu. Prawdopodobnie dlatego, że ktoś uciekł z ostatnich wagonów, gdzie przebywali mężczyźni. Słychać było strzały, ale nie wiem, czy złapali tę osobę, czy kogoś zabili.

W drodze powrotnej było jednak inaczej. Nikt nie stał nad moją głową z karabinem. Już nie bałam się, że ktoś mnie uderzy, upokorzy. Wracałam do domu.

Kiedy po kilku dniach dotarłyśmy do Rawicza, udałyśmy się do siedziby Czerwonego Krzyża. Tam dostałam zaświadczenie, że wracam z obozu. Przyjęto nas godnie, pozwolono przenocować, nakarmiono, a także poinformowano, że nazajutrz odjeżdża pociąg do Częstochowy. Rozdzieliłyśmy się z dziewczynami. W oczekiwaniu na podróż spałam na dworcu. Nikt się tym nie przejmował, w końcu wtedy było tylu uciekinierów. Wreszcie, gdy nadjechał pociąg, wsiadłam do składu do Koluszek. Był tak przepełniony, że ludzie siedzieli na dachach, stali na stopniach. Wracałam do domu na schodkach pociągu, trzymając się drzwi. Czy się bałam? Przeżyłam obóz zagłady, więc takie przygody wydawały się niczym.

Gdy ludzie powychodzili na kolejnych stacjach, zrobiło się luźniej, a ja mogłam wejść do wagonu. Do Piotrkowa dojechałam późną nocą. Kiedy wysiadłam, obowiązywała już godzina policyjna. Zostałam zatrzymana przez patrol. Naraz zbiegło się wielu ludzi, którzy wypytywali mnie o obóz, o swoich znajomych, czy ich widziałam, czy żyją. Częstowali mnie tytoniem, a ja pragnęłam czegoś do jedzenia.

Z samego rana milicjant odprowadził mnie do domu. Nie byłam pewna, czy w ogóle zastanę kogoś z rodziny. Czy ktoś tam jeszcze mieszka?

Dzban z mlekiem

Było zbyt wcześnie. Nie chciałam nikogo budzić, usiadłam więc na schodkach przed domem i czekałam. Nierealne wydawało mi się, że jeszcze kilka dni temu byłam w niemieckiej niewoli. Kilka miesięcy temu walczyłam

Sabina Nawara z synami Mietkiem (po prawej) i Irkiem w parku w Piotrkowie Trybunalskim, 1951 rok. Fot. Archiwum rodzinne

o przetrwanie w obozie zagłady bez szans na przeżycie, a dziś… siedzę na schodach swojego domu. Wolna.

Z zamyślenia wyrwała mnie kobieta, która niosła mleko. Spojrzałam na nią i spytałam, czy tu nadal mieszka rodzina Leskich. Potwierdziła. Mleko, które niosła, było właśnie dla Leskich. Ucieszyłam się ogromnie!

Kobieta zapukała, a drzwi otworzyła moja stryjenka. Nie zauważyła mnie od razu. Wzięła mleko, a później spojrzała w moją stronę. Zdołała powiedzieć tylko „Sabinka!" i razem z mlekiem huknęła na ziemię. Do drzwi przybiegł stryjek, brat ojca. Oniemiał, kiedy mnie zobaczył. Bardzo ucieszył się na mój widok.

Gdy stryjenka doszła do siebie, troskliwie się mną zajęła. Wszystkie ubrania od razu wrzuciła do pieca. Bała się, że mam wszy. A na pewno je miałam. Kazała mi się umyć, dała jeść. Byłam szczęśliwa.

„Dziadek"

Mój powrót do domu był czymś w rodzaju odrodzenia. Chciałam wymazać z pamięci ostatnie lata życia, zapomnieć o tych okropnościach, które mnie spotkały i które widziałam. Jednak kiedy zajrzy się śmierci w oczy, nie da się tak po prostu zapomnieć.

Nie umiem opisać słowami radości i ulgi, jaką poczułam, gdy wróciłam do bliskich. Mój tata był burmistrzem miasta. Pomagał wielu osobom, znajdował i przydzielał im mieszkania. Kiedy stryjek zaproponował, że pojedziemy do taty do Sulejowa, ucieszyłam się. Tęskniłam za nim. Udaliśmy się więc na dworzec, ale już na peronie stryj zauważył ojca idącego w naszą stronę. Schowałam się za wujkiem, chciałam zrobić tacie niespodziankę. Z rozmowy wynikało, że ojciec idzie do starostwa. Stryj oznajmił, że zamierzał do niego jechać, ale w takim razie zrezygnuje z podróży. Wtedy ja wyszłam zza pleców stryja. Tata pobladł i się rozpłakał. Winił się za to, że trafiłam do obozu przez jego działania konspiracyjne i że mnie w nie wciągnął. Nie postrzegałam tego w ten sposób. Byłam dumna, że mogłam zrobić coś pożytecznego dla Polski.

Owszem, w działania konspiracyjne ojciec angażował się intensywnie. Słyszałam przed aresztowaniem, jak rozmawiał z mężczyznami o konieczności pozyskania broni. Nawiązali kontakt z Londynem. To stamtąd mieli oczekiwać zrzutu niezbędnych materiałów, pistoletów i amunicji dla partyzantów. Pierwszy zrzut nie doszedł do skutku. Dopiero w marcu 1943 roku, na dworze Bratków koło Niewierszyna, wszystko odbyło się po myśli partyzantów. My, młodsi, z polecenia taty mieliśmy oczekiwać w domu na skoczków. I rzeczywiście, jeden z nich przyszedł tego dnia wcześnie rano.

– Przychodzę od Zająca – powiedział.

– Od Zbigniewa czy Zygmunta? – odparła moja siostra, uprzedzona wcześniej, jakie hasło pozwoli nam się zorientować, że to nie wróg, a przyjaciel.

– Od Zygmunta – odpowiedział mężczyzna, a my upewniłyśmy się, że to człowiek, o którym mówił ojciec. Nie przedstawił się z nazwiska. W tamtych czasach lepiej było nie wiedzieć wiele. Później dotarł drugi skoczek,

Sabina Nawara z synkiem Sławomirem u swojej mamy w Sulejowie, 1955 rok. Fot. Archiwum rodzinne

którego nazwiska również nie znam, a trzeci, którego nazywali Odrowąż, zabił się podczas zrzutu. Pochowano go gdzieś we wsi. Amunicję rozprowadzono kolejno po oddziałach partyzanckich.

To wszystko było już dla mnie wspomnieniem. Stałam umęczona, ale wolna, trzymając tatę za ręce. Poszliśmy do starostwa, by wszyscy mogli zobaczyć córkę Jana Leskiego, „Dziadka", bo taki mój ojciec miał pseudonim. Następnie wspólnie wróciliśmy do Sulejowa.

Mamę z Ravensbrück wywieziono do Szwecji na leczenie. Do domu wróciła dopiero pod koniec października 1945 roku.

Siostry także przeżyły wojnę. Ich życia potoczyły się mniej lub bardziej szczęśliwie, ale ostatecznie każda z nich wróciła do domu. Mogę powiedzieć, że wszystko skończyło się dobrze.

Pracowałam w Piotrkowie w starostwie. Szczęśliwie wyszłam za mąż i urodziłam trzech synów. Później podjęłam pracę w Przedsiębiorstwie Robót Kolejowych.

Nie żałuję

Spotkał mnie taki, a nie inny los. O niektórych rzeczach będę pamiętać do końca życia. Nie da się ich wymazać. Wracają same. Nieproszone.

Przez cały ten czas, będąc najpierw w więzieniu w Piotrkowie, potem w obozie, a także po zakończeniu wojny powtarzałam, że aby móc spojrzeć sobie w oczy, nie mogłam żyć inaczej. Nie żałuję więc, że byłam łączniczką między wojskowymi organizacjami i oddziałami partyzanckimi. Nie żałuję tych dni, kiedy przewoziłam na rowerze pliki tajnych dokumentów. Nie wiedziałam, co w nich jest, znałam tylko nazwisko albo pseudonim osoby, do której miałam je dowieźć. Najczęściej jeździłam do Niewierszyna czy Władysławowa. Wówczas papiery nosiłam w codziennej torbie, by nie zwrócić na siebie uwagi.

Zdarzyło się jednak, że żandarmeria robiła obławę między Piotrkowem a Sulejowem i złapała jadących na rowerach członków konspiracji, którzy nas znali i współpracowali z ojcem. Dwóch pierwszych wypuścili, aresztowali Antoniego Leśniaka, bo zaczął strzelać do nich z broni, którą miał przy sobie. Ojcu od razu dano znać, że Leśniak został pojmany. Baliśmy się, bo mógł nas wydać.

Siostry Leskie. Od lewej: Sabina, Teresa i Leokadia, Sulejów, około 1975 roku. Fot. Archiwum rodzinne

Już następnego dnia, 15 marca 1943 roku, Gestapo przyjechało do mojego domu. Szukali mnie i taty. Ale w domu były tylko moje siostry. Gdy znajomy poinformował mnie, że jesteśmy poszukiwani, pobiegłam szybko do tartaku, gdzie pracował ojciec. Nie zdążyłam jednak go ostrzec, bo psy gestapowców znalazły mnie pierwsze. Kryjówka za płotem mnie nie ocaliła.

– Gdzie twój ojciec? – pytali Niemcy.

– Nie wiem. Jeszcze się z nim nie widziałam. Przyszłam po pieniądze dla szewca. Idę właśnie po buty – odparłam.

Moje kłamstwa nie zdały się na nic. Aresztowali mnie i pana Józefa Kabzińskiego, pracownika tartaku, który skrył się w trocinach. Zawieźli nas do aresztu przy magistracie w Sulejowie. Kabzińskiego tak skatowali, że miał potłuczoną całą twarz. Tak bardzo spuchł, że nic nie widział.

Sabina Nawara z synami, od lewej: Sławomirem, Mieczysławem i Ireneuszem, Wigilia 2014 roku. Fot. Archiwum rodzinne

Pani Sabina w Auschwitz, w rocznicę wyzwolenia obozu, widoczny mur bloku 25, 2010 rok. Fot. Archiwum rodzinne

Sabina Nawara, 2014 rok. Fot. Archiwum rodzinne

25 marca przewieźli nas do Piotrkowa. Gestapowcy ciągle nachodzili mój dom. Znaleźli broń – wydał nas Leśniak. Ale taty nie znaleźli.

Bili mnie grubymi pasami, wieszali nogami do góry, katowali. Trwało to dziesięć dni. Nigdy dotąd nie myślałam nawet, że można tak cierpieć! Chcieli wymusić na mnie wydanie innych konspirantów. Pytali o nazwiska, organizacje. Mogłam powiedzieć o Szmidcie, Rajkowskim czy o doktorze Kwapińskim, którzy razem z ojcem działali w konspiracji. Ale nie powiedziałam im niczego. Gdyby trafiło na kogoś innego, może posypałyby się informacje. A ja byłam dzielna, dumna! I nie żałuję tego. Miałam wtedy dziewiętnaście lat. Brałam przykład z taty, szefa organizacji partyzanckiej.

Kiedy mnie aresztowano, posłużono się mamą jako przynętą. Tata jednak często zmieniał kryjówki i nie mogli go znaleźć. Mamę ostatecznie wysłali do Ravensbrück. Dzięki ostrzeżeniu pewnego Niemca siostry nie trafiły do obozu. Kto wie, jak potoczyłyby się ich losy, gdyby one również wylądowały w Auschwitz.

Nie żałuję swoich decyzji. Żal mi tylko straconych lat życia w niemieckim obozie zagłady, rozłąki z rodziną i śmierci tylu istnień ludzkich.

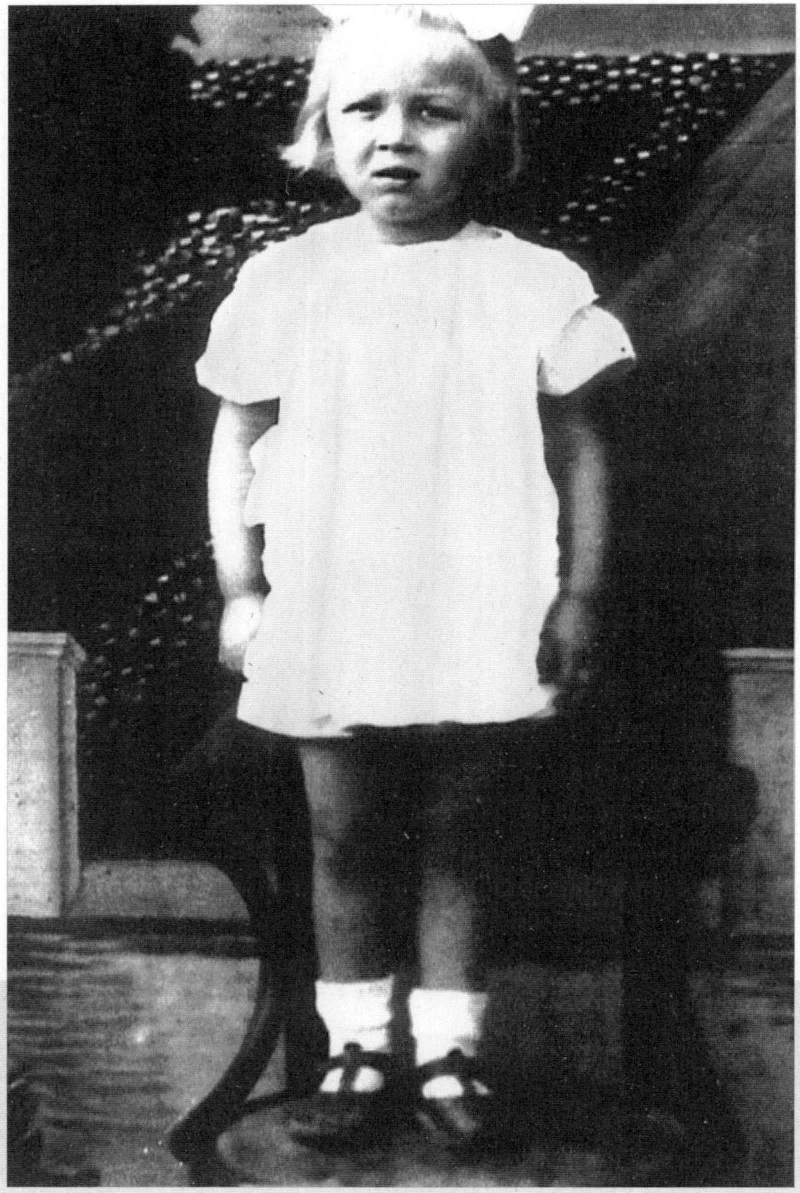

Zosia w wieku 3,5 roku, Warszawa. Fot. Archiwum rodzinne

Numer obozowy nie został nadany

ZOFIA WARELUK z domu **Chyłkiewicz**

Urodzona: 13 stycznia 1945 roku w Auschwitz

Mama nigdy nie chciała rozmawiać o Auschwitz.
Wyparła to wydarzenie z pamięci. – Nie ma o czym mówić.
Było, minęło i trzeba żyć dalej – mawiała.

ZOFIA WARELUK

Urodzona w Auschwitz

Swoją smutną historię opowiada na podstawie wspomnień matki. Przedstawia dokumenty i relacje odnalezionej po latach pielęgniarki, która pomagała przy jej porodzie. Powołuje się na raport Stanisławy Leszczyńskiej, która odbierała poród i uratowała też wiele innych dzieci urodzonych w obozie. Opowiada, jak Auschwitz wpłynęło na jej życie.

Trzynaście córek zamiast jednego syna

Apolonia Dolińska z domu Zawadzka (pielęgniarka dyplomowana), były więzień polityczny obozu koncentracyjnego KL Auschwitz-Birkenau nr 83703, zaświadczam, że w dniu 13 stycznia 1945 roku w tymże obozie więźniarka Jadwiga Chyłkiewicz urodziła dziecko. Dziewczynkę.

Fragm. oświadczenia Apolonii Dolińskiej, pielęgniarki dyplomowanej, nr obozowy 83703, Warszawa, 21.05.2007.
Z rodzinnego archiwum pani Zofii Wareluk

Apolonia Dolińska, pielęgniarka z Auschwitz, która towarzyszyła przy moim porodzie, mówiła, że ważyłam tysiąc gramów. Mama jednak utwierdzała mnie w przekonaniu, że wyglądałam na tysiąc pięćset gramów, ale wagi, na której można by było to sprawdzić, w obozie brakowało.

Mama bardzo pragnęła, abym urodziła się zdrowa. Za życie swojego dziecka oddałaby wszystko, a miała podstawy, by bać się o mój los. Jako ciężarna w obozie zagłady widziała, co Niemcy robią z dziećmi narodzonymi i ich matkami. Zabijanie było tam rzeczą naturalną. Mało tego, na noworodkach przeprowadzane były nieludzkie eksperymenty. Spoglądała w oczy

Rodzice Zofii. Ślub odbył się w kościele św. Jakuba przy pl. Narutowicza w Warszawie. Fot. Archiwum rodzinne

kobiet spodziewających się dziecka, oddzielonych od mężów. Pozostawionych na pastwę losu. Ją spotkało to samo.

Mamę, Jadwigę, w czwartym miesiącu ciąży, razem z moim tatą, Stanisławem Chyłkiewiczem, i pozostałą częścią rodziny Niemcy zniewolili 12 sierpnia 1944 roku podczas Powstania Warszawskiego. Zaprowadzili ich na Zieleniak na Ochocie, a później wagonami bydlęcymi wywieźli do Oświęcimia. Z „przystankiem" w Pruszkowie.

– Wolałbym mieć trzynaście córek zamiast jednego syna – mówił tata, uśmiechając się do mojej mamy. Sądzę, że mówił w ten sposób, bo zwyczajnie cieszył się, że spodziewają się z mamą dziecka. Płeć nie była dla niego ważna.

Jak mama zniosła rozłąkę z ojcem? Nie wiem. Nie chciała mi o tym opowiadać.

– Nie ma o czym mówić. Było, minęło i trzeba żyć dalej – mawiała. Ale w rzeczywistości ciągle o tym myślała. Ci, którzy byli w obozie, wiedzą, że nie da się zapomnieć. Nie można wymazać z pamięci okropieństw wojny, która dotknęła ludzi, rzucając niewidzialne przekleństwo na całe rodziny.

Gdy dotarliśmy do obozu, mama nie otrzymała numeru, ojcu natomiast nadali obozowy numer. Był w Oświęcimiu tylko trzy tygodnie. Później wysłali go do Natzweiler-Struthof, a stamtąd do Dachau. Po czym kontakt z nim się urwał. Zdana tylko na siebie, mama musiała dbać o nas dwie. Liczyła na to, że przeżyjemy i że po zakończeniu wojny spotkamy się z tatą. Wiedziała, że spoczywa na niej ogromna odpowiedzialność za złączenie rodziny po wojnie.

Jedno ciało

Niemcy nie oszczędzali kobiet w ciąży. Oddzielili je od więźniarek pracujących, ale każdego dnia wzywali na poranny apel niezależnie od tego, czy było ciepło, czy wiał mroźny wiatr. Kusa sukienka w pasy nie ogrzewała, nie chroniła przed zimą. Kiedy mama naciągała ją na zmarznięte ramiona, odkrywała kręgosłup. Choroba w takim miejscu mogłaby nas zabić. Byłyśmy ciągle jednym ciałem. Myślę czasami, jak niezwykła była miłość w miejscu, gdzie śmierć jest codziennością. Matczyna miłość nie zna granic. Ma siłę i wiarę w życie, o czym przekonałam się dopiero, kiedy sama urodziłam.

Jeśli tylko mama mogła, to oszczędzała się, by jak najmniej obciążać organizm. Głód był w obozie naturalnym zjawiskiem. Znikome racje żywieniowe dostawali zarówno pracujący więźniowie, jak i dzieci oraz kobiety

Babcia Zofii, Julianna Warelan.
Fot. Archiwum rodzinne

w ciąży. Zdobycie dodatkowej porcji jedzenia czy wody do picia było nie lada wyzwaniem i często stwarzało niebezpieczeństwo. Łamanie zasad obozowych mogło skończyć się karą śmierci. Mama, chcąc dbać o mnie, małą córeczkę będącą jeszcze pod jej sercem, wiele ryzykowała, starając się dotrzeć do odpowiednich osób, które mogły poratować dodatkową kromką chleba czy kubkiem mleka.

Dziś nie jest tajemnicą, że warunki sanitarne w obozie były potworne. Brak wody i ubikacji powodował wielkie problemy wśród więźniów. Wywoływał choroby zakaźne i potęgował rozprzestrzenianie się wszy. Pamiętam wspomnienie mamy o tym, jak pewnego dnia niosła gorącą wodę – udało się ją po kryjomu zorganizować, co było niemałym wyczynem! Nie dość, że woda była czysta, to jeszcze wrząca! Mama mogła się jej napić, mogła się nią rozgrzać albo obmyć. Śpieszyła się, bo zawył alarm. Bała się, że ktoś zauważy. Niestety, idąc w pośpiechu w trepach po błocie, potknęła się i rozlała wodę, parząc ciało. Rany były rozległe. Mama cierpiała. Na pomoc niespodziewanie przybyła więźniarka, która wyleczyła oparzenia tranem.

Rodzice Zofii, Warszawa.
Fot. Archiwum rodzinne

Mama wiedziała, że to wszystko, co dzieje się dookoła – brak podstawowych warunków do życia i ciągły stres – może doprowadzić do najgorszego. Jednak 13 stycznia 1945 roku na lagrze cygańskim przyszłam na świat.

Urodzone dziecko ważyło (na oko – brak wagi) około 900–1000 gram. Bardzo chude, wyniszczone, wygląd starczy. Cała skóra pomarszczona. Nie była w stanie wydobywać z siebie głosu (krzyk dziecka). Słychać było tylko kwilenie.

Fragm. oświadczenia Apolonii Dolińskiej, pielęgniarki dyplomowanej, nr obozowy 83703, Warszawa, 21.05.2007. Z rodzinnego archiwum pani Zofii Wareluk

Co czuje kobieta po urodzeniu dziecka? Kiedy troskliwie tuli do swego serca małą kruszynę, ciesząc się, że maleństwo przyszło na świat żywe. Mówi się, że nie można słowami opisać tej radości i miłości rozpierającej człowieka, że to trzeba przeżyć. A dziecko? Nie wiedząc, nie rozumiejąc, co dzieje się

Ojciec Zofii, Warszawa.
Fot. Archiwum rodzinne

wokół, szuka jedynie ciepła i bezpieczeństwa w ramionach matki. Ale to był Oświęcim. Tu w żadnym wypadku nie było ciepło ani bezpiecznie. Nawet ramiona matki wydawały się bardzo odległe od choćby zalążków spokoju i stabilizacji. W każdej chwili mógł przecież przyjść Mengele i wydać wyrok: „Tę, tę, tę też! I tamtą!".

Później maluch szuka pokarmu. Ale wygłodzone matki najczęściej nie miały go w piersiach. W obozie też nie było mleka. Czasami kobiety, które rodziły dzieci w tak nieludzkich warunkach, dostawały zakażeń i z braku leków umierały. Wtedy te, którym udało się wygrać kolejną bitwę, dokarmiały swoim lub zdobytym pokarmem osierocone noworodki. Nieczęsto było to jednak możliwe, bo nawet dla pierworodnych brakowało jedzenia.

Czy kobieta rodząca w Auschwitz może więc czuć radość z narodzin dziecka? Odpowiedź kryje się w tym samym, co poprzednio, stwierdzeniu: aby zrozumieć, co się czuje i myśli w takiej chwili, trzeba to przeżyć.

„Nie, nigdy! Nie wolno zabijać dzieci"

Mój poród odbierała Stanisława Leszczyńska[46]. Wspaniała, wielka kobieta, która sprzeciwiła się doktorowi Mengele. Gdy ten rozkazał jej uśmiercać noworodki, które nie były pochodzenia niemieckiego, wypowiedziała słynne słowa: „Nie, nigdy! Nie wolno zabijać dzieci".

Pani Stanisława skutecznie i bez większych komplikacji odebrała ponad trzy tysiące porodów. Byłam jednym z tych dzieci, które przyjęła na świat. Dziś można śmiało stwierdzić, że jej pielęgniarska i położnicza służba w obozie była cudem. Wszystko, co robiła, wykonywała z sercem i troską o dobro człowieka. A warunki pracy, jak sama wspominała, były dramatyczne. W baraku, gdzie na nieużywanym piecu odbierane były porody (tak zwana sztuba położnicza), zimą u sufitu wisiały sople lodu. Nie brakowało szczurów i robactwa[47]. Pisała o tym między innymi Apolonia Dolińska.

Warunki, w jakich rodziła, trudno dziś sobie wyobrazić. Na koi bród, brak wody, słoma, na której leżała zakrwawiona itp. Druga więźniarka, narażając swoje życie, zorganizowała trochę mleka dla matki. Bałam się, że mogą przyjść Niemcy i zabrać ją. W obozie byłam świadkiem takiego niejednego porodu. Matkę zabrano od razu do innego bloku. A dziecko zabrali.

Fragm. oświadczenia Apolonii Dolińskiej, pielęgniarki dyplomowanej, nr obozowy 83703, Warszawa, 21.05.2007. Z rodzinnego archiwum pani Zofii Wareluk

Stanisława Leszczyńska także wspomina wielkie tragedie matek oddzielonych od dzieci, którym odbierano życie, topiąc je w beczkach. Trwało to do maja 1943 roku. Za procederem stały *Schwester* Klara – położna, która trafiła do obozu za dzieciobójstwo, oraz jej siostra – ulicznica niemiecka, *Schwester* Pfani. Pamiętam, jak mama opowiadała mi później również o Romie. Niektórzy twierdzili, że ta kobieta, opiekująca się dziećmi na bloku dla

---

[46] Stanisława Leszczyńska (1896–1974) – jako więźniarka nr 41335 była położną w obozie koncentracyjnym Auschwitz-Birkenau. Funkcję tę pełniła aż do momentu wyswobodzenia obozu przez Armię Czerwoną (27 stycznia 1945 r.). Na tym stanowisku, sprzeciwiając się wyraźnym rozkazom władz obozowych, przyjęła ok. 3 tys. porodów. Swoje przeżycia z obozu opisała w pracy *Raport położnej z Oświęcimia*. Pierwsze wydanie wspomnień miało miejsce w „Przeglądzie Lekarskim" w 1965 roku. Uznana za Polską Służebnicę Bożą, wobec której rozpoczął się proces beatyfikacyjny.

[47] Por. *Raport Położnej z Oświęcimia* [w:] *Wspomnienia*, t. 10, Archiwum Państwowego Muzeum Auschwitz-Birkenau, s. 1–3.

Stanisława Leszczyńska pomogła przyjść na świat małej Zosi. Fot. Wikimedia Commons

ciężarnych i matek z noworodkami, była dobra. Mama jednak zapamiętała ją jako złą, wręcz brutalną więźniarkę, która traktowała innych z okrucieństwem i pogardą. Po wojnie zobaczyłam ją na jednym ze spotkań byłych więźniów Auschwitz[48].

Organizowanie jedzenia dla kobiet po porodzie i ich dzieci było niezwykle trudne. Jeszcze jako ciężarna mama dostawała porcję mleka rozcieńczonego wodą. Nie najadała się nim i ciągle doskwierał jej głód. W końcu umówiła się ze starszymi kobietami, że będzie oddawała im rozcieńczone mleko, które wolały pić, bo w wielu przypadkach nie miały zębów, a one w zamian dawały jej chleb. Po porodzie część chleba mama musiała wymienić na kawałek prześcieradła, z którego mogła zrobić pieluszkę.

Jako noworodek nie wiedziałam, czym jest smoczek, poduszka, na której miękko można ułożyć dziecko do snu, czy wózek. W Auschwitz liczyło się to, by przeżyć. Wszelkie dogodności, niby podstawowe rzeczy, a w obozie luksusy w ogóle nie miały znaczenia.

---

[48] Tamże, s. 1–3.

Przerażający płacz matek

Kiedy poproszono Leszczyńską o raport na temat śmiertelności matek i dzieci po porodzie, odpowiedziała, że nie zdarzył się jej ani jeden taki przypadek. *Lagerarzt*[49] nie mógł w to uwierzyć. Podziw mieszał się z nienawiścią. Przecież w obozie chodziło o to, by zabijać, nie walczyć o życie. Stanisława Leszczyńska łamała wobec tego niemieckie prawo obozowe i wszelkie zasady panujące w KL Auschwitz. Nie miała jednak żadnego wpływu na narodziny dzieci Żydówek, które nawet po maju 1943 roku nieustannie topiono, a ich malutkie zwłoki wyrzucano przed blok. Klara i Pfani pilnowały sumiennie, aby żaden żydowski noworodek nie uszedł ich uwadze. W tekstach o Stanisławie Leszczyńskiej można przeczytać, jak bardzo przerażał ją płacz matek, którym zabierano dzieci. Te, które przypominały wyglądem aryjskie, wysyłano do adopcji do Niemiec. Niektóre kobiety nie mogły się z tym pogodzić, inne znosiły to lepiej, tłumacząc sobie, że przynajmniej dzięki temu ich dzieci przeżyją. Jak przyznawała sama Leszczyńska, w niewidocznym miejscu robiła noworodkom niewielki i nierzucający się w oczy tatuaż, który w przyszłości mógł pomóc w odnalezieniu dzieci wywiezionych do adopcji.

Matka chrzestna z wody

Ponieważ w obozie był wielki ruch, szykowano nas do ewakuacji. To czym prędzej ochrzciłam to maleństwo z wody. Na drugi dzień dziecko (...) żyło. W parę minut przyszli Niemcy i wyprowadzili nas z tego bloku. Czekałyśmy już na ewakuację. 17 stycznia 1945 roku wyprowadzono nas z obozu. Dalszego losu matki i dziecka nie znałam. Po wojnie w kilkanaście lat później zostałam odszukana przez to właśnie dziecko. Była dobrze poinformowana przez swoja matkę. Przeżyła dzięki wyzwoleniu obozu.

Fragm. oświadczenia Apolonii Dolińskiej, pielęgniarki dyplomowanej, nr obozowy 83703, Warszawa, 21.05.2007. Z rodzinnego archiwum pani Zofii Wareluk.

Wojska rosyjskie miały lada dzień wyzwolić obóz. Mama wysłała do Niemiec list z nadzieją, że uda jej się skontaktować z ojcem. Napisała, że urodziła córkę Zosię. Martwiła się, bo nie miała żadnych wieści o tacie. Nie otrzymała też odpowiedzi na swoją wiadomość.

---

[49] *Lagerarzt* (niem.) – lekarz obozowy.

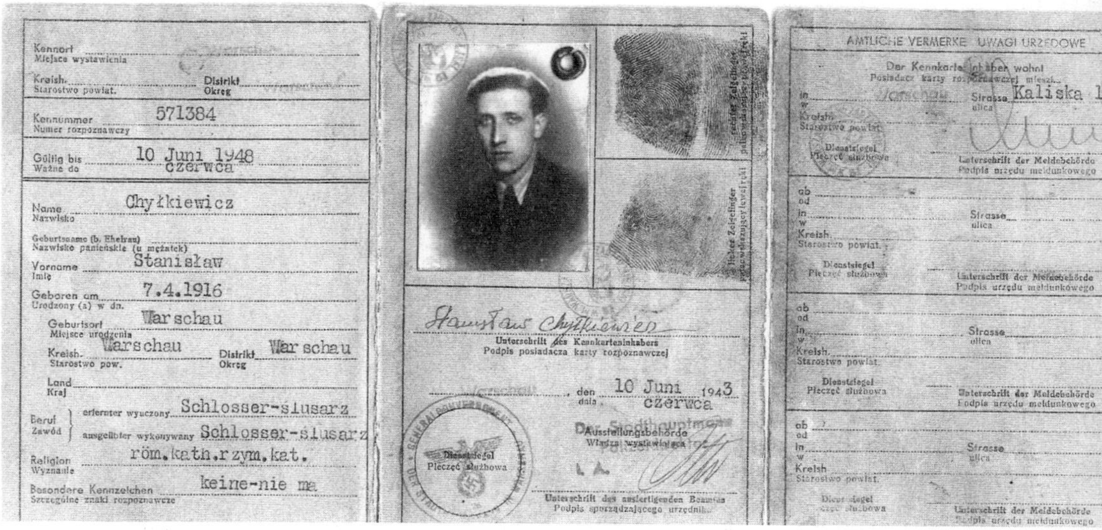

Kenkarta (dokument tożsamości wydawany obligatoryjnie przez okupacyjne władze niemieckie) ojca Zofii. Fot. Archiwum rodzinne

Przebywając jeszcze w bloku, w którym urodziła, otrzymała wsparcie od pielęgniarki Apolonii Dolińskiej. Ta, martwiąc się o moje życie – a nie wyglądałam na zdrowego noworodka – ochrzciła mnie „z wody". Stała się tym samym moją niepisaną matką chrzestną. Z wielką radością odszukałam ją po wojnie, już jako dorosła dziewczyna. Nasze losy splotły się w tak drastycznych okolicznościach, a za jej dobre serce będę czuła wdzięczność do końca życia.

Tymczasem w obozie, gdzie przybywał mój tata, jedna z grup więźniów już wracała do domu. Namawiali go, aby jechał z nimi. Ci zaś, którzy czekali na drugą turę odjazdów, planowaną na dwa dni później, prosili, aby został. Ojciec – co wiem z opowiadań jego kolegów z obozu – posłuchał tych, którzy zostali. Koledzy zorganizowali wieczorne spotkanie. Mieli dostęp do jedzenia i alkoholu. Opowiadali, że tata był radosny, śpiewał, cieszył się, że wróci do domu. Miał nadzieję, że jego żona urodziła zdrowe dziecko i że obie żyjemy. Niestety okazało się, że alkohol w części był zatruty. Tata rano się nie obudził. To bardzo przykre. Wolność była już na wyciągnięcie ręki. Wkrótce mógł być w domu i wieść normalne życie. „Trzynaście córek zamiast jednego syna" – powtarzał. Pragnął mieć dziecko, ale nie zdążył mnie zobaczyć. Cóż, widocznie los tak chciał. Muszę tak myśleć. W innym wypadku serce pęka z poczucia niesprawiedliwości. Ojciec przeżył wojnę, ale nie dotarł do domu.

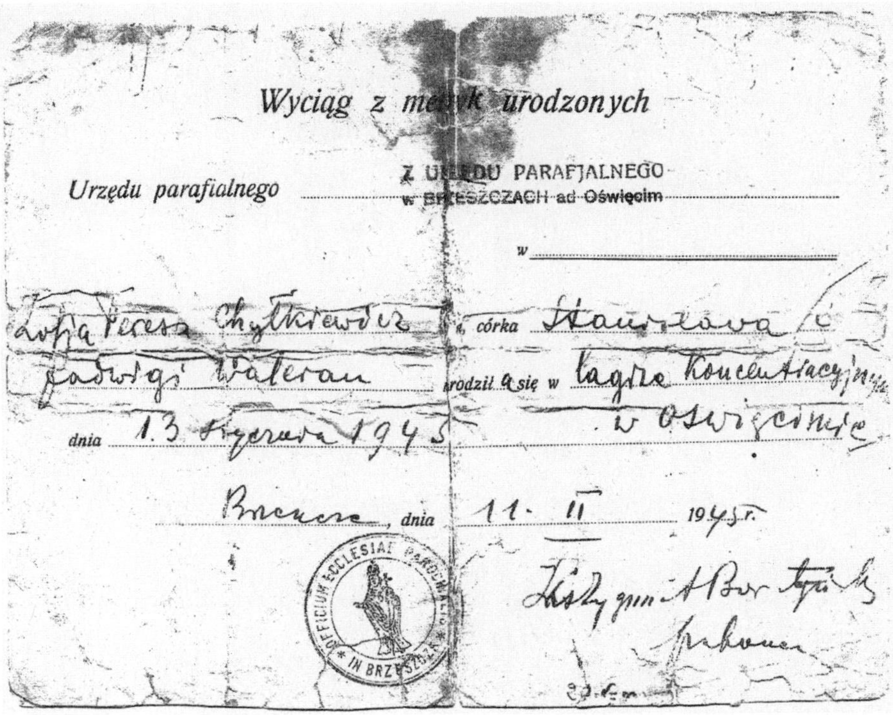

Wyciąg z me...k urodzonych

Urzędu parafialnego Z U...DU PARAFJALNEGO w B...ESZCZACH ad Oświęcim

w

Zofia Teresa Chytkiewicz, córka Stanisława i Jadwigi Waleran urodził a się w lagrze Koncentracyjnym w Oświęcimiu

dnia 13 stycznia 1945

Brzeszcze, dnia 11. II 1945 r.

OFFICIUM ECCLESIAE PAROCHIALIS IN BRZESZCZE

Wyciąg z ksiąg z kościoła parafialnego w Brzeszczach, gdzie Zofia była ochrzczona. Fot. Archiwum rodzinne

Do 27 stycznia 1945 roku, dnia wyzwolenia obozu w Oświęcimiu, mama przebywała tam jako więźniarka. Niedługo potem Polski Czerwony Krzyż skierował ją do pewnego małżeństwa w Brzeszczach, które miało się nami zaopiekować i pomóc bezpośrednio po wyjściu z obozu. Kobieta była pielęgniarką, a jej mąż lekarzem.

Mój stan zdrowia nie polepszał się. W obawie, że nie przeżyję drogi do Warszawy, 11 lutego 1945 roku mama ochrzciła mnie w kościele w Brzeszczach. Rodzicami chrzestnymi byli ludzie, u których się zatrzymałyśmy.

W niepamięci

Kiedy miałam niecałe dziewiętnaście lat, wyszłam za mąż. Podjęłam pracę w aptece, urodziłam dzieci. Spokojnie i szczęśliwie upłynęło kilkadziesiąt lat mojego życia. Dopiero kiedy moje dzieci dorosły, zainteresowałam się

Mała Zosia w wieku 2 lat, Warszawa. Fot. Archiwum rodzinne

Zosia. Fot. Archiwum rodzinne

tematem obozu w Oświęcimiu. Poznałam wiele pań, które jako małe dziewczynki lub dorosłe kobiety trafiły do Auschwitz i w ten sposób sama, po latach, wybrałam się do miejsca moich narodzin.

Nie powiem, że łatwo mi wracać myślami do wspomnień mojej mamy. Sama jednak nic z tego czasu nie pamiętam. Żyjąc bez obrazów śmierci w głowie, żyje się lżej, ale świadomość tego, co miało miejsce tuż obok, zostawia trwały ślad w sercu.

Po wojnie nasza rodzina zubożała. Do domu nie wróciły trzy bardzo bliskie mamie osoby. Trzej mężczyźni, którzy zapewne byliby bliscy także mnie. Ojciec – zmarł i jest pochowany w Monachium. Wujek – brat mamy, zginął w Dachau. Dziadek – tata mojej mamy, którego także zabrała mi wojna.

Wiesia, 1942 rok. Fot. Archiwum rodzinne

Nr obozowy: 13174

WIESŁAWA GOŁĄBEK z domu **Byczyńska**

Urodzona: 14 lutego 1926 roku w Piotrkowie Trybunalskim

Data wywózki do Auschwitz: 30 lipca 1942 roku

Obozy koncentracyjne: Auschwitz-Birkenau, Saarbrücken, Ravensbrück, Berlin-Köpenick

Pamiętam stosy trupów.

WIESŁAWA GOŁĄBEK

Auschwitz pochłonęło moją rodzinę

W obozie przebywała prawie trzy lata. Przez cyniczne żarty esesmana straciła matkę. W tym samym baraku, do którego trafiła Wiesława, znalazła się Seweryna Szmaglewska. Pisarka wspomina szesnastoletnią Wiesię w swojej książce *Dymy nad Birkenau.* Mimo wielu tragicznych sytuacji przetrwała. Była silna psychicznie.

„Po nitce do kłębka"

Tortury są niczym w porównaniu z bólem, jaki czuje człowiek po utracie kogoś bardzo bliskiego. Kiedy mamy o co walczyć i dla kogo żyć, jesteśmy w stanie znieść o wiele więcej, niż fizyczność na to pozwala. Gdy jednak dopadnie nas rozpacz i tęsknota, przegrywamy. Przekonałam się o tym na własnej skórze.

Po tym, jak gestapowcy nas pojmali, przez pierwszy tydzień siedziałam z mamą Marią i innymi kobietami w więzieniu w Piotrkowie Trybunalskim, a dwa ostatnie dni w Radomiu. W tym czasie bili mnie i torturowali. Chcieli wyciągnąć ze mnie jak najwięcej informacji na temat działalności konspiracyjnej. Sama wiele nie wiedziałam. Znałam kilka nazwisk, owszem.

Choćby moja mama. Była konspiratorką. Należała do ZWZ-AK, a w naszym mieszkaniu odbywały się tajne zebrania. Byłam z niej dumna. Znała prawdziwe priorytety i przekazywała mi je każdego dnia. Ojczyzna, rodzina – o to należy się troszczyć. Najpierw o ojczyznę, bo bez niej nie ma miejsca dla rodziny. O rodzinę, bo ta jest prawdziwie bliska każdemu z nas. Na rodzinę można liczyć. Pamiętam do dziś, jak bardzo kochali się z tatą. Byli świetnymi partnerami i małżonkami.

Nawet jeśli mama się czegoś bała, nie dawała po sobie tego poznać. Była odważna i dzielna. Jak na prawdziwą kobietę przystało. Do naszego aresztowania doszło dlatego, że naszymi sublokatorami byli w domu cichociemni[50] ze zrzutów z grupy „Michał". Brakowało nam pieniędzy, aby przeżyć. Za możliwość zatrzymania się u nas mężczyźni zawsze płacili. To bardzo nam pomagało. Mama pozwalała więc mieszkać młodym chłopakom, konspiratorom podającym się oficjalnie za studentów. Doskonale ich rozumiała. Podzielała ich ideologię i uważała, że o wolność warto walczyć.

Niestety ktoś wydał mężczyzn, którym pomagałyśmy, i tak gestapowcy dotarli do nas. Okazało się, że nasze mieszkanie było pod obserwacją już od dawna. W więzieniu w Piotrkowie Trybunalskim przeprowadzano nam badania i przesłuchiwano nas, egzekwując zeznania w różnorodny, niekiedy bolesny sposób. Byłam tak potłuczona, że nie mogłam usiąść.

Któregoś dnia gestapowcy zabrali mnie z celi, wsadzili do samochodu i wywieźli. Nie wiedziałam, dokąd jadę, nikt nie tłumaczył więźniom, co ich czeka, a oni sami nie mieli prawa zapytać. To zawsze była wielka niewiadoma.

---

[50] Cichociemni – żołnierze Polskich Sił Zbrojnych desantowani do okupowanej Polski. Ich celem było prowadzenie walki z niemieckim okupantem oraz szkolenie ruchu oporu.

– Dokąd zabraliście moją córkę? – Mama starała dowiedzieć się czegoś od jednego ze strażników w więzieniu. Widziała, jak mnie wyprowadzali. Sądzę, że wtedy naprawdę się bała. Wiedziała, że gestapowcy są zdolni do wszystkiego.

– Do domu publicznego! – Niemiec odpowiedział jej z kpiną. Matka nie mogła usłyszeć chyba nic gorszego. Podejrzewam, że śmierć dziecka, choć to niewyobrażalna strata, sprawiłaby jej mniejszy ból niż wieść, że prawdopodobnie do końca życia pozostanę w burdelu. Na łasce i niełasce paskudnych Niemców. Gdzie ich wstrętne łapy mogłyby mnie dotykać. Nie chcę myśleć, co jeszcze!

Nie dziwię się, że wtedy przestała być na chwilę dzielna. Opuściła ją siła i ogarnęła rozpacz, która czyni człowieka słabym. Byłam jej ukochaną córeczką. Jedynaczką.

Mała Wiesia z mamą, 1937 rok. Fot. Archiwum rodzinne

Seweryna Szmaglewska. Fot. Wikimedia Commons

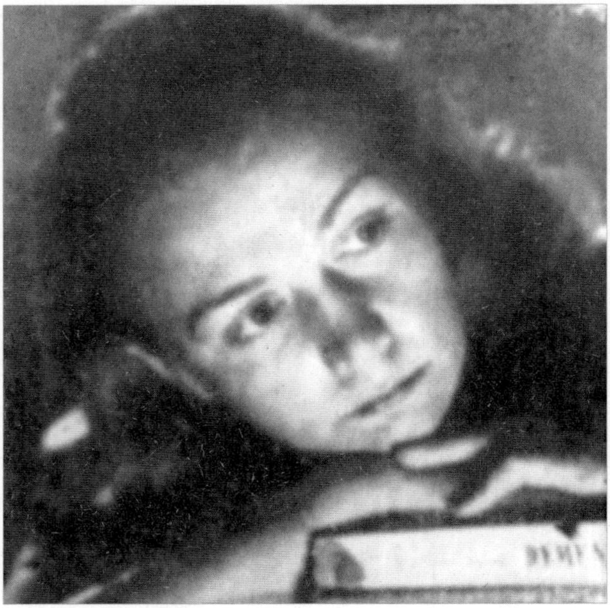

Tego dnia wywieźli mnie na badania, a zaraz po nich odtransportowali mnie z powrotem do celi. Wtedy się dowiedziałam, że moja mamusia już nie żyje. Powiedzieli mi, że zmarła na zawał serca. Dopiero jakiś czas później, w obozie, Seweryna Szmaglewska[51], którą znałam z więzienia, opowiedziała mi okrutną prawdę.

Usłyszawszy, że wywieźli mnie do domu publicznego, mama powiesiła się w celi na biustonoszu. Zmarła 27 lipca 1942 roku.

Za duże pieniądze rodzina wykupiła ciało mamy, aby móc ją godnie pochować. Naprzeciwko więzienia znajdował się kościół Dominikanów. Tam odbyła się msza pogrzebowa.

– Wiesiu, chcesz zobaczyć pogrzeb mamy? – Spytała mnie pewnego dnia strażniczka w więzieniu i zaprowadziła do okienka na poddaszu, z którego mogłam obserwować, jak wprowadzają trumnę do środka. Stałam całą mszę w ciszy. Nie zdążyłam się z mamą nawet pożegnać. Tak nagle zostałyśmy rozdzielone i pozbawione możliwości normalnego życia.

Wspominałam radosne chwile, które wspólnie spędziłyśmy. A było ich wiele, bo mamusia nie pracowała zawodowo. Zajmowała się domem i wy-

---

[51] Seweryna Szmaglewska (1916–1992) – polska pisarka, prozaiczka i autorka literatury dziecięcej. Napisała m.in. autobiograficzną książkę *Dymy nad Birkenau*, w której opowiedziała o swoich przeżyciach w obozie Auschwitz-Birkenau.

Mirosław Byczyński, ojciec Wiesławy. Fot. Archiwum rodzinne

chowywała mnie. Tata, kapitan Mirosław Byczyński, był wojskowym. Okupację przeżył w oflagu VII A w Murnau[52]. Miałam dobre dzieciństwo.

Czułam złość na myśl o 20 lipca 1942 roku. To była niedziela. Wtedy wszystko się zaczęło.

O pierwszej w nocy ktoś zaczął walić do drzwi. Nagły hałas mnie wystraszył. Spałam z mamą na jednym łóżku. Akurat nocowała u nas siostra mamy, ciocia Jadwiga Kluge. Była nauczycielką muzyki. Lubiłam ją. Spała w pokoju obok. W poniedziałek miała wracać do babci do Łowicza.

– Mamo, otwórz, bo ktoś wali do drzwi – powiedziałam zaspana.

– To pewnie Gestapo – wyszeptała mama. Była czujna i w skupieniu nasłuchiwała, co wydarzy się dalej.

„A gdzie tam Gestapo" – pomyślałam. „Do nas? Po co?"

Zmęczenie wzięło górę i zaczęłam powoli zasypiać. A może to był tylko sen? Jako młoda dziewczyna naiwnie sądziłam, że to niemożliwe, aby Niemcy przyszli akurat po nas. Od sąsiadów słyszało się, że gestapowcy

[52] Oflag VII A Murnau – niemiecki obóz jeniecki dla oficerów polskich podczas II wojny światowej, usytuowany w Bawarii w mieście Murnau am Staffelsee.

niespodziewanie napadali na domy Polaków i całymi rodzinami wywozili ich do więzienia lub do obozów pracy. Nie chciało mi się wtedy wierzyć, że nas spotyka to samo.

Niestety. Gdy ponownie zostałam wyrwana ze snu, wokół mnie stało kilku mężczyzn ubranych w mundury SS. Dziesięciu żandarmów i jeden oficer, który doskonale mówił po polsku. Rozkazał naszej trójce wziąć najpotrzebniejsze rzeczy. Musiałyśmy ubierać się w ich obecności. Nie wyszli, aby uszanować naszą prywatność. Wręcz przeciwnie – patrzyli i się śmiali.

Zabrali nas ze sobą do kasyna oficerskiego w Piotrkowie Trybunalskim. Przed wojną mieścił się tam klub oficerski, w 1942 roku został zamieniony na siedzibę Gestapo. Siedziałyśmy w piwnicy przez całe popołudnie. W środku panował mrok. Wątła smuga światła wkradała się do środka przez niewielkie okienko. „Co z nami będzie?" – rozmyślałam. Mama zachowywała kamienną twarz, ale doskonale wiedziałam, jak jest przejęta. Trzymała rękę na pulsie.

Pamiętam, jak młodzi niemieccy chłopcy, dzieci mające od trzech do pięciu lat, rzucali w okno piwnicy kamieniami i krzyczeli „*Polnische Schweine!*". Bałam się.

Później zostałyśmy przewiezione do więzienia w Piotrkowie Trybunalskim, gdzie miały miejsce pierwsze tragiczne wydarzenia w moim życiu.

Miejsce, które omijają nawet ptaki

Do obozu trafiłam w jednym z pierwszych transportów. Jechałam w wagonie bydlęcym, gdzie panował straszny zaduch i było ciasno. Ludzi rozpoczęto wywozić w kwietniu, a ja trafiłam do Auschwitz 30 lipca 1942 roku. Miałam szesnaście lat.

Gdy wyszłam z pociągu, od razu zobaczyłam dymiące krematoria i poczułam straszny smród palonych ciał. Dookoła pustkowie, ani żywej duszy, żadnej rośliny czy drzewa. Spojrzałam w niebo. Nawet ptaki omijały to miejsce. W oczy rzucały się tylko dymiące kominy i stosy trupów poukładanych jeden na drugim. Wychudzone ciała powyginane były we wszystkie strony, jakby ktoś po prostu nimi rzucał. Wyglądali jak stosy gałęzi…

Zamarłam. Nie mogłam uwierzyć, że tak brutalne sceny odbywają się na oczach ludzi. Każdy z nas jest przecież świadkiem. Kto na to pozwala? Nie mogłam zrozumieć. Wtedy jeszcze raz spojrzałam na trupy leżące na tyle blisko, że dostrzegałam ich otwarte, nieruchome oczy. Zrozumiałam, gdzie kończą naoczni świadkowie. Szybko musiałam się otrząsnąć. Tego wymagała ode mnie sytuacja.

Okupanci bili nowo przybyłych kolbami, przeklinali i pluli na nas. Wiedziałam już, do czego są zdolni. W Piotrkowie Trybunalskim obserwowałam wiele egzekucji. Widziałam, jak rozstrzeliwano niewinnych cywili. W więzieniu słyszeliśmy oczywiście, że okupant może wywieźć nas do obozu pracy. Nikt jednak nie spodziewał się, że nie będzie to obóz pracy, lecz zagłady. A jedynym jego celem będzie unicestwienie podludzi, za których nas uważano.

Od razu zorientowałam się, gdzie jesteśmy. Auschwitz-Birkenau. Skierowano nas do obozu kobiecego, do którego w późniejszym etapie jego rozbudowy i przenoszenia więźniów umieszczano również Cyganów.

Początkowo wysadzono nas w obozie męskim Auschwitz, gdzie przekroczyłam bramę, nad którą widniał napis „*Arbeit macht frei*". Ironia losu. Ten napis to największe kłamstwo i hipokryzja, z jakimi się spotkałam. Tam spędziłyśmy dwie noce.

Potem kobiety zaprowadzone zostały do budynku z czerwonej cegły. Milcząc, schodziłyśmy w dół obdrapanymi schodami. Jedna o drugą potykałyśmy się w przerażeniu, które od momentu przyjazdu nas nie opuszczało.

Palenie zwłok ofiar masowej zagłady. Fotografia wykonana przez członka Sonderkommando, 1944 rok. Fot. Archiwum Państwowego Muzeum Auschwitz-Birkenau

Na dole naszym oczom ukazał się ogromny basen. Woda w nim wydawała się być gęsta od brudu. Przypominała rosół. Pływały w niej wstrętne, zużyte bandaże. Krążący dookoła żołnierze z karabinami zmuszali nas, abyśmy nagie weszły do „kąpieli". Nie było możliwości odmówić.

Kolejnym krokiem było sfotografowanie nas i wysłanie do sauny, która znajdowała się po drugiej stronie obozu. Musiałyśmy nagie przejść główną ulicę męskiej części. Mężczyźni jednak zachowali się porządnie, odwracali głowy. Byli w końcu w tym samym miejscu, co i my.

Następnie samochodami zostałyśmy przewiezione do Birkenau. Brzezinka, oddalona o pięć kilometrów od macierzystego Auschwitz, była dopiero w budowie. Stały tam stajnie, a w nich bardzo prowizorycznie urządzone baraki. W miejscu, gdzie wcześniej przebywały konie, wstawiono przegródki i zbudowano koje. Najgorsze były oczywiście te na samym dole, gdzie nieproszonymi gośćmi były szczury, tak duże jak koty.

Birkenau było jeszcze wtedy ogromnym polem pokrytym bagnem. Dopiero podczas mojego pobytu wybudowane zostały drogi i ścieżki łączące ze sobą baraki. Budowałam je własnymi rękami.

Nie było dopływu wody ani kanalizacji, dlatego też odpady i fekalia zalegały dookoła baraków i w rowach do samego końca istnienia obozu. To dziwne i smutne miejsce okalał drut kolczasty podpięty do prądu.

Ludzie numerki

W Brzezince znalazła się również Seweryna Szmaglewska, którą spotkałam w więzieniu. Była jedyną więźniarką, której nazwisko znałam. Tu nikt nie przedstawiał się imionami czy nazwiskami. Każdy był numerem, niczym więcej. Pobyt w obozie był tak okropny, a warunki do życia tak nieludzkie, że brakuje słów, by to opisać, opowiedzieć.

Apele o czwartej nad ranem, na których musieli się stawić wszyscy bez wyjątku. Wszyscy żyjący. Zdarzało się, że w nocy z wycieńczenia kobiety umierały. Wtedy na porannym apelu należało odnaleźć ich ciała – numery musiały się zgadzać.

Po lichym śniadaniu wychodziłam do pracy poza obóz. Była to robota przy ziemniakach, zbożu, sianie. Trwała do dziewiątej, czasami dziesiątej wieczorem. W południe przywozili dla robotników ohydną zupę, której nie dało się zjeść, ale trzeba było nią zapełnić żołądek, jeśli chciało się przeżyć. Zamiast kawy czy herbaty piłyśmy wstrętne ziółka, palące jak piołun. Lali nam płyn do misek, tych samych, do których załatwiałyśmy swoje potrzeby fizjologiczne. Wielokrotnie więźniarki nie miały swoich misek. Ktoś im ukradł albo one zgubiły je, wracając w ulewę do baraku. Nie raz, nie dwa przewróciły się w błocie i może właśnie tam, podnosząc się w pośpiechu, zostawiły swoje naczynia. Później inna kobieta z radością odnalazła je w bagnie i po wypłukaniu w większej kałuży wykorzystała do własnych potrzeb.

Na kolację dostawałyśmy pajdę chleba i kawałek margaryny o wstrętnym smaku i zapachu. Czasami jakieś powidła, raz w tygodniu plasterek końskiej kiełbasy. Jeśli to wszystko zjadło się wieczorem, rano nie było już nic na śniadanie. Każdy dzień wyglądał tak samo. Umęczona wracałam do baraku i bez wody, bez kąpieli kładłam się spać. W jedzeniu było coś, co wstrzymywało kobietom miesiączkę. Byłam w obozie trzy lata i przez cały ten czas nie miałam okresu.

W 1943 roku wolno było przyjmować paczki od rodziny. Miałam to szczęście, że docierały do mnie pakunki od ojca. Można było je pobrać w paczkarni, jednak nie wolno było ich ze sobą nosić w obozie. Co mogłam zrobić z dodatkową porcją żywności, którą chciałam zachować na czarną godzinę? Chowałam kromkę chleba czy kawałek wędliny w lichej bieliźnie i gdy doskwierał głód, szczególnie zimą, przy pracy na zewnątrz, posilałam się. Dawkowałam te dodatkowe porcje bardzo rozsądnie, aby starczyło na jak najdłużej. Do kolejnej paczki. Muszę tu jednak zaznaczyć, że przesyłki, które do nas docierały, były przetrzebione przez Niemców. Dostawałyśmy najczęściej suchy chleb oraz ser, ze starości twardy jak kamień. To, co najlepsze, zabierali oprawcy. Czasami w pakunku znalazłam słoik tłuszczu, w którym można było zamoczyć kawałek chleba. W trakcie mojego pobytu w obozie dostałam trzy, może cztery paczki od ojca.

Zdjęcie Wiesławy wykonane w obozie, nadano jej numer 13174. Fot. Archiwum rodzinne

Zimą pracowało się bezproduktywnie. Aby tylko coś robić. Przerzucałyśmy więc śnieg łopatami z jednej strony na drugą, kopałyśmy rowy. Wczesną wiosną, gdy chłód jeszcze był uciążliwy, przenosiłyśmy ziemię zaraz przy torach.

Znaczna część więźniów, którzy przybyli do obozu, umierała w niedalekiej przyszłości. Moja ciocia Jadwiga od razu w pierwszym dniu trafiła na rewir. Nie wiemy, dlaczego ją zabrali. Mogę tylko podejrzewać, że uznano ją za niezdolną do pracy podczas selekcji. Dostała zastrzyk z fenolu w serce. Uśmiercili ją bez skrupułów. Miała czterdzieści lat, była panną i do obozu trafiła przypadkowo, bo akurat tego dnia, gdy nas zatrzymali, nocowała u nas. Otrzymała numer 13191. Kto by wtedy pomyślał, że nigdy nie wróci do domu?

Walka o swoją pozycję

Mnie również zdarzyło się trafić do rewiru. Aż dwa razy poważnie zachorowałam. Raz na tyfus w 1943 roku, podczas epidemii, później na malarię. W szpitalu obozowym warunki pozostawiały wiele do życzenia. Panował ogólny bałagan, brud, wszy, brakowało leków i nikt nie troszczył się o człowieka. Pamiętam, że jedna z kobiet przyniosła mi nowy, ażurowy sweterek na rewir, był naprawdę śliczny. Mogłam go założyć, aby było mi cieplej, albo wymienić na inny towar. Po godzinie musiałam się go jednak pozbyć, bo w każdej dziurce lęgła się wesz! Były ich setki. To było niewyobrażalne, nie do opisania. Wszystko aż ruszało się od wielkiej ilości wszy wokół nas. Potraficie sobie to wyobrazić?

Chorzy dostawali równie mało jedzenia i wody, co zdrowi. Doskwierała im gorączka, chciało się pić, więc niektóre z kobiet, gdy przychodziła zima, lizały oblodzone okna, aby zwilżyć usta. Chorzy nie mieli zapewnionej żadnej należytej opieki. Czasami te zdrowsze więźniarki pomagały słabszym. Przebywanie na rewirze niosło ze sobą dodatkowy niepokój – był nim blok 25, do którego esesmani mogli skierować, a z którego nie było już wyjścia. Stamtąd droga wiodła tylko w jedną stronę.

Kiedy pewnego razu przebywałam na rewirze, uratowała mnie lekarka z Polski. Cierpiałam na świerzb, rany pokrywały moje ręce i nogi. Prawie całe ciało było jedną raną. Nie mieli na to żadnego konkretnego lekarstwa. Tamtego dnia do pomieszczania, w którym leżałyśmy, przyszedł lekarz obozowy i kazał chorym kobietom zejść z łóżek. Selekcja. Chociaż leżałam na najwyższej kondygnacji, udało mi się tego dokonać. A mówię „dokonać", gdyż dla tak obolałej i chorej był to nie lada wyczyn. Stanęłam obok pryczy.

Miałam wówczas na sobie długą koszulę nocną, która przysłoniła moje rany. Gdyby lekarz je zobaczył, od razu skierowałby mnie do krematorium. Kiedy jednak zwrócił na mnie uwagę i zaczął mi się przyglądać, doktor Kościuszko, znana lekarka z Polski, oznajmiła, że jutro idę już do pracy. Że jestem zdrowa. Wtedy machnął ręką i dał mi spokój. Nie wiem, co zamierzał, ale nie bez powodu zainteresował się mną.

– Idź, w takim stanie, w jakim jesteś, idź, dziecko – powiedziała pospiesznie doktor Kościuszko, wciskając mi w dłoń maść, która miała ukoić świąd. W ten sposób mnie ocaliła.

Kiedy więzień wychodził z rewiru, musiał wrócić na blok lub do komanda roboczego i znów walczyć o pozycję. Tak, pomiędzy więźniami także trzeba było walczyć o swoje. Pilnować misek, bo je kradziono, pilnować jedzenia i miejsca na koi. Kiedy wracało się ze szpitala obozowego, często stare miejsce na pryczy było już zajęte, zwłaszcza jeśli nie mieściło się na najniższej koi. I mnie to spotkało, gdy przebywałam w szpitalu.

Wesz to twoja śmierć

Pamiętam dzień, w którym blokowe zebrały nas na wielkie odwszenie. Tego dnia było bardzo mroźnie i wietrznie. Był 6 grudnia 1942 roku. Człowiek niepotrzebnie dał się ponieść jakimś wspomnieniom z domu. Dobre wspomnienia tutaj? Wprowadzały tylko w większą rozpacz. Nie dawały nadziei. Miałam czasami wrażenie, że nie mogę myśleć o domu, o rodzicach. Świadomość, że nie wyjdę stąd prawdopodobnie nigdy, skończę jak te martwe kobiety pod barakiem, pozwoliła mi wypracować w sobie znieczulicę – wobec samej siebie. Po co myśleć o świętym Mikołaju? To nie ma sensu. Jednak wspomnienia, obrazy z pamięci wdzierały się wbrew mojej woli. Jak ten.

Mikołajki w kasynie oficerskim, gdzie dla rodzin oficerów organizowano spotkania. Święty ubrany w czerwoną szatę trzymał w ręce laskę. W drugiej worek z prezentami i słodyczami. A my, jak to dzieci, cieszyłyśmy się, bawiłyśmy się. Życie było takie beztroskie. W domu też czekały niespodzianki. Paczki z prezentami zazwyczaj przepełnione były słodkościami, lalkami i książkami. Pamiętam jak dziś książkę *Trzy Miki z Ameryki* oraz *Bajdy ciotki Adelajdy*. To były takie radosne chwile!

W obozie nie mogłam się rozczulać. Jednakże „mikołajkowa" perspektywa odwszenia była swego rodzaju prezentem od losu. Ulga, jaką poczuję po dezynfekcji, nie będzie trwała długo. Warto jednak przemęczyć się

Pracownice magazynu Kanada odpowiedzialne za segregowanie rzeczy po zamordowanych Żydach. Fot. Album Lili Jacob, nr neg. 24457–192=209

w kolejce, przez kilka dni w ziąbie dla kilku chwil wytchnienia od świądu i nieustającego gryzienia insektów.

Dlaczego procedura odwszenia sama w sobie była męką? Już tłumaczę. Najpierw ustawiają nas piątkami przed barakiem kąpielowym w obozie męskim. Ma to miejsce z samego rana. Na ten dzień zaplanowano, że wszystkie kobiety z jednego baraku zostaną odwszone. Jesteśmy ubrane tylko w pasiaki i kaftany. Marzniemy. Czekamy godzinami. Część kobiet jest już w środku, kolejne grupy, w tym moja, mają dopiero wejść. Jest tak zimno, że wszystko mi jedno, co czeka mnie w baraku. Po tak długim czasie stania na mrozie chyba wszyscy pragną po prostu już być wewnątrz. Gdy pierwsza grupa kobiet wychodzi, widzę je z oddali. Stoją skulone, widać, że jest im zimniej niż nam teraz. Wyjście przed barak w środku zimy, zaraz po kąpieli, w wielu przypadkach kończyło się zapaleniem płuc. Ta z kobiet, która była silniejsza, przetrwała odwszenie. Słabsze niestety umierały.

Nieważne, że i ja zaraz będę znów marznąć. Przede mną kilka chwil w cieple.

Wchodzimy więc do sauny, którą jest wilgotny od pary korytarz. Na betonowej podłodze rozciągają się rowki ściekowe. Po drodze napotykamy auzjerki i więźniów, którzy pomagają przy dezynfekcji. Oddajemy im nasze ciuchy, a esesmani patrzą nam na ręce. Czy aby nic tam nie skrywamy? Kawałek książki, jakieś zdjęcie czy może krzyżyk. Jeśli coś wypatrzą, od razu wydzierają z rąk właściciela i z uśmiechem na gębach wrzucają do ścieków.

Pamiętam, że kiedyś w prezencie od Żydówki otrzymałam kawałek chleba. Żydówki często pracowały w Kanadzie, gdzie można było znaleźć wszystko – od jedzenia i butów po ciuchy i zabawki. W chlebie znalazłam piękny pierścionek ze złota z brylantem. Ludzie, nie wiedząc, co ich czeka, chowali swoje cenne rzeczy, gdzie się dało. Nie wiedzieli wtedy, że one tu nie mają żadnej wartości. W Auschwitz nie można kupić życia. A biżuteria i tak nie wróci do właścicieli. Zostanie zagrabiona, wysłana do Niemiec.

Pierścionek oddałam blokowej. Wolałam nie ryzykować. Wszystko i tak należało do Niemców. Nic nie było nasze. Jeśli chcieliby, to i tak odebraliby mi zdobycz siłą, a ja przypłaciłabym to życiem.

W barakach po dezynfekcji te, które ukryły swoje „skarby" z trudem zdobyte w obozie lub przywiezione z domu, a jeszcze niezwęszone przez kapo, nie znajdą już nic. Gdy my stoimy przed barakiem kąpielowym, zatrudnieni do tej pracy więźniowie z czarnymi winklami[53] na zlecenie SS skrzętnie przeszukują koje, koce i sienniki. W każdej szczelinie doszukują się potencjalnej kryjówki. I wiele znajdują. Przed barakiem później nie jedna, nie dwie koleżanki dostrzegły swoje pamiątki rodzinne, dodatkową odzież, w którą ubierały się na noc. Nie mogły po nie wrócić. Szczęście miały tylko te, które znalazły wcześniej ruchomą cegłówkę lub deseczkę. Nierzucające się w oczy miejsce, w którym ukryły i ocaliły swoje rzeczy.

W saunie pracownicy kazali nam się rozebrać, a mężczyźni, Polacy, golili nasze głowy i wzgórki łonowe. Zachowywali się bardzo godnie, nie podnosili nawet wzroku, gdy to robili, nie zaśmiali się.

Następnie zostałyśmy wprowadzone do „łaźni", gdzie z rozżarzonych kamieni buchał gorąc. Skrajny upał, który chwilami uniemożliwiał swobodne oddychanie. Pracownicy wylewali na beton wodę i do góry unosiła się para. Towarzyszył temu szum i gwar. Mimo wszystko cieszyłam się tą chwilą. Było mi ciepło.

---

[53] Winkiel, z niem. *Winkel* – kąt, także trójkąt. W polskiej gwarze obozowej trójkąt malowany farbą lub naszywany na odzieży więźnia, na wysokości piersi, który swą barwą klasyfikował go do odpowiedniej grupy osadzonych.

Stamtąd trafiłyśmy pod zimny prysznic. Woda była tak lodowata, że po cieple z łaźni zostało tylko wspomnienie. Przeszywający ból przerzynał całe ciało. Każda z nas zdawała sobie jednak sprawę, że bardzo długo nie będziemy miały okazji znów się wykąpać. Stałyśmy więc pod strumieniem wody, aby zmyć z siebie resztki wszy i brudu. Następnie mężczyźni dezynfekowali ogolone miejsca śmierdzącą mazią.

Dostałyśmy jeden ręcznik, którym pewnie wycierały się wszystkie kobiety wychodzące wcześniej spod prysznica. Cały był brudny i cuchnący. Wolałam go nie używać. Ubrania nałożyłam na mokre ciało.

Zaraz potem zostałyśmy wypędzone na dwór. Za nami czekała już kolejna grupa. Nastał jednak wieczór i nie wszystkie kobiety zdążyły tego dnia przejść odwszenie. Ich stanie na ziąbie na nic się zdało.

Esesmani twierdzili, że odzież, którą otrzymałyśmy, również jest odwszona. Zakładałyśmy ją na siebie i rozpoczynałyśmy kilkugodzinną „zabawę" w wyciąganie zagazowanych insektów z pasiaków. Wszy ukryte pod szwami i w każdym zagięciu materiału, choć oszołomione, były ciągle żywe. Jeśli poczułyby ciepło, od razu ocknęłyby się i od nowa zaczęłyby wgryzać się w wychudzone ciała. Dlatego właśnie wielkie odwszenie było błogosławieństwem i przekleństwem jednocześnie. Kilka chwil ciepła poprzedzało i kończyło wyziębienie, a samo odwszenie wystarczało na dwa, może trzy dni, po czym insekty znów lęgły się w brudzie baraków i naszych ciał.

Gdy po pracy wracałyśmy do obozowych „mieszkań", czekało nas zawsze jeszcze jedno zadanie. Mimo nocy i zmęczenia wyciągałyśmy i zabijałyśmy wszy z koców. Choć szorstkie i brudne, w jakimś stopniu chroniły przed mrozem. Gdybyśmy okryły się nimi bez oczyszczenia z insektów, rano byłybyśmy pogryzione.

Odwszenie kobiecego obozu miało trwać jeden dzień, a trwało prawie do Wigilii. Wszy rzeczywiście było mniej. Jednak więcej kobiet umierało. Były nękane czerwonką i innymi chorobami, a dobijało je zapalenie płuc i przeziębienia, które łapały po wyjściu z sauny.

Niemożliwe, a jednak

Z tego miejsca nie dało się uciec. Tak mówili wszyscy dookoła. Człowiek, przyglądając się rygorowi, mnogości zakazów i nakazów kierowanych w stronę więźniów, utwierdzał się w przekonaniu, że ucieczka z obozu graniczy z cudem. Skłamałabym jednak, gdybym nie przyznała, że podczas mojego pobytu w Oświęcimiu miały miejsce udane ucieczki. Pamiętam tę pierwszą szczęśliwą kobietę, której esesmani nie zdołali znaleźć. Nazywała się Maria Bieda.

Cały lager aż huczał od okrzyków:

– *Block sieben! Block sieben!* – krzyczeli kapo i więźniowie. Wszyscy już wiedzieli, że stało się coś ważnego. Bez powodu nikt nie wzywałby w trakcie dnia bloku na liczenie.

Blokowe przy pomocy kapo ustawiły nas piątkami. Nie minęło dużo czasu, a znów wywołano nas na liczenie. I kolejny raz. Zziębnięte modliłyśmy się, aby wreszcie cała sytuacja się wyjaśniła. Utkwił mi w głowie dźwięk gwizdka oznajmiającego koniec dodatkowych apeli. Zbliżała się północ, o czwartej trzeba było wstać na poranny apel i pójść do pracy, a liczenie więźniów wciąż trwało. Wreszcie nakazano nam ustawić się alfabetycznie i odczytywano kolejno nazwiska więźniarek. Wtedy dopiero się okazało, że brakuje jednej kobiety.

– *Wo ist Maria Bieda*? – krzyczał męski głos. To pytanie padło wiele razy, ale nikt nie odważył się udzielić odpowiedzi. Wszystko stało się jasne.

Hala pieców krematorium II na krótko przed zakończeniem budowy w czerwcu 1943 roku. Fotografia wykonana przez esesmana. Fot. Archiwum Państwowego Muzeum Auschwitz-Birkenau

Maria uciekła i już nie słyszy tych potwornych wrzasków. Za kilka dni może dotrze do domu, może nawet ktoś tam na nią czeka. Przestanie się bać.

Za karę wszystkie kobiety z baraku, w którym przebywała uciekinierka, stały przez długą chwilę na zimnie dla przyswojenia informacji, że kolejne próby ucieczki będą mocno tępione. Ta sytuacja ukazała esesmanom, a także więźniom, jaki nieład panował w obozowych dokumentach ewidencyjnych. Po Marii Biedzie udało się uciec jeszcze kilku kolejnym osobom. Niektóre z nich niestety wróciły do obozu, schwytane, martwe. Po paru takich sytuacjach zaczęto tatuować numery na ciele, co Niemcom ułatwiało ewidencjonowanie i kontrolowanie więźniów.

Mam jeszcze jedno wspomnienie dotyczące próby ucieczki z obozu. Ta historia kończy się jednak szybciej, niż się zaczyna. Któregoś dnia razem z Seweryną Szmaglewską kopałam rowy poza obozem. Kiedy nastała przerwa, obierałyśmy się z wszy, które gryzły całe ciało. Nagle naszą uwagę przykuły krzyki esesmana.

Pewna młoda dziewczyna nieopatrznie pochwaliła się innej więźniarce, że chce uciekać z obozu. Tamta musiała donieść Niemcowi, który tego dnia nas pilnował. Kazał iść niedoszłej uciekinierce wzdłuż torów kolejowych, którymi pociągi jechały do Katowic. Zakpił z niej, jakby chciał powiedzieć: „idź, daję ci wolność". Szła odwrócona do niego plecami. Niemiec strzelał,

Widok krematorium III w Birkenau od strony południowej. Zdjęcie z albumu SS. Fot. Archiwum Państwowego Muzeum Auschwitz-Birkenau

ale zawsze obok niej, nie raniąc i nie zabijając. Raz z jednej strony, innym razem z drugiej, bliżej nogi. A ona za każdym razem, gdy padał strzał, kurczyła ramiona i drżała z przerażenia. Wreszcie więźniarka zmierzająca ku „wolności" potknęła się i przewróciła. Wtedy esesman już nie chybił. Strzelił prosto w głowę. Pozostałe więźniarki postanowiły odnaleźć donosicielkę. Była wśród nas taka, która perfekcyjnie znała język niemiecki i stroniła od wszystkich. Uznałyśmy, że to wtyczka, która ma za zadanie donosić na nas władzom. W baraku zrobiłyśmy jej „kocówkę". Narzuciłyśmy na nią koc i uderzałyśmy, gdzie popadło, ile sił. Mimo to nie chciała się przyznać. Byłyśmy jednak pewne, że to ona.

Cierpliwy Kwaśny

Gdy wychodziłyśmy na *Aussen*, towarzyszyła nam muzyka. Piękne dźwięki wydobywały się z instrumentów orkiestry obozowej przy bramie. Muzycy byli utalentowani. W święta grali nawet kolędy.

Moją pierwszą pracą w obozie była robota przy żniwach. Szefem komanda był Sauer, to znaczy kwaśny. Rozkazał mi wiązać snopki. Nigdy wcześniej tego nie robiłam i wychodziło mi to bardzo nieudolnie. Można wręcz powiedzieć, że robiłam to źle. Sauer miał w zwyczaju bić więźniarki drewnianymi pałkami. Mnie jednak cierpliwie, może dziesięć, może więcej razy, tłumaczył, jak pracować, choć kompletnie tego nie pojmowałam. Nie uderzył mnie. Byłam zdziwiona, bo z innymi więźniarkami rozprawiał się okrutnie.

Inny esesman, Kalesan, przyjeżdżał w pole na koniu na kontrolę. Kiedy był zły, rzucał kijem, gdzie popadło, i nie zwracał uwagi, czy ktoś oberwie w plecy, czy w głowę. Gdy tylko zauważałyśmy, że się zbliża, uciekałyśmy jak najdalej, aby nie dostać tym przeklętym kijem! Potrafił uśmiechać się od ucha do ucha i bić z całych sił. Był sadystą!

Mnie też raz się oberwało podczas robót. Esesman Czujan – choć my mówiłyśmy na niego między sobą „szuja" – kazał nam przerzucać ziemię z jednego kopca na drugi. W trakcie pracy zmienił jednak zdanie. Przez pomyłkę zrzuciłam część w złym miejscu, a Czujan kopnął mnie mocno. Nie mogłam chodzić przez dwa tygodnie. Od tamtej pory zawsze od niego uciekałam.

Praca, która o wiele bardziej mi się podobała, polegała na rozwożeniu gnoju. Była ona szczególnie przyjemna, gdy rozpoczęły się zimne miesiące, jak listopad czy grudzień. Gnój parował, dzięki czemu było mi cieplej.

Jak już mówiłam, warunki życia w obozie były okropne. Szczególnie doskwierał głód, który powodował opuchnięcie ciała. Podczas pracy w polu, kiedy nikt nie widział, zjadało się jakąś marchew, buraka czy ziemniaka. Gdyby szef komanda albo jego pomocnicy zauważyli, że podjadamy warzywa, bez zastanowienia rozprawiliby się z nami. Ale kto by nie zaryzykował? Byłam tak chuda i niedożywiona, że w pewnym momencie ważyłam tylko czterdzieści trzy kilogramy...

Niemców w obozie cechowała wrogość, byli okrutni i wyrafinowani. Zabijali bez skrupułów. Ale czasami zdarzały się zaskakujące sytuacje. Dla przykładu raz, podczas upalnego lata, po pracy jeden esesman pozwolił nam wejść do rzeki i się wykąpać.

– Szybko, szybko – krzyczał. Bał się, że ktoś to zobaczy i wyciągnie konsekwencje nie tylko wobec nas, ale również wobec niego. Z pewnością nie był to przejaw sympatii dla nas. Może czasami Niemcy sami mieli dość wszechobecnego smrodu i brudu?

Podczas całego pobytu w obozie i podobozach, poza jedną sytuacją, gdy kobieta pomogła mi na rewirze, nie spotkało mnie nic dobrego. Pamiętam jednak pewną auzjerkę, Niemkę, która pracowała w obozowej kuchni. To była poczciwa kobieta. Gotowała dla esesmanów, którzy oczywiście jedli znacznie lepiej niż więźniowie. Pewnego razu wybrała mnie i moje dwie koleżanki do pracy w kuchni. Przez kilka godzin dziennie wykonywałyśmy proste czynności, jak obieranie ziemniaków, a w zamian dostawałyśmy kubek kaszy. Przypominam sobie, że kobieta chodziła w pelerynie, a pod nią trzymała chleb, którym niekiedy nas częstowała. Upominała nas tylko, aby nikomu nie zdradzić, że nam pomaga. Poniosłaby wtedy konsekwencje i nam również by się dostało.

Spotkałyśmy ją przed ewakuacją obozu Auschwitz-Birkenau. Była ubrana w esesmański mundur i powiedziała: „Wy to jesteście szczęśliwe, a ze mną nie wiadomo, co będzie". Chciałyśmy się za nią wstawić. Miała na imię Hedi i pochodziła z Wrocławia. Nie wiem, co się z nią stało.

Bociany

Kiedy w nocy szłam do latryny, do rowu, w którym się załatwiałyśmy, prowadziło mnie światło reflektora. Na wieżyczkach, które nazywałyśmy „bocianami", siedzieli strażnicy uzbrojeni w karabiny. Obserwowali, doszukiwali się najmniejszego ruchu w obozie. Do rowu szło się w błocie, szczególnie jesienią, kiedy deszcze nieustająco zamieniały tę przeklętą ziemię w bagna.

Szło się po trupach leżących pod nogami. Tu jedna kobieta, tam na taczce druga. Z czasem, i mówię to z wielkim bólem, człowiek zaczął przechodzić obok zwłok zupełnie obojętnie. Każdy z nas zdążył się już na nie napatrzeć. To okropne, ale w końcu się przyzwyczailiśmy do tego widoku. Stosy trupów poukładanych jak drewno, nagie ciała powyginane w nieruchomym geście ucieczki leżały przed barakami do rana. Dopiero później zbierano je i wywożono do pieca.

Budowanie pod karabinem

Z wielką trwogą wspominam lipiec i sierpień 1944 roku, kiedy do obozu zaczęto przywozić transporty Żydów z Węgier i Rumunii. Widziałam, jak ludzi, całe rodziny, prosto z wagonów prowadzono w stronę krematorium. Później rzucał się w oczy dym unoszący się z kominów. Do krematorium przywożono także więźniów z Auschwitz, czyli z obozu macierzystego. Kiedy odbywały się masowe palenia, nas zamykano w blokach i nie pozwalano wychodzić. Okna, których nie było wiele w barakach, zaryglowane były drewnianymi deskami. Ale to nie wystarczało, by stłumić krzyki rozpaczy i przerażenia, które do dziś wywołują gęsią skórkę na moim ciele. Krążą po głowie jak demony.

Niemcy, trzymając nas na muszce, kazali więźniom nosić cegły pod krematoria. Mężczyźni pracowali przy ich budowie. Wiedzieliśmy, co robimy – budowaliśmy sami dla siebie i innych miejsce, w którym mieli nas unicestwić.

Któregoś dnia do naszego baraku wbiegła wściekła auzjerka Mandel[54]. Była piękną kobietą, miała cudowne blond włosy. Zaraz za nią wpadła druga, paskudna Drechsel[55] z wystającymi zębami. Obie były wściekłe, bo

[54] Maria Mandl lub Mandel – ur. 10 stycznia 1912 r. Była nadzorczynią kobiecej służby pomocniczej SS w nazistowskich obozach koncentracyjnych. W Birkenau pełniła obowiązki kierowniczki obozu dla kobiet. W czasie służby w Auschwitz-Birkenau własnoręcznie podpisywała rozkazy, które posłały na śmierć w komorach gazowych ok. 500 tys. kobiet i dzieci różnych narodowości. Jej władza nad więźniarkami i podwładnymi była absolutna. Mówiono na nią „Bestia". Została uznana za zbrodniarkę wojenną. Stracona 24 stycznia 1948 r. w Krakowie.

[55] Elsa Margot Drechsel (także Drexler, Dreschler, Drexel, Drechsler) – ur. 1908 r. w Neugersdorf, zm. 1945 r. w Budziszynie. W Auschwitz pełniła funkcję *Aufseherin*. Przez więźniów była określana jako wyjątkowo brutalna. Zabiła ze szczególnym okrucieństwem tysiące niewinnych ludzi. Brała udział w selekcjach kobiet i dzieci do komór gazowych. W 1945 r. została rozpoznana na szosie przez więźniarki KL Auschwitz-Birkenau, co doprowadziło do wykonania na niej egzekucji.

w Warszawie wybuchło powstanie. W naszych sercach zaczęła tlić się nadzieja, że Polska się nie poddaje. Im my stawaliśmy się silniejsi, tym Niemcy byli słabsi. Każdy cios w stronę naszych oprawców był motywacją do przetrwania obozowych warunków. Może uda się stąd wydostać?

W sierpniu tego roku ustawiono nas pod Blokiem Śmierci – blokiem 25. Wywoływano kolejne numery. Żadna z nas nie wiedziała, czy czeka ją piec, czy transport. A może jakiś eksperyment medyczny?

Wybrano mnie do transportu. Wraz z częścią kobiet przewieziono mnie do Ebingen w Lotaryngii, ale zbliżający się front zmusił żołnierzy do przepędzenia nas dalej, do Saarbrücken. We wrześniu 1944 roku byłam zaś w Ravensbrück. Po dwóch tygodniach trafiłam do filii Auschwitz, obozu Berlin-Köpenick. Pracowałam w firmie Aktion Elektrische Gesellschaft. W pewnym momencie Niemcy nas stamtąd wyprowadzili, ale sami nie wiedzieli, dokąd się udać. Z jednej strony czekały na nich wojska amerykańskie, a z drugiej Rosjanie. Teraz to oni się bali. Nie da się ukryć, że mnie to cieszyło. W końcu oswobodzenie przyszło około szesnastej 2 maja 1945 roku.

Tuż przed wyzwoleniem razem z czterema koleżankami spotkałyśmy esesmana, którego kojarzyłyśmy z obozu. Nazywał się Sobota. Stał razem ze swoją żoną przy szosie, którą szłyśmy. Obok wózek, w którym spało dziecko. W pobliżu nich kręcił się nieco starszy syn Niemca. Wszędzie było niebezpiecznie. Słychać było strzały, niemieckie okrzyki. Razem z Sobotą i jego rodziną schowałyśmy się za wagonem stojącego w pobliżu pociągu towarowego. Esesman mógł nas rozstrzelać. Miał przy sobie broń. Jednak nie zrobił tego. Wiedział, że teraz to on może być w niebezpieczeństwie. Idzie wolność! Nasza wolność, a ich zguba. Jedna z koleżanek spytała Soboty, czy może sprawdzić, co się dzieje za wagonami. Zgodził się. Wrócił z wieścią, że zbliżają się amerykańskie czołgi.

Abyśmy mogły bezpiecznie dostać się na drugą stronę pociągu, na teren, gdzie znajdowały się wojska amerykańskie, żołnierze polecili każdej z osobna wejść do dużego wózka, w którym spało niemieckie dziecko, i kazali esesmanowi nas przewozić. I tak się stało.

– Dziewuchy, jesteście wolne! – powiedział jeden z amerykańskich żołnierzy. Niemca pojmali. Nie pozwolili mu nawet pożegnać się z rodziną. Żonę z dziećmi puścili wolno.

Później musiałyśmy pójść do szosy, skąd amerykańskie transporty miały zabrać nas dalej. Idąc przez pole i las, wciąż musiałyśmy padać na ziemię, bo Niemcy jeszcze ostatkiem swoich sił strzelali do nas. A może już na oślep? Na szczęście udało nam się dojść do drogi, a tam już tylko Amerykanie i donośne okrzyki radości. Wolności. W strefie amerykańskiej w Ludwigslust[56] spędziłam dwa tygodnie. W kilka dziewczyn zamieszkałyśmy w domku myśliwskim przy pałacu księcia Meklemburgii z pięknym, urokliwym ogrodem. Amerykanie przynosili nam kakao, chleb, jajka, a nawet mięso z sarny. Miałyśmy kuchnię, mogłyśmy gotować posiłki.

Dobre musiało przyjść

Po tym czasie zabrano mnie i kilka moich koleżanek do strefy angielskiej w Lubece, gdzie przewieźli nas amerykańscy żołnierze. W Lubece czekałam na transport do Szwecji. Wtedy otrzymałam list od ojca, kapitana Byczyńskiego:

Murnau, 14.VI.1945 rok. Moja najukochańsza córeczko. Przed chwilą otrzymałem list od Ciebie. Jestem tak szczęśliwy, że nie mogę wprost opisać. Myśli plączą się i nie mogę pisać. Łzy radości cisną się do oczu. Spieszę się, aby dać Ci znać, że żyję, jestem zdrów i myślami zawsze z Tobą. Dla Ciebie tylko żyję. Wszystko zrobię, aby być z Tobą. Na razie wyjazdy z obozu są trudne, ale głowę mam na karku. Zresztą nic nie ma na świecie, aby mnie powstrzymało w obecnej chwili mieć Ciebie. Przecież to 6 lat tęsknoty i wiecznej trwogi o Twoje życie – jesteś całym światem dla mnie[57].

Koło Lubeki znajdował się kurort Bad Schwartau[58], w którym stacjonowali polscy oficerowie. Za namową koleżanki pojechałyśmy tam pewnej niedzieli.

– Czy przebywa tu kapitan Byczyński? Jestem jego córką – zapytałam dyżurującego oficera.

O pomoc w odpowiedzi na moje pytanie mężczyzna poprosił kapitana. Gdy ten przyszedł, wysłuchał mnie, po czym powiedział:

– To ty jesteś ta mała Wiesia?

Okazało się że to kapitan Gaja, kolega taty. Pamiętał mnie jako małą, pięcioletnią dziewczynkę. Mieszkał niedaleko nas. Wysłał list do Monachium, starał się dowiedzieć, gdzie jest mój ojciec i co się z nim dzieje. Gdy dostałam odpowiedź listowną, zrezygnowałam z wyjazdu do Szwecji. Miałam już na kogo czekać.

---

[56] Ludwigslust – miasto w niemieckim kraju związkowym Meklemburgia-Pomorze Przednie.
[57] List ojca pani Wiesławy Gołąbek, archiwum rodzinne.
[58] Bad Schwartau – miasto uzdrowiskowe w Niemczech.

Ojca spotkałam wreszcie nad stawem pod Lubeką. Opalałam się, kiedy zobaczyłam mężczyznę prowadzącego rower. Szedł w amerykańskiej kurtce wojskowej w moją stronę.

Tata zadecydował, że wracamy do kraju. Był patriotą.

Maturę zdawałam w Kaliszu. Do Wrocławia przyjechałam z miłości, za mężem. Urodziłam dwoje dzieci i moje życie potoczyło się szczęśliwie. Byłam pielęgniarką, a później sekretarką w instytucji zdrowia.

Pamiętam jedną sytuację z pierwszych dni pracy w przychodni we Wrocławiu. Jednemu z pacjentów przekazałam omyłkowo błędną informację. Wtedy jakiś mężczyzna krzyknął do mnie:

– Panią to powinni do Oświęcimia wysłać, Niemcy nauczyliby panią porządku.

– Nie muszą, byłam w obozie – odpowiedziałam, podwijając biały rękaw fartucha i pokazując przedramię z numerem obozowym. Później ten mężczyzna przyniósł mi kwiaty i bombonierkę.

Dymy nad Birkenau

Udając, że roztrząsa łopatą piasek po zboczu rowu, zbliża się do drugiego odcinka pracy chuda Wiesia, dziewczyna siedemnastoletnia. [...] Idzie śmiesznie w swych olbrzymich drewniakach, w których szmaty chroniące od zimna zajmują więcej miejsca aniżeli stopy. Piszczelowate nogi stąpają niezbyt pewnie. Ogolona głowa sprawia, że wielkie oczy wydają się za duże. Nie przestając manipulować łopatą, mówi z uśmiechem, nie podnosząc oczu, jakby się zwracała do górki piasku: – Masz nóż? Może byśmy coś zjadły[59].

Tak o mnie napisała w swojej książce *Dymy nad Birkenau* Seweryna. Wspólnie przeżyłyśmy obozowe piekło.

Dziś człowiek nie może wyobrazić sobie życia bez internetu, telefonu i wielu innych udogodnień. A czy wyobrażacie sobie życie bez wody? Bez jedzenia? Lub że największym marzeniem człowieka jest kubek ciepłej herbaty, kromka chleba? Dziwię się, że po tym wszystkim, co zobaczyłam w obozie, a czego nie da się opisać słowami, nie oszalałam. Wiele osób, które przeżyły obóz i wyszły na wolność, postradało zmysły.

Udało mi się przetrwać w Auschwitz, bo miałam silną psychikę. Nie rozckliwiałam się nad sobą, bo to osłabiało, a słaby więzień to trup. Żyłam

---

[59] S. Szmaglewska, dz. cyt., s. 117–118.

Wiesława Gołąbek obecnie. Fot. Archiwum rodzinne

z dnia na dzień. Modliłam się o siłę i to dodawało mi otuchy. Nigdy nie zwątpiłam w Boga. W końcu to ludzie ludziom zgotowali taki los. *Homo homini lupus est*[60].

O Auschwitz trzeba mówić, trzeba pisać. Jesteśmy świadkami historii, kiedy my odejdziemy, książki zostaną.

[60] *Homo homini lupus est* (łac.) – człowiek człowiekowi wilkiem.

Alina Dąbrowska tuż przed aresztowaniem.
Fot. Archiwum rodzinne

Nr obozowy: 44165

ALINA DĄBROWSKA z domu **Bartoszek**

Urodzona: 23 kwietnia 1923 roku w Białej koło Zgierza

Data wywózki do Auschwitz: czerwiec 1943 roku

Obozy koncentracyjne: Auschwitz-Birkenau, Ravensbrück, Malchow, Buchenwald, Leipzig

Wierzę w przeznaczenie.

ALINA DĄBROWSKA

Kobieta, nad którą czuwała Opatrzność

Pomimo wielu cierpień, chorób i głodu los zawsze kierował jej życiem w taki sposób, aby mogła przetrwać. W tych nieludzkich warunkach wielokrotnie okazywało się, że pozornie mało istotne sytuacje, które spotkały ją w życiu, miały głęboki sens. Zdobyte wcześniej, niepotrzebne wówczas umiejętności, ratowały jej życie w obozie. Na duchu podtrzymywały ją też listy z domu.

Alina z koleżankami w gimnazjum, 1939 rok. Fot. Archiwum rodzinne

Były ich tysiące

Las – i nikt nie widzi, i nigdy nikt się nie dowie, i nigdy nikt światu nie powtórzy. Te, co pracują na budowie dróg, kobiety cienie, choćby nawet przez gęstwę drzew coś widziały, nie wyjdą stąd. Spoglądają na nie czasami oczy esesmanów zwężone uśmiechem, a usta mówią przez zęby:

– So wie so Brzezinka, so wie so Krematorium[61].

Przeżyłam w obozie kilka selekcji, nie wiedząc, czy zostanę wybrana do gazu, czy do pracy. To uczucie strachu i niepewności jednocześnie jest nie do opisania. Jeśli chodzi o selekcję, zapisał mi się w pamięci szczególnie jeden obraz. Tłumy Żydów przechodzących obok nas, niemających pojęcia, co ich czeka. W marcu 1944 roku Niemcy zajęli Węgry. Wtedy zaczęły się trans-

[61] S. Szmaglewska, dz. cyt., s. 129.

Alinka w 1933 roku.
Fot. Archiwum rodzinne

porty węgierskich Żydów do Oświęcimia. Tam esesmani ich palili. Głównie matki z dziećmi i osoby starsze. Nowo przybyli trafiali do krematorium niemal od razu po przyjeździe do obozu. Wcześniej musieli się tylko rozebrać i – niczego nieświadomi – wejść do komory gazowej. Potem, często ledwie zamroczeni, byli wrzucani bezpośrednio do dołów lub pieca. Było wśród nich wiele dzieci.

W krematorium było mało miejsca jak na taką ilość więźniów, więc ludzie często musieli czekać na zagazowanie, zanim „wreszcie" trafili do pieca. Półżywych po męczącym transporcie w wagonach Niemcy trzymali przed wejściem do komory gazowej. Potem ciała zagazowanych ludzi wynosili z komory i spalali w wykopanych dołach[62].

Stałam nieopodal. Widziałam ogień buchający z dołów. Nie mogłam się pogodzić z tym, co się działo. Tyle śmierci! Transporty z 1944 roku sprawiły, że nie mogłam spać. To byli ludzie, tacy jak my. I były ich tysiące! Niemcy

[62] Miało to miejsce przy krematorium V.

Alina jako gimnazjalistka. Fot. Archiwum rodzinne

Alina Dąbrowska w roli polskiej wieśniaczki, przedstawienie w gimnazjum. Fot. Archiwum rodzinne

palili ich dzień i noc. Ze względu na ogromną liczebność mordów dobudowali specjalną bocznicę do tego rodzaju transportów. Makabra trwała do sierpnia. Później Niemcy nadal palili więźniów, choć w mniejszej liczbie.

Zdarzało się, że więźniowie przebywający od jakiegoś czasu w obozie w nowych transportach dostrzegali swoją rodzinę. Słyszało się niejednokrotnie, że matka, widząc córkę wysłaną na śmierć, dobrowolnie szła tam razem z nią.

Nowy transport. Wagony wjechały na rampę, a ja słyszę język polski. Skąd one przyjechały? Mówią, że z Warszawy. Były to pierwsze transporty z Powstania Warszawskiego. W obozie nie wiedziałyśmy w ogóle, że jakieś powstanie miało miejsce.

Wracałam myślami do domu

Byłam najmłodsza spośród rodzeństwa. Przed wojną mój tata, Konstanty Bartoszek, pracował jako nauczyciel, później był sekretarzem gminnym. Kiedy przeprowadziliśmy się do Pabianic, a miałam wtedy sześć lat, zaczął

Alina z koleżankami w Istebnej, 1939 rok. Fot. Archiwum rodzinne

pracować w magistracie miasta. Pochodzę więc z rodziny urzędniczej, która angażowała się od zawsze w sprawy patriotyczne.

Mama nazywała się Anna Gertner. To spolszczenie niemieckiego słowa *Gärtner*, ogrodnik. Dziadek (ojciec mamy) mówił, że kiedy nastanie wolna Polska, zmieni swoje nazwisko na Ogrodnik, bo nie chce być kojarzony z Niemcami. Moje siostry studiowały przed wojną. Jadzia na polonistyce w Warszawie, druga – Hesia – rolnictwo w Poznaniu. Gdy wybuchła wojna, musiały wrócić do domu.

Starałam się myśleć o najbliższych. Ale zamiast wspominać to, co dobre, na myśl przychodziły mi wspomnienia przygnębiające mnie jeszcze bardziej. Jak dzień, od którego dla mnie zaczęła się wojna.

Ósmego września 1939 roku Niemcy byli już w Pabianicach. W naszym domu szukali noclegu, kwatery. Dom zajęli dla siebie, a w zamian, całej mojej rodzinie dali mały pokoik. Każdego dnia czekałam wieczorów spędzanych razem z rodzicami i rodzeństwem. Były bardzo miłe pomimo wojennej zawieruchy. Staraliśmy się kochać, szanować, żyć – choć w czasach wojny było to trudne.

Pierwszy znak z niebios

Kiedy miałam czternaście lat, udzieliłam pierwszych korepetycji. Byłam bardzo dobrą uczennicą szkoły powszechnej. Pamiętam dzień, kiedy szłam na egzamin, po którym miałam dostać promocję do gimnazjum. Spotkałam wtedy daleką kuzynkę mojej mamy. Szła w moją stronę z jakąś dziewczynką, zadowolona, że widzi wreszcie znajomą twarz. Podeszła i wskazując na dziewczynkę, powiedziała:

– Słuchaj, to jest Ela. Nikogo tu nie zna. Będzie chodzić do gimnazjum, zamieszka u mnie. Zaopiekuj się nią, proszę.

Potraktowałam te słowa bardzo poważnie. Na tyle, że kiedy doszło do wybierania klas, podjęłam decyzje, które zaważyły na moim życiu. Ale wtedy jeszcze nie mogłam tego wiedzieć.

Klasy dzielono ze względu na języki obce. Do wyboru był niemiecki i francuski. Tak bardzo marzyłam o nauce francuskiego! Już słuchając audycji radiowych, w których spikerzy posługiwali się tym językiem, wiedziałam, że go kocham. Niemiecki słyszało się na co dzień: w sklepie, na ulicy. Nie było więc żadną atrakcją uczenie się go. Każda z uczennic liczyła na to, że nie trafi do klasy niemieckojęzycznej. Odbyło się losowanie. I los uśmiechnął się do mnie. Trafiła mi się klasa z wymarzonym francuskim! Tak bardzo się cieszyłam... Ale tylko do momentu, kiedy Ela wyciągnęła los z językiem niemieckim. Wtedy pierwszy raz poświęciłam coś ważnego dla mnie, by pomóc innej osobie. Świadomie. Zamieniłam się z koleżanką na klasę niemieckojęzyczną, aby Eli nie zostawić samej i zaopiekować się nią, tak jak obiecałam kuzynce mamy. I choć wtedy było mi przykro, że nie spełnię swojego marzenia, krzepiącą była myśl o bezinteresownej pomocy.

Czuwała nade mną Opatrzność, bo znajomość niemieckiego wiele razy później ułatwiła mi życie. Cały ten zbieg okoliczności był jak znak z niebios. Jeden z wielu, jakie przydarzyły mi się na trudnej wojennej drodze.

Do „regularnej" szkoły nie chodziłam długo. Zaledwie kilkanaście dni. Kiedy do kraju wkroczyli Niemcy, zabronili nam się uczyć. Wstrzymali wszelkie działania edukacyjne. Nauczycielka niemieckiego starała się jednak zorganizować dla nas legalnie szkołę.

Udało się.

Uczęszczaliśmy więc na lekcje niemieckiego. Uczyłam się pilnie, wykorzystywałam na to każdy moment.

I tak przydarzyła mi się romantyczna historia.

W tej samej ławce, w której siedziałam na lekcjach rano, po południu zasiadał pewien chłopak. Zaczął do mnie pisać listy i zostawiał je na ławce, którą dzieliliśmy. Początkowo były to pytania: kto tu siedzi?, kim jesteś?, jak się nazywasz? Wkrótce zaczęliśmy prowadzić korespondencję, która z czasem wywoływała u mnie mocniejsze bicie serca. Czekałam na jego kolejne liściki. Czasami pisał romantycznie i miło, innym razem rozbawiał mnie dowcipami. Zachwycałam się karteczkami od kolegi, którego nigdy nie widziałam, i jego pięknym, starannym pismem. Pamiętam, że miał piękny charakter pisma. Zrodziła się między nami sympatia i wreszcie spotkaliśmy się naprawdę. Zaczęliśmy ze sobą chodzić – tak się kiedyś mówiło. Były to piękne chwile. Chłopiec nazywał się Żelisław Jordan Brzozowski.

Szkołę zlikwidowano po około trzech miesiącach. Kiedy Niemcy pojawili się w kraju wprowadzili nową zasadę: każde dziecko, które ukończyło trzynaście lat, musiało iść do pracy. Zaczęłam więc pracować jako sekretarka u niejakiego Oscara Schmaltza. Otworzył firmę Viehagentur i zajął pierwsze piętro budynku, w którym mieszkałam. Zatrudnił mnie, bo znałam niemiecki.

W pracy poznałam później pewnego Niemca z Bawarii, który nauczył mnie sprawnego pisania na maszynie (do dziś jeszcze potrafię pisać szybko, niezależnie od tego, czy jest dzień, czy noc). To było wówczas przydatną umiejętnością. W wielu sytuacjach dzięki tej zdolności było mi łatwiej poradzić sobie z przeciwnościami losu.

Praca u Schmaltza była męcząca, bo spędzałam w niej prawie cały dzień. Zaczynałam o szóstej rano, kończyłam o dwudziestej pierwszej. Na szczęście w tej samej firmie pracował Żeliś. Na przerwach spotykaliśmy się, prowadziliśmy interesujące rozmowy.

Potem rozpoczęłam pracę w Lohmann Werke, u przedstawiciela niemieckiej firmy z Bielefeldu, który przejął zawodową szkołę techniczną w Pabianicach. Zatrudniona była tam też moja siostra, a brat Zenek pracował na nocną zmianę. Pomimo zmiany miejsca zatrudnienia ciągle utrzymywałam kontakt z moim Żelisiem. Wojna kreowała nasze losy. My jednak chcieliśmy żyć normalnie wbrew wszystkiemu. W trakcie przerw obiadowych razem wychodziliśmy na spacery. Staraliśmy się śmiać, patrzeć sobie w oczy. Chcieliśmy być szczęśliwi.

Tajna maszynistka

W międzyczasie w Pabianicach zorganizowano Szare Szeregi, do których dołączyłam. Okazało się, że moja praca może się im przydać. Działając w konspiracji, przygotowywałam teksty dla młodzieży, dotyczące księgowości i innych dziedzin zatrudnienia, z których można było czerpać wiedzę zawodową. Celem było tajne nauczanie zawodu. Edukacja była już wtedy dla nas zakazana. Nie wolno było uczyć dzieci, dorośli także mieli całkowity zakaz. Kto podejmował się nauczania, był wysyłany do więzienia. Uczenie kogoś stanowiło ryzyko. Po co Niemcom mądrzy i wykształceni ludzie?

Nie bałam się. W pracy siedziałam obok córki szefa urzędu pracy. Nigdy nie zwróciła uwagi na to, co robię. Zresztą nikomu nie wydawałam się podejrzana. Z nikim nie utrzymywałam zbyt głębokich kontaktów, bo byłam zajęta pracą. Nie opowiadałam o tym, co robię. Miałam świadomość, czym mogłoby się to skończyć. Ponadto Szare Szeregi zabraniały dzielenia się informacjami. W biurze wszyscy mówili o mnie: „Ta panna Bartoszek to taka pracowita. Po pracy zostaje, żeby pisać".

W rzeczywistości wyglądało to nieco inaczej. W godzinach pracy sporo robiłam dla konspiracji. Po godzinach zaś odrabiałam zaległości w oficjalnej pracy. Po zakończeniu wynosiłam tajne papiery zawinięte w sweter.

Znak drugi

Pabianice zostały ogłoszone częścią Niemiec. Nie był to protektorat, jak Warszawa, tylko część Rzeszy. Nie wolno było posiadać radia, trzeba było oddać wszystkie psy. Wprowadzono godzinę policyjną. Obowiązywały przepisy prawa jak w Niemczech.

13 maja 1942 roku. Gdy obudziłam się tego ranka, doznałam czegoś dziwnego. Pierwszy raz poczułam, że dzieje się coś złego. Miałam jednak nadzieję, że to wrażenie spowodowane jest ogólną sytuacją w kraju, która siłą rzeczy wywoływała negatywne emocje. Wychodząc do pracy, jak nigdy powiedziałam do brata, który wrócił z nocnej zmiany:

– Zeniu, pożegnajmy się, bo może już się nie zobaczymy.

Oboje potraktowaliśmy moje słowa jako żart, ale i przestrogę, aby na siebie uważać. Myśleliśmy, że przecież nie może stać się najgorsze. A jednak.

„My się nie zobaczymy" – te słowa dźwięczały mi przez cały dzień w głowie. Powodowały, że serce biło nieco szybciej.

Wyszłam do pracy jak co dzień. Miałam świadomość, że w firmie rozpoczęły się aresztowania. Jeszcze w czasie przerwy obiadowej zobaczyłam się z Żelisiem. Sudeck, dyrektor naczelny, po przerwie niespodziewanie przyszedł do mnie do pokoju i powiedział:

– *Fräulein* Bartoszek, *bitte*.

Poszłam za nim do gabinetu, gdzie już czekali gestapowcy. Jeden z nich przywitał mnie złowrogimi krzykami. Wymachiwał dokumentami i pytał, czy je poznaję.

– Widziała pani kiedyś te papiery?! Pisała je? – wydzierał się.

– Tak, ja je przepisywałam – odpowiedziałam spokojnie. Na tym polegała przecież moja praca, na przepisywaniu. Otrzymywałam cały dokument, z którego dla poszczególnych robotników obsługujących maszyny robiłam instrukcje po niemiecku. Nie znałam branżowych nazw i słownictwa, więc nie do końca rozumiałam, o czym piszę. Te dokumenty jednak poznałam. Były ściśle tajne. Zawierały informacje o częściach czołgów oraz samolotów. Ten konkretny dokument otrzymał ode mnie jeden z inżynierów, który był w konspiracji. Była wsypa, ktoś mnie wydał. Konspiratorzy nie zdążyli mnie uprzedzić.

Starałam się jednak wybronić z zaistniałej sytuacji. Wówczas nie było zamków w szafach, nie było też szaf pancernych. Każdy w biurze miał do nich dostęp.

Udawałam naiwną dziewczynę, która nie wie, co robi, a ostatecznie robi to, co jej każą. Wyparłam się więc wszystkiego, nie wydając przy tym nikogo. Bardzo pomogła mi znajomość języka niemieckiego. Znów w duchu podziękowałam Bogu, że zesłał mi kuzynkę mamy z Elą. Mogłam sama się wytłumaczyć Niemcom, powiedzieć to, co chciałam, bez pomocy tłumacza.

Oskarżyli mnie o to, że przekazałam tajne dokumenty w niepowołane ręce. Zaprzeczyłam.

– Przepisałam, co mi kazano, i schowałam do szuflady, do której nie mam kluczyka, więc każdy mógł zabrać papiery – powiedziałam. Niemiec sprawdził moje stanowisko pracy i stwierdził, że mówię prawdę. Rzeczywiście kluczyka nie było.

Kiedy gestapowiec oznajmił, że mnie zatrzymują, zdziwiłam się. Przecież byłam tylko maszynistką. Nie zdawałam sobie w ogóle sprawy z tego, co może nastąpić. Zaczęłam gorączkowo myśleć o tym, co powinnam zrobić. Od tej pory nie mogłam już się swobodnie poruszać, bo byłam prowadzona przez Niemca, a dodatkowo pilnowała mnie niemiecka sekretarka.

W tłumie ludzi z pracy dostrzegłam siostrę i starałam się jej powiedzieć, o co chodzi. Tak bardzo płakała, że nie była w stanie zrozumieć, co do niej mówię. Obok stał kolega. Zdążyłam do niego krzyknąć:

– Rysiek, biegnij do moich rodziców. Powiedz, żeby szybko tu przyszli.

Mieszkaliśmy na drugim końcu ulicy. Rodzice zdążyli przybiec, aby się ze mną zobaczyć i pożegnać, zanim zostanę przewieziona do więzienia. Kiedy mama zorientowała się, co się dzieje, zaczęła płakać. Ściągnęła kurtkę i chciała mi ją oddać, żebym nie zmarzła. To był jednak 13 maja, nie spodziewałam się już chłodu, więc poprosiłam, aby ją zatrzymała.

Razem ze mną został aresztowany mój kolega Jan Frąckiewicz. Niemiec, który nas prowadził do samochodu, pozwolił mi porozmawiać z rodziną. A w chaosie, który zapanował wokół, Janowi udało się uciec.

Kiedy odjeżdżałam samochodem Gestapo, widziałam, jak mama i ojciec stoją na ulicy, patrzą w moją stronę i szlochają. Martwiłam się szczególnie o mamę, bo wiedziałam, że będzie to bardzo przeżywać. Tego dnia obchodziła swoje pięćdziesiąte urodziny. Wieczorem mieliśmy przygotować dla niej przyjęcie.

Zabrano mnie do więzienia przy ulicy Gdańskiej 13 w Łodzi, gdzie trafiłam do celi numer 13.

„Nie zobaczymy się więcej" – te słowa przypomniały mi się, kiedy stałam w zimnej celi. Żałowałam, że nie wzięłam od mamy kurtki, którą przyniosła.

Pierwszej nocy w celi spałam na podłodze. Ktoś podzielił się ze mną paltem, którym się przykryłam, i zasnęłam. Nie miałam żadnych rzeczy na zmianę. Aresztowali mnie tak, jak stałam.

Bardzo chciałam spotkać się z rodziną, ale nie miałam z nimi żadnego kontaktu. Oni zaś długo nie wiedzieli, gdzie przebywam. Szukali mnie. Poradziłam się innych więźniarek, co począć. Jak dać im znać, gdzie jestem i co się ze mną dzieje. Nie pomogły mi w tym zakresie, za to kazały mi wszyć w gumkę od majtek gryps z materiału włókienniczego, na którym powinnam zapisać ołówkiem kopiowym najistotniejsze informacje – przede wszystkim, że nikogo nie wydałam i rodzina jest bezpieczna.

Na szczęście rodzinie udało się zlokalizować miejsce, w którym się znajdowałam. Później, kiedy w każdy piątek więźniowie mogli dostawać paczki, i ja doczekałam się od mamy czystych ubrań i bielizny.

Na Gdańskiej pracowałam krótko jako szwaczka. Stanowisko pracy było na otwartej przestrzeni na podwórku. Szwaczki miały pewne przywileje, dostawały nieco więcej jedzenia. Kiedy zapytano mnie, czy potrafię przyszyć guziki, bo szwaczki w więzieniu to głównie robiły, chwaliłam się, że umiem, chociaż nie miałam pojęcia, jak zrobić to dobrze.

Na podwórku więzienia, gdzie pracowałam, znajdowała się otwarta brama. Pewnego dnia zażartowałam, że łatwo byłoby przez nią uciec... Po tej deklaracji nie wypuszczono mnie więcej do pracy poza areszt. Ktoś musiał donieść. Oczywiście ucieczka nie byłaby taka prosta, bo dookoła wszędzie porozstawiani byli strażnicy. Nim dobiegłabym do bramy, zdążyliby mnie pewnie postrzelić w nogę, aby uniemożliwić dalszą ucieczkę, lub zabić na miejscu.

Pewnego dnia strażniczka zauważyła u mnie nóż, który właśnie pożyczyłam, aby pokroić chleb. Uznała, że to łamanie przepisów. Za karę wsadzili mnie do ciasnego karceru. Było to pomieszczenie tak małe, że nie mogłam się nawet położyć. Więzienie, w którym przebywałam, było przeznaczone dla walczących o Polskę. Siedząc w karcerze, rozmyślałam nad tym, ilu wcześniej ludzi zostało tu uwięzionych, ilu bojowników. Przebywanie w takiej celi, choć zabrzmi to paradoksalnie, było dla mnie swego rodzaju zaszczytem. Stawałam się częścią historii. Tu carat przetrzymywał w 1900 roku Józefa Piłsudskiego.

Razem ze mną w celi siedziała pewna artystka, która pięknie malowała. Pamiętam, że na skrawkach papieru namalowała karty i nauczyła mnie grać w brydża. Innym razem z tych samych kart powróżyła mi i mojej rodzinie. Kompletnie się na tym nie znałam i nie wiedziałam, na ile mogę jej wierzyć. Według niej układ kart zwiastował śmierć kobiety. Gdy zobaczyła moje przerażenie, nagle zmieniła zdanie. Powiedziała, że to tylko choroba. Jednak karty miały rację.

Pewnego dnia podczas codziennego, półgodzinnego spaceru po dziedzińcu podeszła do mnie znajoma, którą dopiero przywieziono do więzienia. Usłyszałam od niej, że dwa tygodnie temu odbył się pogrzeb mojej mamy.

– Kłamiesz! – krzyknęłam.

Nie chciałam w to uwierzyć. Myśl o śmierci mamy była dla mnie nie do zniesienia. Przypomniałam sobie moment, gdy widziałam ją po raz ostatni, przed firmą. Tak bardzo płakała i cierpiała. O nic się tak nie modliłam do Boga, jak o to, żeby mama to wszystko przetrwała. Byłam bardzo rozżalona.

Nikt z rodziny nie napisał mi o śmierci, bo nie chcieli, abym się załamała. Potem dowiedziałam się, że mama miała zaawansowaną gruźlicę i umierała w cierpieniach. Podobno kiedy majaczyła w gorączce, wołała: „Otwórzcie drzwi, otwórzcie, bo moje dzieci idą".

Czasami mawiała, że to dobrze, że ma tyle dzieci, bo będzie miał kto iść za jej trumną. Nikt nie szedł. Tylko tata. Brat i ja byliśmy w więzieniu, siostry musiały uciekać przed aresztowaniem. Śmierć mamy dużo zmieniła w moim nastawieniu do życia. Zobojętniałam na wszystko.

Nastał rok 1943. Sytuacja nieco się uspokoiła. Można było podsłuchać czasami, jak Niemcy mówili, że idą na wschód, do Rosji. Zaczęły docierać do nas informacje o obozie w Oświęcimiu. Do więzienia w Łodzi przywieźli moją znajomą, która – jak twierdziła – była w obozie, uciekła, ale niestety została złapana.

Kiedy mówiła o Auschwitz, opowiadała rzeczy tak nierealne, że nikt jej nie wierzył. Mówiła o wszach, głodzie, ciężkiej pracy i o tym, że jeśli ktoś nie miał siły pracować, był wysyłany na zagazowanie.

Przez trzynaście miesięcy przebywałam w więzieniu w Łodzi, a w czerwcu 1943 roku rozpoczęły się przygotowania do transportu do Oświęcimia. Liczba trzynaście podążała za mną, a może ja za nią. Chciałam ufać, że to znak. Znak, który zwiastuje dobre zakończenie mojej i rodzinnej sytuacji. Na tę chwilę nic jednak na to nie wskazywało. Nie było łatwo myśleć pozytywnie. W najgorszych chwilach człowiek szybko może stracić wiarę w Boga i człowieczeństwo. Jednak ja, tak jak uczyła mnie mama, wierzyłam w dobro. Ono w końcu musiało nadejść.

Jest, świeci się Auschwitz

Przyjechałyśmy. Jest. Świeci się Auschwitz. Złowrogą nocą oświetlony bladymi lampami wystającymi ponad drutami. Z każdym krokiem dostrzegałam więcej. Ludzi w pasiakach, esesmanów, psy. Z wagonu wysiadło nas około osiemdziesięciu kobiet. Wszystkie z łódzkiego więzienia. Każda z nas miała nieduży tobołek ze swoimi rzeczami.

Jeszcze tego samego dnia usłyszałam słowo „selekcja", ale jego straszliwe, obozowe znaczenie poznałam znacznie później.

Kazano nam się rozebrać, ogolono głowy. Śmiesznie wyglądałyśmy bez włosów. Żydowska więźniarka zręcznie wytatuowała na mojej ręce numer 44165. Dostałyśmy jakieś buty, koszule, w które wprasowane były wszy. Obrzydliwe!

Dookoła ciemno, święcą się tylko te blade światła.

Najgorsze wrażenie wywarło na mnie wejście do baraku. Nie wierzyłam w to, co widziałam. Tak musi wyglądać piekło! Wszędzie stały koje w trzech kondygnacjach, na każdej z nich leżały kobiety. Ale na tamtą chwilę nie byłam pewna, czy to na pewno kobiety. Kilkaset smukłych, wątłych postaci w brudnych koszulach, bez włosów, krzyczących. Coś strasznego. Jako nowa, czyli *Zugang*, dostałam miejsce na ziemi. To najgorsze. Było nas kilka obok siebie, a do przykrycia miałyśmy jeden koc, nie wiadomo było, czy lepiej się nim przykrywać, czy nie... Leżąc na cegłach, płakałam. Zrozumiałam, że to koniec. Przebywanie w tym baraku było najgorszym doświadczeniem od momentu przybycia do Auschwitz-Birkenau. Nie sam obóz, tylko ten barak, spanie na ziemi, tłum kobiet.

Naszą blokową na bloku 7 była Stenia, kobieta bardzo posłuszna Niemcom i bardzo okrutna wobec więźniarek.

Początek selekcji Żydów. Podział na mężczyzn i kobiety na rampie w Brzezince, 1944 rok. Fot. Album Lili Jacob, nr neg. 24457–23=30

Dalsza selekcja Żydów na rampie w Brzezince. Fot. Album Lili Jacob, nr neg. 24457–38=41

Listy

Pracowałam na roli przy żniwach i zbiorach rzepaku. Język niemiecki tutaj nie był mi zupełnie potrzebny. Robiłam swoje i nie musiałam z nikim rozmawiać. Trwało to do października 1943 roku.

Pewnego dnia w baraku, w którym mieszkałam, ulokowano transport Serbek. Było ich około osiemdziesięciu. Do obozu trafiły za pomoc partyzantom.

Kochałam poznawać to, co nowe, ciekawiło mnie wiele rzeczy i lubiłam uczyć się języków. Natychmiast zainteresowałam się serbskim. Szybko nauczyłam się kilku słówek i pomagałam dziewczynom pisać listy po niemiecku, tłumacząc również te, które dostały od rodzin. Listy w obozie można było pisać tylko w języku niemieckim, a ich treść ograniczała się do stwierdzeń: „nie jestem głodna, nie jestem chora, wszystko w porządku". Prawdy nie mogłyśmy powiedzieć, korespondencja była cenzurowana przez esesmanów. Miałyśmy jednak pewien sposób na przekazywanie ukrytych wiadomości. Pomiędzy wersami wspominałyśmy fakty znane tylko rodzinie, między innymi imiona przyjaciół, czego przykładem może być list od mojej siostry.

Sporo ryzykowałyśmy. Gdyby Niemcy zorientowali się, że próbujemy przemycić zakazane treści, przypłaciłybyśmy to życiem. Pamiętam, jak raz pomogłam młodej dziewczynie „zakodować" przy użyciu imion wiadomość, którą przesłała do swojego chłopaka. Co ciekawe, on wszystko zrozumiał i odpisał, posługując się tym samym „kodem". Niemcy się nie połapali.

Kiedy razem chodziłyśmy w pole do pracy, moja przygoda z językiem serbskim bardzo się przydała. Nikt poza mną nie potrafił się porozumieć z nowymi więźniarkami. Mogłam więc częściej odpoczywać w pracy, bo kiedy ktoś zapytał, dlaczego nie pracuję, mówiłam, że tłumaczę nowym Serbkom, co mają robić.

Pewnego dnia ja również otrzymałam list od rodziny. Dowiedziałam się z niego, że Zenia, mojego brata, gdzieś wywieźli, ale nikt nie wie, dokąd i czy w ogóle żyje. Pomyślałam, że spróbuję znaleźć wśród mężczyzn w obozie jakiegoś znajomego i zapytam o brata. W szeregu mężczyzn idących do pracy za drutami dostrzegłam znajomego ojca.

– Jestem córką Bartoszka – powiedziałam.

– Kostka? – spytał mężczyzna. Nie pomyliłam się, to był pan Papieski.

– Czy jest tu gdzieś Zenek, mój brat?

– Zenek? Nie, Zenek zginął w więzieniu – odpowiedział.

Pomyślałam wtedy, że może to dobrze, że brat już nie cierpi. Nie musi patrzeć na te okrucieństwa w obozie. Zarówno mężczyźni, jak i kobiety byli w KL Auschwitz-Birkenau eksploatowani ponad siły. Po otrzymaniu wiadomości o śmierci brata zobojętniałam jeszcze bardziej. Nie były mi w głowie ucieczki, nie myślałam o przyszłości. Nie miałam zamiaru walczyć ponad siły o przetrwanie. Postanowiłam wykorzystywać każdy dany mi dzień. Jeśli trzeba było zrobić coś nowego, zgłaszałam się. Kazali gdzieś pójść, załatwić – byłam zawsze pierwsza chętna. W ten sposób nie myślałam o śmierci. Poddawałam się losowi, nie licząc przy tym na ulgi czy łagodność. Co mi pozostało?

Krzepiące były tylko listy. Pisał tata, czasami coś przysłała koleżanka z Pabianic. Tylko dzięki nim tliło się w moim sercu ciepło i odradzała się chęć życia.

Nasza kochana Perełko!

Wielkie dzięki za Twój list, ten pierwszy z 12.7.43, otrzymałem go 26.7. Bardzo się z niego ucieszyliśmy. Jestem zdrowy, nadal pracuję i mieszkam, gdzie mieszkałem wcześniej. Posiłki dostaję u Zygmunta. Pieniądze i paczkę Ci prześlę. Twój brat nie znajduje się już w Litzmannstadt, nie otrzymałem żadnej wiadomości od niego. (...) Mam listy pisać, jak przepisy mi każą? Wszyscy są zdrowi i cieszymy się, że napisałaś, że jesteś zdrowa. Serdeczne pozdrowienia i całuję Cię serdecznie. Twój Tatko.

List od ojca Aliny Dąbrowskiej z 27 lipca 1943 r., archiwum rodzinne[63]

Moja kochana Alinko!

Jestem zdrowa, jak wszyscy tutaj. Nie dostaję listów od Ciebie, bo nie mamy poczty. Wysyłam Ci paczki. Pisz listy na adres odbiorcy, jak możesz. Myślę zawsze o Tobie i proszę Boga, aby Kasia mogła szybko przybyć do Eli. Całuję i pozdrawiam serdecznie moją kochaną siostrzyczkę i Elę też – Hesia.

List od siostry Henryki pisany kodem. Kasia odnosiło się do Aliny Dąbrowskiej (na drugie miała Katarzyna), Ela – to siostra Henryka (imię zapożyczone od jej znajomej Eli, hrabianki Popiel). Paczki, o których mowa, wysyłał pracownik na prośbę hrabianki. W przesyłkach były warzywa i owoce. 4 września 1944 r., archiwum rodzinne

---

[63] Cytowane listy do Aliny Dąbrowskiej zostały napisane po niemiecku. Tłum. Agnieszka Ruman.

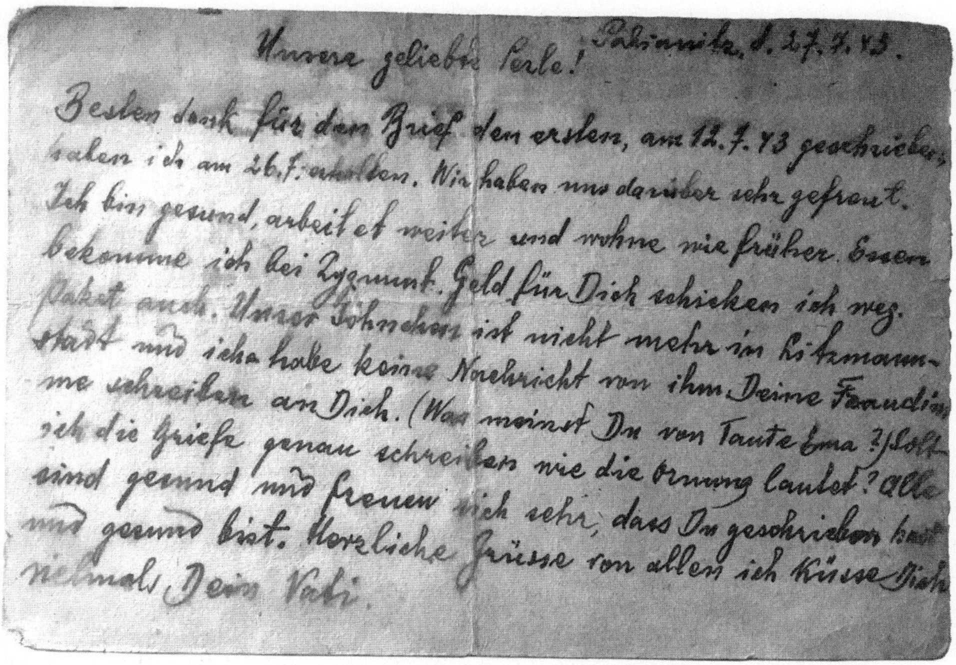

Unsere geliebte Perle! Pabianitz, d. 27.7.43.
Besten dank für den Brief den ersten, am 12.7.43 geschrieben
haben ich am 26.7. erhalten. Wir haben uns darüber sehr gefreut.
Ich bin gesund, arbeitet weiter und wohne wie früher. Essen
bekomme ich bei Zygmunt. Geld für Dich schicken ich weg.
Paket auch. Unser Söhnchen ist nicht mehr in Litzmann-
stadt und ich habe keine Nachricht von ihm. Deine Freundin-
ne schreiben an Dich. (Was meinst Du von Tante Ema?) Soll
ich die Briefe genau schreiben wie die Ordnung lautet? Alle
sind gesund und freuen sich sehr, dass Du geschrieben hast
und gesund bist. Herzliche Grüsse von allen ich Küsse Dich
vielmals, Dein Vati

List od ojca, który zwraca się do córki, tak jak mówił do niej w domu, czyli „Moja Perełko", 27 lipca 1943 roku. Fot. Archiwum rodzinne

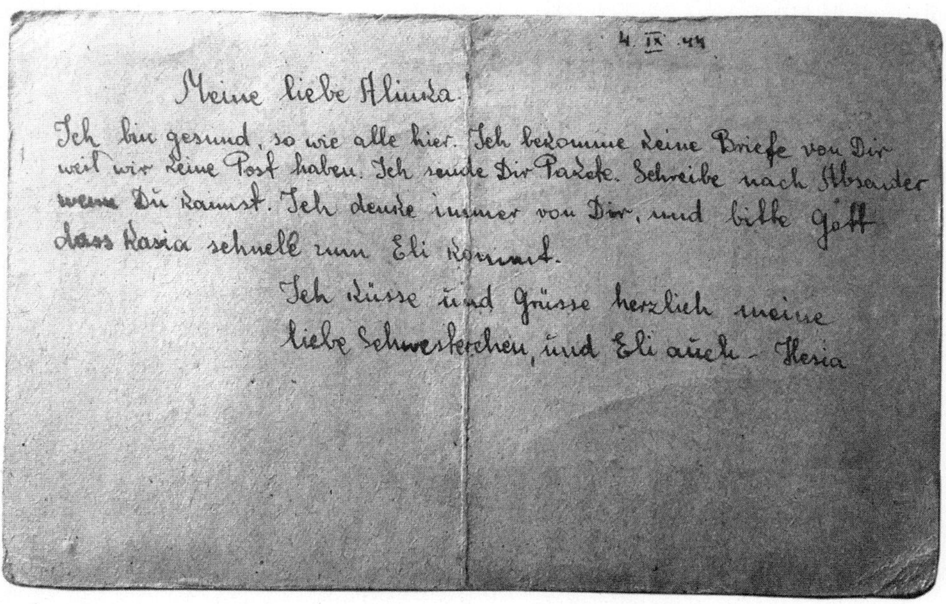

4. IX. 44

Meine liebe Alinka!
Ich bin gesund, so wie alle hier. Ich bekomme keine Briefe von Dir
weil wir keine Post haben. Ich sende Dir Pakete. Schreibe nach Absender
wenn Du kannst. Ich denke immer von Dir, und bitte Gott
dass Kasia schnell zum Eli kommt.
Ich küsse und grüsse herzlich meine
liebe Schwesterchen, und Eli auch – Henia

List od siostry Henryki pisany kodem, 4 września 1944 roku. Fot. Archiwum rodzinne

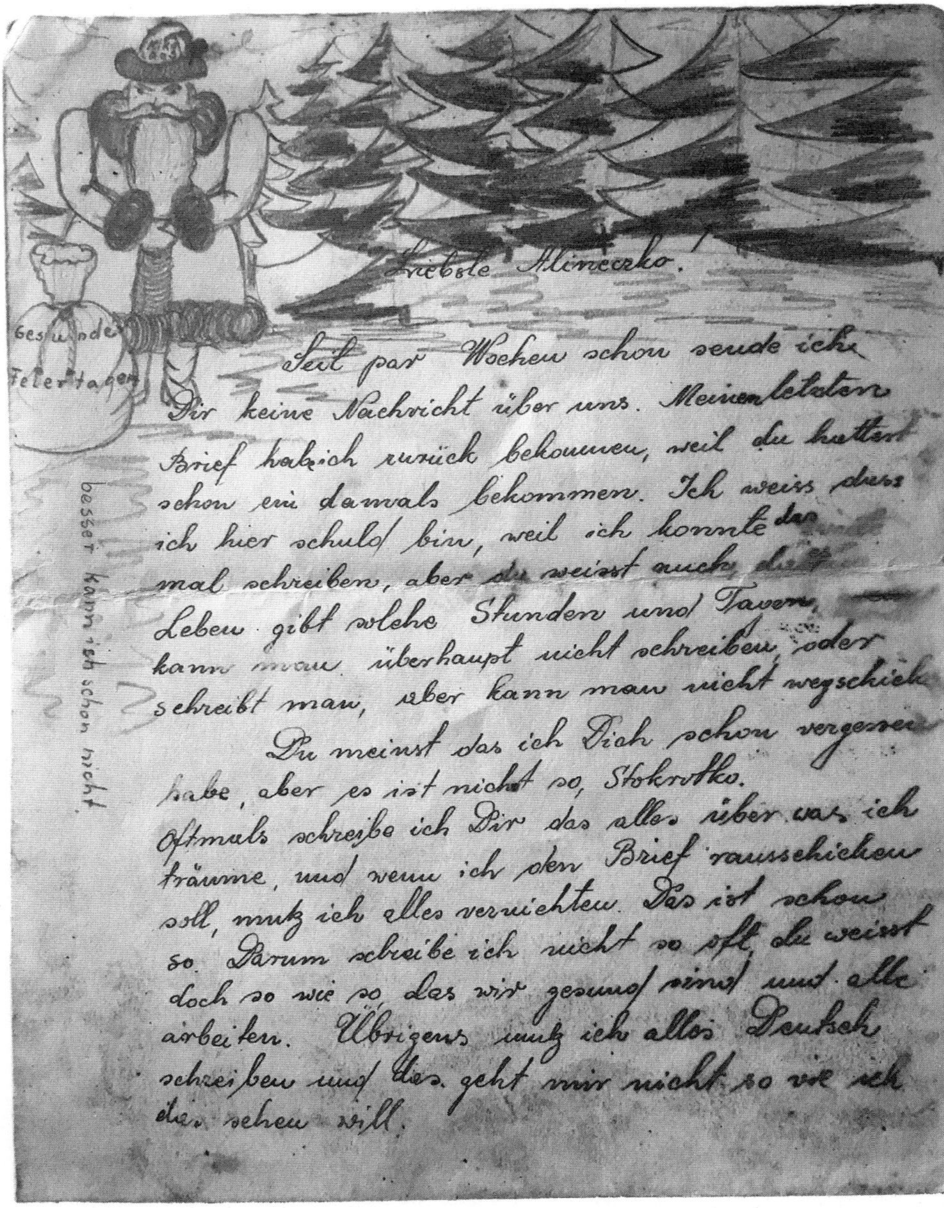

List wysłany do obozu do pani Aliny. Fot. Archiwum rodzinne

Muzułman[64]

Głód w obozie był naturalną sprawą. Każdego dnia umierały dziesiątki, jak nie setki ludzi wycieńczonych głodem. Zagłodzonych ludzi nazywano muzułmanami. Dostrzec można było ich wszędzie, w błocie na obozowym placu, leżących na pryczach, kucających na rogu budynku. Wszyscy tak bardzo do siebie podobni. Jeszcze żywi, choć już martwi. Ostatnim etapem muzułmaństwa była oczywiście śmierć. Ten widok mnie przerażał.

Nie myślałam o śmierci

Kiedy wydawało się, że moja sytuacja w obozie, choć ciężka, jest ustabilizowana, nagle zachorowałam na tyfus. Podejrzewałam, że powodem choroby była szczepionka, którą podano mi z polecenia doktora Mengele. Tak. To była część eksperymentu. Badania były prowadzone na potrzeby nie tylko obozu, dziś już wiemy, że polecenie wyszło z Berlina. Niemcy szukali leku na tyfus dla swoich żołnierzy, a na kim, jak nie na nas, mieli robić eksperymenty?

Leżałam na rewirze wśród innych kobiet. Byłam tak chora, że niewiele pamiętam z przebytej choroby. Wszystkiego dowiedziałam się z opowiadań. Utkwiło mi w pamięci jedynie okrutne pragnienie. Ziółka do picia podawano tylko rano i wieczorem. Kiedy w obozowym szpitalu pielęgniarka przyniosła rano miskę wody, w której myła po kolei każdą z nas (w tej samej wodzie), pobiegłam do niej szybko i zrobiłam kilka łyków. To była jedyna możliwość, by chwilowo ugasić palenie w gardle.

W gorączce śniła mi się mama. Przyjechała dorożką z beczką kwaśnej kapusty. Wstałam z łóżka i otworzyłam jej bramę, pod którą stała. Wydawało mi się, że widzę ją naprawdę. Nagle poczułam powiew chłodnego powietrza i usłyszałam kobiecy głos: „Co ty robisz?! Wracaj!". To była pielęgniarka. Śniąc o mamie, wstałam i naprawdę otworzyłam jej bramę (a tak naprawdę drzwi baraku szpitalnego). Bardzo za nią tęskniłam.

Minęło wiele czasu, nim doszłam do siebie po tyfusie. Podleczona, ale słaba, musiałam wrócić do pracy. Po powrocie na blok szczęście się do mnie uśmiechnęło. Któregoś dnia przyszedł Niemiec i zapytał, czy któraś z nas zna niemiecki i potrafi pisać na maszynie. Zgłosiłam się.

---

[64] Muzułman – zniekształcona forma słowa muzułmanin (niem. *Muselmann*), używana powszechnie w Auschwitz i w innych niemieckich obozach koncentracyjnych. W żargonie obozowym słowo to oznaczało więźnia skrajnie wycieńczonego z powodu głodu.

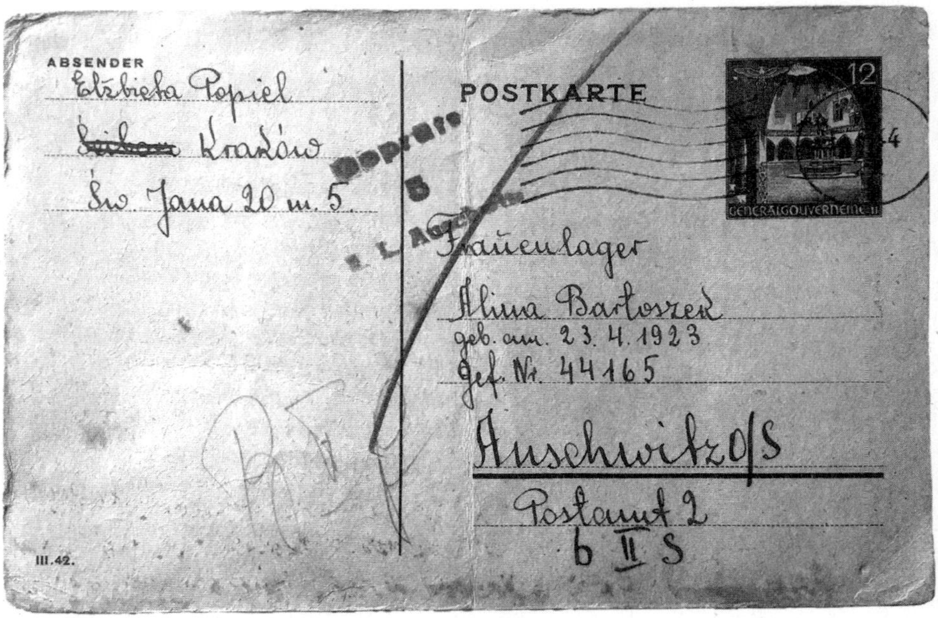

Pocztówka, na której widać napis „Frauenlager", czyli obóz kobiecy, i pieczątkę z obozu świadczącą o tym, że list przeszedł formalnie. Fot. Archiwum rodzinne

Byłyśmy trzy. Zabrali nas do nowej pracy, do budynku przy bramie głównej obozu. Najważniejsze było to, że pracę wykonywałyśmy pod dachem. W ten sposób uchroniłyśmy się przed robotami na *Aussen* w najzimniejszych miesiącach, od stycznia do marca. Gdybym zaraz po chorobie została wysłana do pracy na zewnątrz, kto wie, czy miałabym szansę przeżycia. Znów wspomniałam małą Elę, dzięki której podjęłam decyzję o przejściu do klasy niemieckojęzycznej. Za jej sprawą mogłam podjąć się tego zajęcia i przetrwać kilka kolejnych miesięcy.

Jako maszynistki dostawałyśmy ciepłą herbatę i kawę. Byłyśmy odpowiedzialne za tworzenie wykazów Żydów straconych w obozie. Oczywiście nikt nigdy głośno nie mówił, że zostali zgładzeni, zamordowani. Według wykazów umierali na różne choroby. Przeważnie na zapalenie płuc.

Następnie zostałam protegowana przez koleżanki, które pracowały w szwalni, i wkrótce również do niej trafiłam. Moim zadaniem było łatanie dziur w kocach.

– Która z was tak to zszyła!? – krzyknął ktoś po kilku dniach, odkąd rozpoczęłam pracę, wskazując na koc załatany skrawkami brudnego materiału, odstającymi i obszarpanymi dookoła.

– Ja – zgłosiłam się.

– Do poprawy! – usłyszałam.

Nikt mi nie powiedział, że brzegi skrawków trzeba zawijać przed przyszyciem.

Lubiłam pracować w szwalni, bo poznałam tam ciekawe osoby. Jedna z kobiet pięknie wieczorami opowiadała przeczytane przed wojną książki: *Potop* czy *Ogniem i mieczem*. Tą osoba była Seweryna Szmaglewska. Słuchałam jej z wielkim zaciekawieniem.

Kolejną pracę również dostałam dzięki znajomościom w obozie. Mąż koleżanki był pucybutem u szefostwa. On protegował do pracy swoją żonę, a ona protegowała mnie, ponieważ się lubiłyśmy. Była to praca w *Effektenkammer*[65]. Był to magazyn rzeczy odbieranych więźniom obozu. Przedmioty te pakowałyśmy do worków, opisując numerem więźnia. Początkowo rzeczy po zmarłych więźniach odsyłano rodzinie, później zaprzestano tych wysyłek. *Effektenkammer* znajdowała się na aryjskim bloku, zaraz obok krematorium. Po drugiej stronie mieściła się Kanada, gdzie Żydówki sortowały rzeczy po wymordowanych Żydach. Buty do butów, ubrania do ubrań, rzeczy do golenia razem i tak wszystko kolejno.

W *Effektenkammer* poznałam wspaniałą kobietę, Krystynę Żywulską. Była poetką i pisała w obozie wiersze. Uczyłam się ich na pamięć, niektóre pamiętam do dziś.

W aryjskim bloku organizowałyśmy niekiedy przedstawienia literackie. To było bardzo interesujące i pozwalało zapominać o tym, czego doświadczałyśmy w dzień. Nie brakowało tu przecież śmierci, cierpienia, łez. Ileż można było na to patrzeć? W bloku aryjskim pełniłam funkcję sztubowej. Do moich obowiązków należało przynoszenie śniadań i kolacji oraz sprzątanie na terenie bloku. Poznałam tam pewną Żydówkę z Francji, *madame* Cassis, która miała dwie córki. Pracowały w Kanadzie. Jedna z nich była nauczycielką francuskiego. Zaprzyjaźniłyśmy się. To ona nauczyła mnie podstaw języka francuskiego. Zaczęłam spełniać jedno ze swoich marzeń. Najczęściej rozmawiałyśmy po pracy.

W Kanadzie było mnóstwo książek, których nikt już nie potrzebował. Literatura ta była napisana w różnych językach, ponieważ zabierano ją więźniom przywiezionym z różnych stron świata. Pamiętam, że przeczytałam wtedy filozoficzną książkę Fryderyka Nietzschego, napisaną w języku niemieckim, o tytule *Tako rzecze Zaratustra*.

[65] *Effektenkammer* – magazyn mienia więźniarskiego.

Puff

Do dyspozycji oficerów i więźniów w obozie męskim był burdel, tak zwany Puff. Prostytutek szukano oczywiście wśród więźniarek. Pamiętam, że zgłosiła się jedna, która była dziewicą. Oficer nie dopuścił jej do tego zajęcia. Dziewczyna sądziła, że jako prostytutce będzie jej łatwiej przeżyć obóz, bo nie będzie musiała ciężko pracować w polu. Warto przy okazji wspomnieć, że każdy więzień posiadał swój winkiel, czyli trójkąt z numerem. Prostytutki miały naszyte na ubrania trójkąty w kolorze czarnym, więźniowie polityczni, za którego byłam uznana również ja – czerwone z literą „P" (lub inną w zależności od kraju). Złodziejkom przydzielano trójkąty zielone, a tym, które przybywały do obozu z uwagi na wyznanie religijne – fioletowe.

Krematorium płonie

Niespodziewanie słychać krzyki, szum. Spoglądam za okno, a tam esesmani biegną z psami, gonią więźniów do bloków i kierują się w stronę krematoriów. Budynki, w których uśmiercano Żydów, wyglądały całkiem zwyczaj-

Dalsza selekcja więźniów. Fot. Album Lili Jacob, nr neg. 24457–25=51

nie. W oknach nie było krat. Ludzie wchodzący do środka naprawdę mogli myśleć, że w pomieszczeniach odbędzie się kąpiel!

A teraz to wszystko stanęło w ogniu. Krematorium III widzę w płomieniach! Podpalili je Żydzi. Kilku z nich pozostało w środku. Z wnętrza budynku dochodziły słowa hebrajskiej pieśni[66].

Skąd wiedziałam, że za podpaleniem stali Żydzi? Po pierwsze, widziałam ich biegających dookoła krematorium, chowali się w zakamarkach, za murami. Niemcy do nich strzelali, wyciągali ich z prowizorycznych kryjówek i bili. Panowały totalny chaos, gwar i przemoc. Po drugie, tego samego dnia wieczorem, jadąc z wózkiem po kolację dla więźniarek do miejsca oddalonego o trzy kilometry, widziałam Żydów leżących na ziemi z twarzami w dół. Ręce trzymali na głowach. Potem Niemcy rozstrzelali co dziesiątego.

Kiedy miesiąc później Niemcy przenieśli kobiety do obozu macierzystego, widziałam, jak cztery Żydówki zostały powieszone za dostarczenie prochu do wysadzenia krematoriów. Niemcy stali przed nimi i donośnym głosem, aby wszyscy zgromadzeni usłyszeli, odczytali po niemiecku: „Tak zginie każdy, kto podniesie rękę na państwo i naród niemiecki!".

Tego typu egzekucje były robione na pokaz i każdy musiał na nie patrzeć. Miały być przestrogą dla więźniów, unaoczniały, co może ich spotkać za złamanie obozowego prawa.

Nie do wiary

W tym czasie niemal bezustannie odbywały się transporty do innych obozów. Dwa tygodnie po powstaniu Żydów w krematorium i mnie czekała wywózka.

---

[66] 7 października 1944 r. w obozie Auschwitz doszło do buntu *Sonderkommando*. Wydarzenia z jesieni 1944 roku to największe w historii obozu powstanie więźniów. Pod koniec lata, gdy malała liczba transportów do Auschwitz z Żydami skazanymi na zagładę, naziści postanowili sukcesywnie likwidować więźniów *Sonderkommando*. We wrześniu zabili ok. 200 osób. Pozostali zdawali sobie sprawę z zagrożenia. Zaplanowali bunt. Plan więźniów zakładał wysadzenie krematoriów, podpalenie baraków, przecięcie drutów i masową ucieczkę. Dysponowali prymitywnymi granatami, do wykonania których użyli materiału wybuchowego zdobytego od więźniarek pracujących przy demontażu starych samolotów. Niemcy szybko wpadli na ich trop, co spowodowało represje i liczne ofiary. Zginęło 451 więźniów. Pozostałych przy życiu hitlerowcy umieścili w krematorium III. Po stłumieniu buntu Niemcy wszczęli dochodzenie, skąd więźniowie mieli proch. Ustalili, że dostarczały go cztery żydowskie dziewczęta zatrudnione w fabryce. Roza Robota, Ala Gertner, Regina Safirsztain i Estera Wajcblum zostały powieszone w styczniu 1945 r., na 21 dni przed wyzwoleniem obozu.

Grupę dwudziestu kobiet, w tym mnie, przygotowano do transportu. Każda z nas stała z miską oraz niewielkim tobołkiem swoich rzeczy. Podszedł do nas jeden z głównych szefów obozu i dopytywał, dokąd się wybieramy. Poinformowałyśmy, że wysyłają nas do innego obozu. Zapytał, gdzie pracowałyśmy. Odpowiedziałyśmy zgodnie z prawdą, że w *Effektenkammer*. Okazało się, że Niemiec nie lubił szefowej naszego komanda i postanowił zrobić jej na złość. Wbrew jej woli nie pozwolił nam opuścić Auschwitz. Skierował nas do pracy w głównym, męskim lagrze. Ta praca była najlepszą, jaka mogła się przytrafić w obozie. Znalazłyśmy się w budynku reprezentacyjnym, czyli tym, który pokazywano delegacjom z zagranicy. Trudno było uwierzyć w panujące tam warunki: zmieniano nam pościel, pozwalano się wykąpać, nawet miałyśmy łazienkę! Zajmowałyśmy się sortowaniem ubrań, które po przyjeździe do Auschwitz zostały odebrane więźniom razem z innymi osobistymi rzeczami.

Banda z Oświęcimia

18 stycznia 1945 roku rozpoczął się Marsz Śmierci do Wodzisławia. Pamiętam, że było bardzo zimno. Dzięki temu, że pracowałam przy ciuchach, zdobyłam dla siebie płaszcz, więc byłam ubrana ciepło. Ci, którzy nie mieli niczego poza obozowym pasiakiem, po drodze zamarzali. Podczas marszu niektórym więźniom udało się uciec. W tej grupie była między innymi Żywulska.

Szliśmy dzień i noc. Dotarliśmy w końcu do pociągu, który zawiózł nas do Ravensbrück. Przejeżdżaliśmy przez zbombardowany Wrocław. W Ravensbrück byłam trzy tygodnie. Nazywali tu nas „bandą z Oświęcimia". Niemiecki obóz nie był przygotowany na napływ takiej liczby więźniów. Tysiące osób. Nie było gdzie spać, więc razem z koleżanką zrobiłyśmy sobie posłanie na deskach, które znalazłyśmy. Chodziłyśmy z tymi deskami cały dzień, aby nikt nam ich nie ukradł, bo nie byłoby się na czym położyć. Niemcy dawali nam niewiele do jedzenia (najczęściej chleb), więc zakradałyśmy się do kotła. Na obiad dostawałyśmy gorącą zupę, to było bardzo ważne, bo była zima. Miska ciepłego, rzadkiego płynu może i na krótko, ale ogrzewała. Kiedy więźniarki niosły kotły, podbiegałyśmy i napełniałyśmy miskę zupą. Za takie zachowanie byłyśmy bite kijami, ale cóż, trzeba było sobie jakoś radzić.

Kolejnym obozem, do którego trafiłyśmy, był Malchow. Obóz tylko dla kobiet. Tam głównym zajęciem była praca w tartaku, gdzie ścinałyśmy drzewa i na własnych barkach przenosiłyśmy je w wyznaczone miejsce. To w tym obozie pojawiła się we mnie pierwsza iskra nadziei na odzyskanie wolności. Znalazłam kawałek niemieckiej gazety, w której pisano o konferencji w Jałcie. Ta wiadomość mnie ucieszyła. Oznaczało to, że koniec Niemiec jest bliski! Następnie trafiłam do Buchenwaldu, pierwszego w historii niemieckiego obozu koncentracyjnego. Najpierw skazywano tu komunistów, później nazistów. Buchenwald miał kilkanaście podobozów. Dalej skierowano nas do Lipska.

Dokąd teraz?

W Lipsku sprzątałam kwatery dla wojska. Około 11 kwietnia 1945 roku rozpoczął się mój drugi Marsz Śmierci. Jedna koleżanka, odbierając przydział posiłków, dostała na naszą czwórkę kostkę margaryny, bez chleba. Wydzielała więc co dzień po jednej łyżce każdej z nas. Ufałyśmy jej. Byłam wtedy bardzo głodna.

Któregoś popołudnia nastała chwila odpoczynku. Znalazłyśmy się na łące. Kobiety siedziały pod drzewami, leżały w wysuszonej po zimie trawie. Nagle usłyszałyśmy hałas. Nadleciały samoloty. Rozpoczęło się ostrzeliwanie. W naszą stronę z góry padały strzały, wtedy postanowiłam uciekać.

– Jeśli mam umrzeć, to na wolności – powiedziałam do koleżanek. Chciałam przed śmiercią jeszcze raz poczuć smak życia. Nie miałam nic do stracenia.

Zaczęłyśmy się wspólnie zastanawiać, co zrobić. Uznałyśmy, że najlepiej będzie, jeśli podejdę do jednego ze strażników, który wydawał się mieć ludzkie podejście do więźniów, i szczerze mu powiem, że chcemy uciekać, bo tu nas czeka pewna śmierć. Nie mamy co jeść, nie wiadomo, dokąd idziemy. Tak też zrobiłam. Strażnik odparł, że jest Austriakiem i gdyby miał cywilne ubranie, sam by uciekł.

Było nas w grupach tysiące. Wiele kobiet padało z wycieńczenia lub głodu. Kiedy więc ukazał się naszym oczom kopiec kartofli, postanowiłyśmy skorzystać z okazji. Ukrainki pobiegły w jego stronę, aby zjeść surowe ziemniaki. Dzięki temu powstało zamieszanie, które wykorzystałam z moimi towarzyszkami marszu. Za Ukrainkami pobiegli esesmani.

– Idziemy! – krzyknęła koleżanka. Ruszyłyśmy więc przed siebie. Całe szczęście, że byłyśmy ubrane po cywilnemu. Nie rzucałyśmy się w oczy, ale mimo to nie pozostałyśmy niezauważone. Widząc próbę ucieczki, jeden z Niemców wycelował w nas karabin. Na co Austriak, z którym rozmawiałam, powiedział do niego: „*Lass sie gehen*", czyli „Zostaw, niech idą".

Czy pozwolono nam odejść ze względów humanitarnych? Sądzę, że przede wszystkim stało się tak dlatego, że strzelanina wywołałaby jeszcze większy chaos, z którym strażnicy by sobie nie poradzili. Uciekłoby jeszcze więcej osób. Strażnicy z pewnością sądzili też, że znajdą nas po drodze albo że same, słabe i głodne, wkrótce się wykończymy.

Tak czy inaczej, udało nam się oddalić od grupy więźniów.

Samotna chata

Powrót do domu trwał długo, a drogi były zawiłe. Jedną noc przespałyśmy w lesie. Potem dotarłyśmy do samotnej, oddalonej od drogi chaty. Mieszkańcy tego domostwa nie wiedzieli nawet, że gdzieś w oddali idą więźniowie. Samotna chata była własnością kobiety, matki dwójki dzieci. Dzięki temu, że miałyśmy cywilne ubrania, nikt nie domyślił się, że uciekłyśmy z obozu. Mówiłyśmy, że ledwo uszłyśmy z życiem podczas bombardowania fabryki i że się zgubiłyśmy. Niemka pozwoliła nam spać w stodole. Było nam dane spędzić tam dwa tygodnie. Kobieta nam gotowała, a nawet dostała na nas kartki żywnościowe.

Wreszcie nadeszły wojska rosyjskie. Żołnierze dali nam jedzenie, nocleg i zobowiązali się, że pomogą nam przedostać się na drugą stronę Łaby. Udało się! Trafiłyśmy wreszcie na polskiego oficera. Za pracę w szpitalu, którą nam zaoferował, miałyśmy otrzymać od niego pomoc. Pamiętam, że brałam udział w operacji mężczyzny. On był ranny, a ja podczas zabiegu trzymałam mu nogi. A raczej trzymałam się jego, aby nie zemdleć.

Kiedy w nocy z 8 na 9 maja 1945 roku ogłoszono koniec wojny, wszyscy więźniowie, ranni i zdrowi, wyszli przed budynek, w którym przebywaliśmy, i wystrzeliwali z broni. Zrobiło się głośno, panował jeden wielki huk. Wolność!

Później razem z rannymi żołnierze zabrali nas do Poznania, gdzie udałyśmy się do PUR-u[67]. Dwa dni po zakończeniu wojny, czyli 11 maja 1945

[67] PUR – Państwowy Urząd Repatriacyjny. Został powołany na mocy dekretu PKWN z 7 października 1944 r. Jego zadaniem była początkowo organizacja „repatriacji" (jak ówcześnie nazywano depatriację, czyli przymusowe wysiedlenie ludności z rodzinnych stron) ludności na pojałtańskim terytorium Polski. W wyniku reorganizacji dokonywanych w ciągu 1945 r. rola PUR uległa zmianie, gdyż dekret z 7 maja 1945 r. rozszerzył zakres działania urzędu o migracje wewnątrz terytorium państwa, nakazując jego kierownictwu organizowanie „powrotu wysiedlonych przez niemieckiego okupanta do poprzednich miejsc zamieszkania" oraz „przesiedlenia na tereny odzyskane ludności z innych okręgów państwa polskiego", jednocześnie podporządkowując go Ministerstwu Administracji Publicznej.

roku, byłam już w Pabianicach. Udałam się tam, gdzie przed aresztowaniem mieszkałam z rodziną. Dozorczyni poinformowała mnie, że w mieszkaniu już przebywa ktoś inny. Zaprosiła mnie, abym u niej przenocowała, a rano przyprowadziła tatę i moją siostrę Henrykę.

Cieszyłam się z powrotu do domu. Brakowało mi jednak mamy. Później dowiedziałam się także, że mój Żelisław zginął w Dachau. Chciał uciec z obozu, ale niestety nie przeżył.

Powrót do życia

Jeszcze przed wrześniem 1939 roku spodziewaliśmy się, że wojna przyjdzie wcześniej czy później. Nikt jednak nie przewidział, jak bardzo będzie to bezwzględny, okrutny dla nas czas.

Pierwszego września 1939 roku żegnaliśmy żołnierzy idących na wojnę. Dookoła panował entuzjazm. Nikt nie myślał o przegranej. Wszyscy krzyczeli: „Przywieźcie nam głowę Hitlera!".

Mój brat Zenon znalazł się za frontem i aby przeżyć, razem z kolegą schowali się w kartoflisku. Po dotarciu do domu w 1939 roku widział, jak rosyjskie wojska wchodzą na teren naszego kraju. Był przekonany, że trzeba walczyć z okupantem, podejmował wiele działań konspiracyjnych na terenie Pabianic. Utrzymywał kontakt z harcerzami, a zbiórki nastawione były na walkę przeciwko Niemcom. Wstąpił do Szarych Szeregów. Później i mnie zaproponował zaangażowanie się w podobne działania. Mama zauważyła, że jesteśmy z bratem blisko, że łączą nas jakieś tajemnice.

– Tylko żeby Zenek nie namówił cię do jakiejś akcji! – powiedziała do mnie któregoś dnia. Wtedy już dawno byłam po przysiędze w Szarych Szeregach. Mama zresztą również na własną rękę, po kryjomu, pomagała wielu ludziom, chowała ich na strychu i dokarmiała.

– Powiem wam po wojnie, co ja robiłam! – mawiała do nas często, zadowolona z siebie.

Życie po obozie było dla mnie trudne. Nie umiałam się dostosować do normalnego życia. Pomogły mi wtedy spotkania z przyjaciółmi. Osobami, których wojna – tak jak mnie – nie oszczędziła. Nasze rozmowy pozwoliły mi oswoić się z przeszłością.

W lutym 1946 roku byłam już po maturze. Wkrótce zostałam studentką akademickich nauk politycznych w Warszawie. 17 lutego 1947 roku zostałam zatrudniona w Ministerstwie Spraw Zagranicznych i to była praca mojego życia. Tam poznałam swojego męża. Tej pracy zawdzięczam wszystko: dom, dzieci, podróże.

W Ministerstwie Spraw Zagranicznych zajmowałam stanowisko w dziale traktatowym w Departamencie Umów Międzynarodowych. Często wyjeżdżałam w delegacje służbowe, jeździłam po całym świecie. Prywatnie także zawsze chciałam wyjeżdżać, zwiedzać.

Wiele lat spędziłam z mężem w Chinach. Pragnęłam pojechać do Fatimy oraz do Lourdes i udało mi się. Podczas ślubu księżnej Diany przebywałam w Londynie i widziałam ceremonię zaślubin. Byłam świadkiem kanonizacji Jana Pawła II i siostry Faustyny.

Bardzo znamienny i symboliczny okazał się wyjazd do Genewy w 1972 roku. Wtedy na poziomie ministerstw Polski i Niemiec została podpisana umowa dotycząca ofiar pseudomedycznych eksperymentów. A ja, będąc byłą więźniarką Auschwitz, na której te eksperymenty także zostały przeprowadzone, podawałam przedstawicielom państw dokumenty do podpisania.

Cieszę się z tego, co przydarzyło mi się pięknego. Spełniłam wiele swoich planów. Dziś znam kilka języków: angielski, niemiecki, francuski, rosyjski, węgierski oraz łacinę.

W moim życiu wiele było symboliki. Opatrzność nade mną czuwała. Byłam i nadal jestem ciekawa świata i wydarzeń. Jestem przywiązana do rodziny, wrażliwa na sprawy społeczne i zawsze gotowa do pomocy. Przeżyłam interesujące życie.

Auschwitz to piekło

Kiedyś zastanawiałam się, jakie dźwięki kojarzą mi się z Auschwitz. Pierwszy z nich to krzyk Cyganów, którzy wygnani z baraku wiedzieli, że idą do gazu. I my też o tym wiedzieliśmy. Drugi dźwięk to hałas, jaki usłyszałam, wchodząc do baraku zaraz po przyjeździe do obozu. Strasznie głośne rozmowy kobiet, jakby każda jedna chciała przekrzyczeć pozostałe. Ten chóralny wrzask zapamiętam do końca życia. Kolejne dźwięki zapamiętane z obozu to muzyka grana przez orkiestrę obozową, którą dyrygowała Alma Rosé.

Przez pięćdziesiąt lat po ucieczce z Marszu Śmierci nie odważyłam się pojechać ponownie do Auschwitz. Unikałam rozmów na ten temat. Początkowo udawałam, że nie poznaję osób związanych z obozem, które spotykałam na ulicy. Zawsze miałam przed oczami płonące krematoria i ludzi idących do gazu. To był obraz, który mnie długo nie opuszczał. Nie chciałam mieć żadnych wspomnień związanych z tym miejscem, za wszelką cenę broniłam się przed nimi. Przez wiele lat zakładałam tylko długie bluzki, aby zakryć numer obozowy wytatuowany na mojej ręce. To wszystko tkwiło we mnie.

Przeżyłam eksperymenty doktora Mengele prowadzone w Oświęcimiu. Widziałam stosy trupów. Żydów prowadzonych na pewną, brutalną śmierć, mordowane dzieci. Nie sposób o tym nie myśleć. Ci, którzy mówią, że czas leczy rany, nie mają racji.

Od kilku lat jednak mocno udzielam się w sprawach Auschwitz. Jeżdżę po Niemczech i Polsce, uczestniczę w spotkaniach z młodzieżą. Mówię o moich wspomnieniach na spotkaniach w szkołach. Udzieliłam też wywiadu do BBC i do naszej telewizji. Za swoją działalność otrzymałam Medal „Pro Patria”[68]. To ważne, aby mówić o Auschwitz, ja to robię, bo zdaję sobie sprawę z tego, że po doświadczeniu tak strasznej historii świat nadal ma tendencję do niszczenia życia ludzkiego.

Uważam, że obóz był moim przeznaczeniem. Poznałam w nim tak wiele ludzkiego okrucieństwa. To jest historia.

[68] Medal „Pro Patria” – polskie resortowe odznaczenie cywilne, przyznawane przez kierownika Urzędu do Spraw Kombatantów i Osób Represjonowanych. Uhonorowane nim mogą być osoby i instytucje „za szczególne zasługi w kultywowaniu pamięci o walce o niepodległość Rzeczypospolitej Polskiej”.

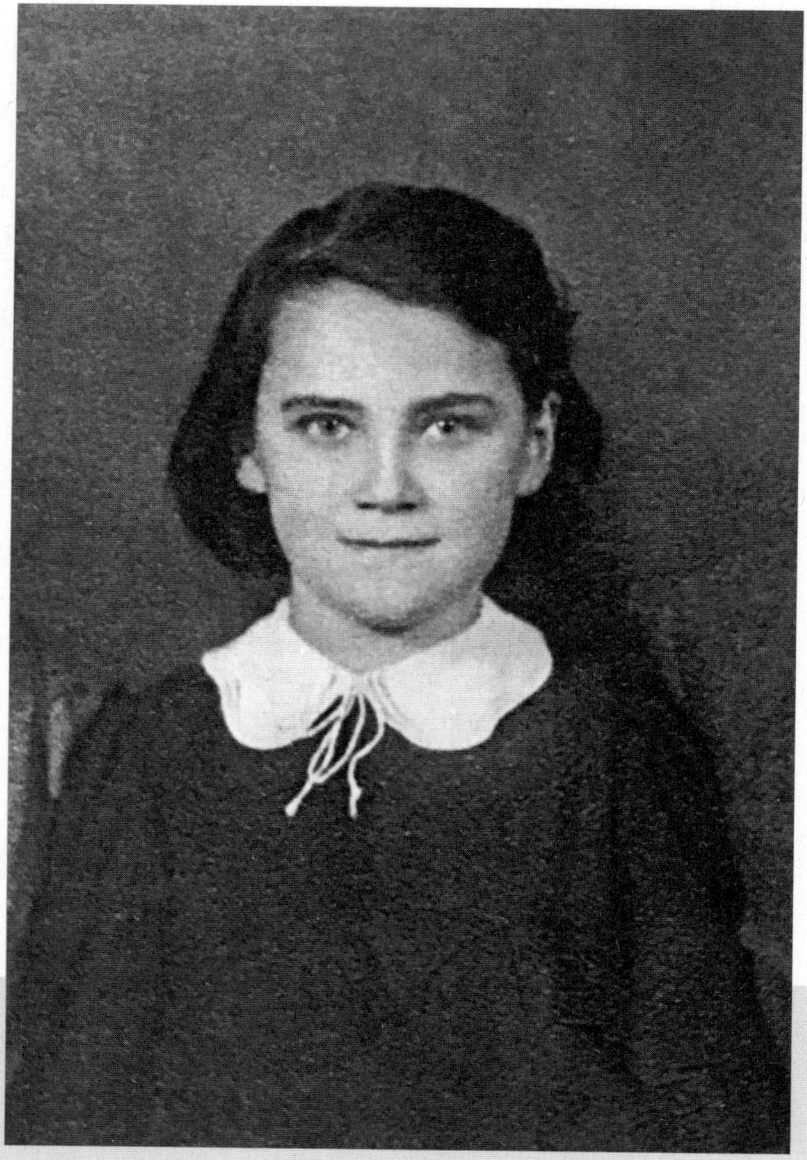

Walentyna Nikodem (fragment zdjęcia), 1940 rok.
Fot. Archiwum rodzinne

Nr obozowy: 8737

WALENTYNA NIKODEM z domu **Ignaszewska**

Urodzona: 14 lutego 1922 roku

Data wywózki do Auschwitz: 26 lipca 1942 roku

Obozy koncentracyjne: Auschwitz-Birkenau, Flossenbürg

Drechsel to była esesmanka, która potrafiła złapać kobietę i ją dusić. W najlepszym wypadku.

WALENTYNA NIKODEM

To ona złapała Drechsel

W obozie przebywała prawie trzy lata. W Auschwitz zginęła jej mama. Była świadkiem bestialskich poczynań esesmanek. To ona pod koniec wojny spotkała jedną z najokrutniejszych morderczyń i doprowadziła do jej powieszenia.

Walentyna z braćmi, Kazimierzem (8 lat) i Jerzym (3 lata), Łódź, 1928 rok.
Fot. Archiwum rodzinne

Choinka

To był 6 grudnia 1942 roku. Potworny dzień. Nie mogę go zapomnieć.

O czwartej nad ranem orszak nagich kobiet, wychudzonych tak bardzo, że widoczne były wszystkie kości na ich zgarbionych ciałach, wyprowadzono przed obóz. Szły pod wiatr wątłe i słabe, podkurczając dłonie pod pachami, jakby chciały się okryć choć trochę i ogrzać własnymi rękami. Twarze miały wykrzywione w nieustającym bólu. Zbliżała się zima. Wiatr zacinał w ich

4-letnia Walentyna siedzi na kolanach cioci Józefy (siostry mamy), obok mama Walentyny z małym Jurkiem. Fot. Archiwum rodzinne

ciała deszczem na przemian ze śniegiem. Patrzyłam na nie w milczeniu, dławiąc w sobie niepokój i płacz. Byłam jedną z nich.

Tymczasem esesmani szykowali nasze ciuchy i koje do odwszenia. Wszy w obozie były utrapieniem więźniów. Grube jak ziarna ryżu insekty rozprzestrzeniały się wszędzie: w ubraniach, w krótko obciętych włosach i starych kocach, którymi się okrywałyśmy. Nie sposób było się ich ustrzec. Rozwijały się tam, gdzie panował brud, a ten w obozie był dosłownie wszędzie.

Godziny mijały powoli. Stałyśmy nieruchomo w zimnie do czwartej po południu. Nie wszystkie dotrwałyśmy do ponownego otwarcia bram. Część kobiet, te słabsze lub chore, upadła na ziemię i ich nagość zdążył już oprószyć śnieg. Zastygły tak na zawsze.

Gdy brama obozu Brzezinki została otwarta, wyruszył w naszą stronę kordon esesmanek. Każda z nich miała w ręku pałkę do bicia. Zaraz przy

Cała rodzina państwa Ignaszewskich, Łódź, 1937 rok. Fot. Archiwum rodzinne

Walentyna w wieku 13 lat. Fot. Archiwum rodzinne

nich jechał już samochód gotowy do pozbierania trupów osób, które padły podczas tego apelu i nadzwyczajnego odwszenia. Wiedziałyśmy, co zaraz może nas spotkać.

Biegiem! Gnałyśmy przed siebie czwórkami lub piątkami w stronę bramy, by minąć z dala wściekłe esesmanki. Bez skrupułów biły drewnianymi pałkami umęczone i tak kobiety. Waliły, gdzie popadło. Po brzuchu, głowie i po nogach cienkich jak patyczki. Jeśli zabiły, to trudno. Takich jak my było tu pod dostatkiem.

Byłam słaba. Dopiero co chorowałam na tyfus. Koleżanka podpierała mnie swoim ramieniem i ciągnęła najszybciej, jak umiała, aby tylko zdążyć przejść przez bramę, nim ktoś zwróci na nas uwagę. Pewnym krokiem w stronę więźniarek szła Drechsel. Ideowa hitlerówka! Najgorsza i najokrutniejsza ze wszystkich esesmanek, jakie spotkałam w obozie. W dłoniach trzymała laskę, którą każdą upatrzoną kobietę łapała za szyję i z impetem zaciągała brutalnie do rowu przy drutach. Nikt nie wiedział, jakim kryterium się kierowała. Czy ktoś biegał za wolno, a może wyglądał gorzej od wszystkich pozostałych? Z rowu taką ofiarę razem z trupami samochód zabierał do zagazowania.

Aniela i Ignacy Ignaszewscy, rodzice Walentyny. Fot. Archiwum rodzinne

Drechsel potrafiła schwytać kobietę i ją dusić. W najlepszym wypadku. Zdarzało się bowiem, że przewracała ofiarę i na jej szyję stawała wojskowym buciorem, zabijając od razu. Gdy wchodziła na apel, nagle i nasze blokowe stawały się groźne! Bały się jej, więc chciały pokazać, że potrafią być surowe na jej wzór. Ona jednak sama lubiła doszukiwać się szczegółów, aby tylko móc się przyczepić i tłuc więźniarkę. Czasami na śmierć. Liczyłam, że kiedyś spotka ją sprawiedliwa kara za to, jaka jest okrutna. I za to, że krzywdzi dla zabawy. Mnie raz tylko potraktowała w nieprzyzwoity sposób, ale nie uderzyła. Bardzo spodobała się jej sukienka, którą nosiłam, więc rozkazała mi ją natychmiast ściągnąć i oddać. Musiałam wtedy postarać się o inne łachmany dla siebie. Chyba tak samo, jak pragnęłam się stamtąd wydostać i wrócić do domu, chciałam, aby Drechsel została ukarana, by spotkała ją sprawiedliwość...

Był 6 grudnia 1942 roku. Mikołajki.

W obozie nie wracały do nas wspomnienia domu czy radosne chwile z rodziną, prezenty, jakimi obdarowywaliśmy się w przeszłości. Tu dla każdej z nas liczył się kawałek chleba i kubek wody. Zależało nam na tym, by szybciej zerwać się z pracy, o ile się dało, żeby spotkać znajomą twarz, przyjaciela, rodzinę.

W pierwsze Boże Narodzenie w Brzezince na placu ustawiono wysoką choinkę. Wypędzili nas pod nią, a my patrzyłyśmy na stosy trupów mężczyzn ułożonych pod drzewkiem. Prawdopodobnie dopiero co ich rozstrzelali. Potworność!

Podczas pobytu w obozie w Boże Narodzenie nikt nie myślał o szczęśliwych chwilach, jakie kiedyś spędzał w domu. Każdy pragnął tylko po ciężkiej pracy zasnąć, zapomnieć, gdzie się znajduje i co widział tego dnia.

Na Gdańskiej

Przed wywózką mieszkałam w Łodzi. Gdy rozpoczęła się wojna i miasto zasiedlili Niemcy, poczułam się zagrożona. W końcu nasz największy wróg poszukiwał także mojego taty! Ojciec był peowiakiem[69] i nie krył swoich poglądów. Potrafił publicznie krytykować Hitlera, przeświadczony o tym, że dla ojczyzny warto podejmować ryzyko mówienia prawdy głośno. Ponadto w 1939 roku stworzył oddział Polskiej Organizacji Wolnościowej, gdzie był komendantem i posługiwał się pseudonimem „Strug". Zrzeszała ona między innymi peowiaków. My z mamą również ślubowałyśmy przynależność.

Dookoła nas mieszkali Niemcy, którzy przybywając do Łodzi, szukali miejsca zamieszkania. Sąsiedzi byli Niemcami i gospodyni mieszkająca obok pochodziła z Niemiec. Jak się później okazało, otrzymali oni listę peowiaków, na której znajdował się mój tata. W jego schwytaniu pomagał kolega z pracy ojca, z którym ten nie utrzymywał kontaktów ze względu na różnice poglądowe.

---

[69] Peowiak – członek POW, czyli Polskiej Organizacji Wojskowej (zwanej też Polską Organizacją Wolnościową), utworzonej z inicjatywy Józefa Piłsudskiego w 1914 r. w Warszawie. Była ona tajną organizacją stworzoną w celu walki z zaborcą rosyjskim. Do lipca 1917 r. dowodził nią J. Piłsudski, a później E. Śmigły-Rydz.

Walentyna Nikodem oraz Zofia i Aniela Ignaszewskie po 3 miesiącach pobytu w więzieniu, 1940 rok. Fot. Archiwum rodzinne

Niemcy starali się nakryć w domu tatę, ale bezskutecznie. Razem z moim bratem ojciec poszedł walczyć o Warszawę. Wiedzieliśmy, że w domu również grozi mu niebezpieczeństwo. Oprawcy najczęściej przychodzili wieczorem lub w nocy. Mama mówiła wtedy, że ojciec poszedł na wojnę i nigdy nie wrócił. To oczywiście nie było prawdą. Tata wrócił po kapitulacji Warszawy, ale wtedy od razu poinformowaliśmy go, że jest poszukiwany i że musi znaleźć kryjówkę z dala od nas. Niemcy wciąż wchodzili do naszego mieszkania, rozglądali się w poszukiwaniu ubrań taty, jego mydła do golenia. Bezskutecznie.

Wreszcie, o ile mnie pamięć nie myli, 20 maja 1940 roku przyszli gestapowcy i zabrali mnie, mamę oraz starszego z braci, Kazimierza, który miał szesnaście lat. Ja miałam wtedy lat osiemnaście. Reszta rodzeństwa bawiła się na podwórku i dzięki temu pozostała na wolności.

Brata wywieziono do Niemiec na roboty, a mnie z mamą skierowano do więzienia. Niemcy oznajmili nam, że będą nas trzymać, dopóki nie znajdą ojca. Pewnie myśleli, że w ten sposób tata się podda lub my go o to będziemy prosić.

Wówczas nie było jeszcze więzienia kobiecego na Gdańskiej 13[70]. Zabrali nas więc na Szterlinga. Do fabryki. Warunki były okropne. Wtedy nie mogłam wiedzieć, że niedługo będę przebywać w jeszcze gorszych.

Mały pokoik mieścił piętnaście kobiet. Drewnianą podłogę musiałyśmy każdego dnia wymyć, a później na nieprzeschniętej, obskurnej siedzieć lub kłaść się spać. Od brudu, jaki tam panował, na moim ciele pojawiły się zmiany skórne, wskutek czego zabrali mnie do szpitala – psychiatrycznego. Tam też znajdował się oddział wenerycznych chorób skórnych. Był to wielki szpital, przy którym znajdował się równie ogromny park.

Lekarze starali się wyleczyć moje dolegliwości. Na początku przy łóżku przez cały czas siedział gestapowiec i pilnował, abym nie uciekła.

Później pani Gajda, która była sanitariuszką w szpitalu, powiedziała mu, że go wyręczy. Dzięki temu, że mnie pilnowała, mogłam wychodzić do parku przy szpitalu. Sama to zaproponowała.

Pewnego dnia podszedł do mnie mężczyzna, którego wcześniej nie znałam i już nigdy później nie zobaczyłam. Powiedział, abym poszła do domków personelu, które znajdowały się na terenie parku. Tak zrobiłam. Na miejscu spotkałam dwóch mężczyzn, którzy zapewnili, że są z POW. Powiedzieli mi, gdzie znajduje się tata, i przekazali, że bardzo się o mnie martwi. Pytali, co dzieje się ze mną i z mamą.

W szpitalu spędziłam miesiąc. Później ponownie przewieziono mnie do więzienia, ale już na Gdańską, gdzie zostały przeniesione kobiety. Trafiłam do celi numer sześć. Zastanawiałam się, co z mamą! Na szczęście okazało się, że przebywa blisko, w ósmej celi, i mogłyśmy się widywać na spacerniaku. Wiedziałyśmy, że specjalnie nas rozdzielili, abyśmy nie miały ze sobą kontaktu i nie przekazywały sobie ewentualnych wiadomości na temat ojca. Powtarzali w kółko, że nie wyjdziemy z więzienia. Wciąż wypytywali nas, gdzie jest tata.

Na Gdańskiej spędziłyśmy trzy miesiące, po czym Niemcy nagle „zmienili zdanie" i nas zwolnili. Nie chciałam wierzyć w ich nagłą dobroć lub poddanie się. Sądziłam, mama zresztą podobnie, że wypuścili nas jako przynętę, by wreszcie dorwać ojca. Byli przekonani, że tata będzie nas chciał odwiedzić, sprawdzić, czy wszystko w porządku. Musiałyśmy uważać. Tymczasem brat

---

[70] Budynek oddany do użytku 9 października 1885 r. Przez wiele lat był więzieniem: początkowo carskim dla więźniów oskarżonych o przestępstwa państwowe, w czasie I wojny światowej podlegał niemieckim władzom okupacyjnym. W dwudziestoleciu międzywojennym było to więzienie karno-śledcze, w którym przetrzymywano więźniów związanych z ruchem lewicowym; podczas okupacji hitlerowskiej – więzienie policyjne dla kobiet.

ciągle przebywał na robotach. Moje rodzeństwo zostało na czas naszej nieobecności przygarnięte przez rodzinę.

Do kwietnia 1941 roku nic się nie zmieniło. Gestapowcy przychodzili i nękali nas pytaniami o ojca. Widzieli, że z ich pułapki nici.

Nadszedł maj, a ja miałam brać ślub z narzeczonym. Damazy mieszkał w Katowicach, bo tam łatwiej było zdobyć broń. Należał do założonego przez tatę oddziału Polskiej Organizacji Wolnościowej i na Śląsku tworzył jej komórkę. Zanim się pokochaliśmy, przyjeżdżał do nas, informował, co się dzieje. Tak się poznaliśmy.

21 kwietnia 1941 roku, tuż przed ślubem, do naszego mieszkania wpadło Gestapo. Pojmali mnie, mamę i narzeczonego. To wszystko działo się tak szybko! Gdy wyprowadzili nas na ulicę, spostrzegłam, że dookoła stoi pełno gestapowskich samochodów, cała ulica była nimi obstawiona. Na pewno myśleli, że złapią ojca. Wsadzili nas do auta i ruszyli w stronę głównej ulicy.

Samochód, którym jechaliśmy, miał przyciemnione szyby, więc nikt nie mógł nas zauważyć. Nagle dostrzegłam łączniczkę Henrykę Sztekmiller idącą w stronę naszego mieszkania. Zamarłam. Nie mogłam dać po sobie poznać, że widzę kogoś znajomego, bo naraziłabym tę osobę na niebezpieczeństwo. Spojrzałam tylko na narzeczonego i mamę. Na szczęście dziewczyna zorientowała się, że coś jest nie tak. Zbyt dużo zielonych mundurów i aut. Zawróciła. Niestety po dwóch miesiącach złapali również ją. Wcześniej także jej matkę. Nasz ojciec również w ich domu miał kryjówkę.

Gestapowcy wciąż gnębili nas pytaniami o miejsce pobytu ojca. Mama jednak utrzymywała, że samotnie wychowuje dzieci i prowadzi dom. A mój narzeczony przyjechał do mnie, ponieważ pobieramy się za kilka dni.

Damazy urodził się w Niemczech. Jego matka była pokojową na zamku Wartburg. Podczas dwóch poprzednich ciąż, gdy nadchodził dzień rozwiązania, wracała do Polski, aby tylko w dokumentach nie widniał zapis, że dziecko zostało urodzone w Niemczech. Ale tym razem się nie udało. Damazy przyszedł na świat w Turyngii i taki zapis zobaczyli 21 kwietnia gestapowcy.

– Jesteś Niemcem? – zapytali. Narzeczony zaprzeczył. Opowiedział o matce pracującej na zamku, oni jednak podłożyli mu do podpisania Reichslistę[71], mówiącą między innymi o przyznaniu się do narodowości niemie-

[71] Tzw. Reichslista to jedna z kategorii Volkslisty, czyli niemieckiej listy narodowościowej wprowadzonej 2 września 1940 r. na podstawie reskryptu Heinricha Himmlera jako komisarza Rzeszy do spraw wzmacniania niemczyzny. Reichslista dotyczyła osób narodowości niemieckiej, aktywnej politycznie, działającej na rzecz III Rzeszy w okresie międzywojennym.

ckiej. Grozili, że jeżeli nie podpisze, trafi z nami do obozu. Wiedzieli, że jest inwalidą wojennym. Był raniony przez Rosjan na Wołyniu, przez co miał sztywną prawą rękę i nie mógł pracować. Dla osób niezdolnych do wykonywania pracy obóz oznaczał śmierć. Ale wtedy tego jeszcze nie wiedzieliśmy.

„Kaczuszka"

Damazy się nie zgodził. Niczego nie podpisał. Został wysłany na Radogoszcz, czyli „Rozszerzone Więzienie Policyjne" utworzone w fabryce włókienniczej w Łodzi. Później trafiło tam również dwóch jego braci. A my z mamą ponownie wylądowałyśmy na Gdańskiej. Co teraz się stanie? Czy uda nam się po raz drugi ujść z życiem z tego miejsca?

W więzieniu strażniczkami były Niemki. Była wśród nich Kauffmanowa, względnie porządna kobieta. Nie była surowa. Jej mąż pracował w Radogoszczu. Przyszła do nas pewnego dnia i powiedziała, że mój narzeczony tam ciągle przebywa i pyta o nas. Najzabawniejsza natomiast była oddziałowa, na którą wołałyśmy „Kaczuszka". Kiedy strażniczki rozmawiały między sobą o tym, co gotowały w domu na obiad, ona zawsze mówiła, że przyrządzała kaczkę.

Pewnego razu Kauffmanowa zawołała mamę i pod pretekstem wyjścia do kancelarii zabrała ją ze sobą. Tak naprawdę chciała ją ostrzec przed obozem, do którego zamierzali nas wywieźć. Oświęcim. Czym był? Nie miałyśmy pojęcia. Powszechnie wiadomo było, że to obóz pracy, gdzie dają miejsce do spania i posiłki. A każdy więzień odbywa tam swoją „karę", pracując na rzecz III Rzeszy.

– Nie będziemy wreszcie w tym Gestapo! – Ja i mama rozmawiałyśmy zadowolone. Nieświadome. Zresztą informacja strażniczki niczego nie mogła zmienić. Nasz los był przesądzony.

Dziś nie umiem sobie przypomnieć, kto nam powiedział, że Zosia i Jerzyk, moje młodsze rodzeństwo, zostali zabrani do sierocińca na ulicy Kopernika w Łodzi. W tym czasie w Polsce, ale też na terenach innych krajów, szerzył się rabunek dzieci. Działo się to w sposób zinstytucjonalizowany w ramach działań germanizacyjnych. Mama, wiedząc, że Zosi i Jerzykowi może grozić przymusowe wywiezienie do Niemiec, w grypsie do cioci poprosiła, aby ta zabrała moje rodzeństwo do siebie. Napisała też, że wywożą nas do Oświęcimia.

Ciocia słała nam do więzienia paczki z jedzeniem i dzięki temu miałyśmy możliwość wysyłania grypsów. W puste pakunki, które odsyłałyśmy, wszywałyśmy wiadomości, starając się, aby nikt poza siostrą taty ich nie znalazł.

Na szczęście, jak się później dowiedziałyśmy, Zosię udało się zabrać do domu. Jerzyk natomiast uciekł z sierocińca i wyjechał do Niemiec, do starszego brata Kazimierza, do pracy. Chociaż było to ryzykowne, wierzyłyśmy, że w ten sposób się uratuje.

Ciocia, dowiedziawszy się, że zostaniemy wywiezione do Auschwitz, w liście przekazała tę informację braciom. Ci postanowili do nas przyjechać, aby się pożegnać. Jerzykowi szef nie dał urlopu, więc brat uciekł z Hanoweru przez Berlin i przyjechał do nas. Mama jednak poprosiła go, by wracał do Niemiec. Obawiała się, że jeśli go złapią, uznają za uciekiniera i zabiją. Starszy brat Kazimierz również nie otrzymał przepustki i razem z Henrykiem Mazurem, kolegą z Polski, z którym pracował w Niemczech, uciekli z zakładu pracy. Niemcy złapali ich jednak i zawieźli do karnego lagru. Dowiedziałyśmy się o tym znacznie później. W smutnych okolicznościach.

Był marzec. Któregoś dnia gestapowcy przyszli po mamę do celi i wywołali ją do kancelarii.

– Oj, pani Ignaszewska, już pani nie ma syna – powiedział jeden z nich.

– Jak to? – zdziwiła się mama. – Przecież on jest na robotach w Niemczech.

Mama poznała w gestapowcu kolegę mojego taty. Był Polakiem i okazał się zdrajcą. Ojciec pracował z nim w kancelarii notarialnej mecenasa Smolińskiego. Dowiedziałam się tego dopiero po wielu latach.

– Już nie. Nie żyje – odparł mężczyzna, śmiejąc się mamie w twarz.

Oznajmił, że brat został aresztowany w Berlinie i przeniesiony do karnego obozu Breitenau[72] koło Kassel. Był to ośrodek m.in. dla pracowników, którzy chcieli uciec lub uciekli z Niemiec. Stamtąd brata skierowano do pracy przy karczowaniu lasu. Zaraz na drugi dzień przygniotło go drzewo i choć trafił do szpitala, wkrótce zmarł. Pochowano go w Niemczech, w Kassel.

Na te słowa mama straciła przytomność. Została przeniesiona do celi chorych. Do swojej nie wróciła przez dwa tygodnie. Bardzo się o nią martwiłam. To od pani Kauffmanowej dowiedziałam się, gdzie przebywa mama i że Kazimierz nie żyje. Emocje wywołane śmiercią dziecka spowodowały,

[72] Obóz koncentracyjny w Breitenau założono już w 1933 r. Do czasu jego likwidacji w 1934 r. więziono tam blisko 500 osób. W 1940 r. wznowiono działanie obozu, ale przekształcono go na obóz poprawczy. Był to obóz pracy, w którym uznani za niesubordynowanych robotnicy mieli zostać nauczeni posłuszeństwa. Więźniami byli najczęściej cudzoziemcy.

że mama zaczęła chorować. Nie mogła nawet ze mną porozmawiać, ponieważ nie miałyśmy ze sobą kontaktu.

Do obozu wyjechałyśmy w lipcu, sądząc, że tam będzie spokojniej. Wykonamy swoją pracę, dostaniemy miejsce do spania i jedzenie. Ale tam czekał nas dramat.

Kożuch i buty ojca

Moje pierwsze przesłuchanie pamiętam doskonale. Jak mogłabym zapomnieć... W pomieszczeniu znajdowało się biurko. Przy nim siedziało dwóch gestapowców. Obok stała szafa, a tuż za nią wisiał kożuch mojego taty. Na podłodze dostrzegłam jego buty. Zrozumiałam, że musiało stać się coś złego. Czy mama o tym wiedziała? Nie mogłam jej powiedzieć, ale jeśli i ona chodziła na przesłuchania, też musiała widzieć rzeczy taty w pokoju przesłuchań.

„Perełka"

Gdy toczy się wojna, każdy walczy o swój byt i życie. Do zdrad dochodziło często. Niestety. Mnie nie mieściło się w głowie, jak można donieść na Polaka, na swój naród, ale wielu nie miało z tym problemu.

Wśród takich osób był chłopak o pseudonimie „Perełka". Jeden z członków Polskiej Organizacji Wolnościowej, najbliższy pomocnik taty. Nie poznałam nigdy jego nazwiska. Przez długi czas każdy go chwalił. Mówiło się, że jest uczynnym i dobrym chłopcem i że zawsze można na nim polegać. Pochodził ze wsi pod Łodzią.

Pewnego dnia „Perełka" został delegowany i pojechał z kolegą do pracy rozkręcać tory przy przejściu granicznym w Brzezinach, gdzie była granica gubernatorstwa. Przez nią niemieckie pociągi wojskowe przejeżdżały na wschód. Peowiacy rozkręcali tory, żeby pociągi się wykolejały. Niestety akurat tego dnia Niemcy zrobili obławę na szmuglerów i handlarzy i pojmali obu chłopaków. Kolegę „Perełki" pobili na śmierć.

Jego samego zaś przesłuchiwali, dopytując o powiązania w organizacji, a przede wszystkim o mojego ojca. Dopiero po wojnie dotarła do mnie wieść, że ten chłopak, uznawany za przyjaciela, osobiście pokazał Niemcom kryjówki taty (były oddalone od siebie o kilka kilometrów). To dzięki „Perełce" gestapowcom udało się podejść do chatki w głębi lasu, w której ukrywał się ojciec, i pojmać go. Tata miał przy sobie broń i maszynę do pisania. Z tego, co słyszałam, gdy wyprowadzili go z chaty, był tak skatowany, że do auta musieli go wrzucać. Na Gestapo, które mieściło się w Łodzi przy alei Anstadta[73] zapewne go dobili.

„Perełka" wojnę przeżył, bo za donosy Niemcy zagwarantowali mu życie.

Tłum stworów

Najgorsze wspomnienie, jakie wiąże się z obozem, to moment mojego przyjazdu do Auschwitz. Z Łodzi do Oświęcimia wieźli nas pociągiem. Bezpośrednio do obozu prowadził nas kordon esesmanów z psami. Zaprowadzili nas do „piątki", czyli nowo wybudowanego bloku 5 w obozie głównym Auschwitz I. Wewnątrz znajdował się tylko beton, a na ziemi rozsypana była niewielka ilość słomy. Rozkazali nam tam pozostać i nie wyglądać przez okna. „Jeśli ktoś się odważy, będą strzelać". To był wieczór.

Wtem bramy obozu się otworzyły. Było słychać krzyki i gwar. Nikt z nas nie wiedział, czego możemy się spodziewać, więc mimo zakazu rzuciliśmy się do okien. Naszym oczom ukazał się tłum stworów idących w naszą stronę. Kobiety. Każda z nich miała u pasa sznurkiem przywiązaną czerwoną miskę. Co to jest? Ludzie jacyś czy wariaci?! Rozległ się krzyk, słowa podobne do rechotu. Były to Żydówki ze Słowacji. Przyjechały przed nami. A to, co zobaczyłam, jak się później okazało, było codziennością obozową. Z pracy na *Aussen* zaczęły wracać komanda. Rzuciły się do kotła z zupą obozową, przepychając się, robiąc przy tym niemożebny szum, chaos. „Dom wariatów" – pomyślałam. Gdzie ja jestem?

To był 26 lipca 1942 roku. Kolejnego dnia zaprowadzili nas do łaźni, ostrzygli włosy. Do ubrania nie dostałyśmy pasiaków, tylko stare łachmany w szarym kolorze i chusteczki na głowę. Wreszcie wyprowadzili nas na lager męski do obozowego fotografa i wykonali zdjęcia. Kolejnego dnia poszłam już do pracy. Najpierw kopałyśmy dół pod fundamenty jakiegoś budynku. Po półtora roku spędzonym w więzieniu słońca widziałam tyle, co przez pół godziny na spacerniaku. Wychodząc do pracy w obozie, narażona na ciągłe promienie, szybko dostałam udaru i trafiłam do obozowego „szpitala". Stało

[73] Budynek przy al. Anstadta planowano przeznaczyć na Gimnazjum Towarzystwa Żydowskich Szkół Średnich, które miało zostać otwarte 1 września 1939 r. Budynek został jednak zajęty przez Gestapo i wszedł w skład gestapowskiego zespołu obiektów w Litzmannstadt, który obejmował biura, areszt śledczy, mieszkania, garaże i magazyny.

się to w trzecim dniu pracy. Oczywiście nie mogłam liczyć na leczenie. Nałożyli mi tylko na oczy i czoło brudną, mokrą szmatę.

Szybko trzeba było wrócić do roboty.

Później gonili nas do Brzezinki, do budowania baraków. Był to teren podmokły, malaryczny. Mężczyźni przywozili na wozach piach, a my sypałyśmy go pod baraki na terenie nowo budowanego lagru A. Na odcinku B już mieszkali mężczyźni. Trwało to do 16 sierpnia 1942 roku. Później przeniesiono nas z macierzystego obozu Auschwitz I do Brzezinki.

Niedługo po tym, jak znalazłyśmy się w Brzezince, esesmani rozkazali nam rozebrać się do naga i tak popędzili na męski lager B. Szło nas tak wiele... W wieku od mniej więcej piętnastu do osiemdziesięciu lat. Ja miałam wtedy lat dwadzieścia. Na męskim lagrze fryzjerzy mieli ogolić wszelkie nasze owłosienie. Widok tylu nagich kobiet odartych z ubrań, ale przede wszystkim z godności, przerażał mnie.

Rozpacz, krzyki – to pamiętam najbardziej z lagru męskiego. Jedne kobiety płakały ze strachu, inne – bo nie chciały stracić swoich długich włosów. Kiedy naga stanęłam przed mężczyzną, który miał mnie ogolić, również zaczęłam płakać.

– Nie płacz, dziecko. To oni niech się wstydzą, a nie ty – powiedział do mnie.

Moja pierwsza praca w Brzezince to było kruszenie kamieni pod utwardzenie drogi obozowej. Pewnego dnia podeszła do mnie jedna z *Aufseherin*, bardzo ładna kobieta, i kazała mi pójść ze sobą.

Mama była przerażona, ponieważ plotki głosiły, że to lesbijka. Kobieta jednak zabrała mnie i jeszcze jedną dziewczynę do brotkamery[74] – magazynów chleba. To była praca zdecydowanie lepsza i lżejsza od kruszenia kamienia.

Byłyśmy odpowiedzialne za przydział chleba na nasz lager. Najpierw po pieczywo jechałyśmy na blok, gdzie rozdzielali je jeńcy wojenni, a potem rozprowadzałyśmy je na naszym bloku.

Ciepłe pończochy

Niedługo potem zachorowałam na tyfus. Zabrali mnie na rewir. Z tego okresu pamiętam tylko, że na rewirze nie było wolnej pryczy, więc położyłam się przy trupie kobiety, której nie zdążyli wynieść. Było mi już wszystko jedno.

---

[74] Z niem. *Brotkammer* – magazyn chleba.

Gorączkowałam i traciłam kontakt z rzeczywistością. Z późniejszych dni choroby przypominam sobie, że jak tylko odzyskiwałam przytomność, to tłukłam wszy, które po mnie łaziły.

Jak się potem dowiedziałam, opiekowała się mną pielęgniarka obozowa, Wandzia Falender z Kalisza, z którą przebywałam w jednej celi w więzieniu na ulicy Gdańskiej 13 w Łodzi. Ona trafiła do obozu za sprawy organizacyjne.

Gdy mnie udało się wyjść z rewiru, mama nagle zaczęła słabnąć. Miała chęć do życia i wolę walki. Wszystkim powtarzała, że stąd wyjdziemy. Jej organizm jednak, wbrew myślom i woli, był na tyle wycieńczony, że musieli ją zanieść do „szpitala". Nie mogła już o własnych siłach ustać na apelu, a gdyby podczas któregoś z nich zasłabła, od razu wywieźliby ją do krematorium.

29 listopada padał śnieg z deszczem. Pogoda była okropna. Pamiętam to dokładnie, bo wtedy koleżanka z Kanady przyniosła mi ciepłe pończochy! Bardzo chciałam zanieść je mamie. Chociaż nie wolno było mi jej odwiedzać, pobiegłam na rewir.

– Daj te pończochy mojej mamie – poprosiłam strażniczkę. Ta chętnie by mnie do niej wpuściła, ale nagle zauważyła, że w naszą stronę zbliża się obozowy lekarz.

– Uciekaj! – ostrzegła mnie. Przez kolejne trzy dni nie wybierałam się na rewir, aby nie zaszkodzić mamie lub sobie.

Po trzech dniach przyszła do mnie w odwiedziny Wandzia, która opiekowała się mamą w „szpitalu".

– Przychodzę do ciebie dopiero dzisiaj, bo bałam się wcześniej – powiedziała.

– Co się stało? – dopytywałam.

– Twoja mama od trzech dni już nie żyje.

Nie chciałam w to uwierzyć. Słuchałam opowieści Wandzi o ostatnich chwilach mojej mamy. O tym, jak pielęgniarka zaproponowała, że ugotuje jej ziemniaka, na co mama, choć była bez sił, ucieszyła się. O tym, jak Wandzia wróciła, a mama spała. O tym, jak próbowała ją dobudzić, ale bezskutecznie. Wreszcie – jak zrozumiała, że to sen, z którego mama już się nie obudzi.

Gdy 6 grudnia nastąpiło nieudolne wielkie odwszenie, dziękowałam Bogu, że mama nie dożyła tego apelu, podczas którego w mękach zmarło tak wiele kobiet.

Paczki

Gdy z początkiem 1943 roku kuchnia przejęła nadzór nad podziałem chleba na bloki, straciłam pracę, którą lubiłam. Nie wymagała ona ode mnie siły fizycznej i w porównaniu z pracą w *Aussenkommando* była naprawdę przyjemna. Na szczęście wtedy utworzono w obozie paczkarnię, bo zezwolono na przesyłanie więźniom pakunków, i udało mi się tam „zahaczyć". Pracowałam razem z Jadzią Bińkowską. Była to praca dobra jak na obozowe warunki, pod dachem, no i nie musiałyśmy wychodzić na apele. Z czasem przybywało paczek i pracy, kiedy więc mogłyśmy, starałyśmy się wstawiać za koleżankami, by przeniesiono je do paczkarni. W ostatnim okresie pracy tego działu przesyłek spływało do obozu tyle, że pracowałyśmy w piętnaście dziewczyn.

Większość adresatów już nie żyła. Niemcy zabierali od nas pakunki, których właściciele nie mogli już odebrać, i mówili, że odsyłają je do rodzin. Czy tak robili? Nie sądzę, ale nie wiem, dokąd te paczki trafiały. Niemcy zabierali je od nas na lager męski.

Naszą opiekunką w paczkarni była auzjerka Elisabeth Volkenrath[75]. Ta surowa kobieta wobec nas, swoich podopiecznych, wykazywała mniejszą brutalność. Wszystkie jednak bałyśmy się jej, bo wiedziałyśmy, do czego jest zdolna. Niejednokrotnie byłyśmy świadkami, jak biła i poniżała więźniarki.

Na paczkarni pracowały z nami także Żydówki. Jedną z nich była Elza Frydman. Straciła w krematorium rodziców. Pewnego dnia koleżanka doniosła Elzie, że do obozu przywieźli z Węgier jej siostrę z małym dzieckiem. Zrozpaczona dziewczyna pobiegła do naszej auzjerki z błaganiem, aby uratowała siostrę. Wtedy Volkenrath wsiadła na motor, zabrała ze sobą Elzę i pojechały pod komorę gazową. Żydzi już byli wprowadzeni do zagazowania, a Niemiec praktycznie zamykał drzwi komory.

Auzjerka rozkazała wypuścić siostrę Elzy. Wywołała ją z głębi komory gazowej, ale dziewczyna nie była przecież sama. Razem z nią było dziecko. Volkenrath nie chciała jednak go ratować.

– O nie! Tylko ona! – krzyknęła. Nic dziwnego, że będąc matką, siostra naszej koleżanki nie mogła zostawić swojego dziecka. Na nic były prośby

---

[75] Elisabeth Volkenrath – ur. 5 września 1919 r. w Schönau (Świerzawa), nadzorczyni SS w hitlerowskich obozach koncentracyjnych. Uznana za zbrodniarkę wojenną. W grudniu 1942 r. została skierowana na służbę do Birkenau. Brała udział w selekcjach więźniów, biła ich i poniżała. W listopadzie 1944 r. awansowała na stanowisko głównej nadzorczyni (*Oberaufseherin*) obozu. W tym czasie jej rozkazom podlegało kilkanaście strażniczek oraz kilkudziesięciu kapo. Nadzorowała przynajmniej trzy egzekucje przez powieszenie. Stracona 13 grudnia 1945 r. w Hameln.

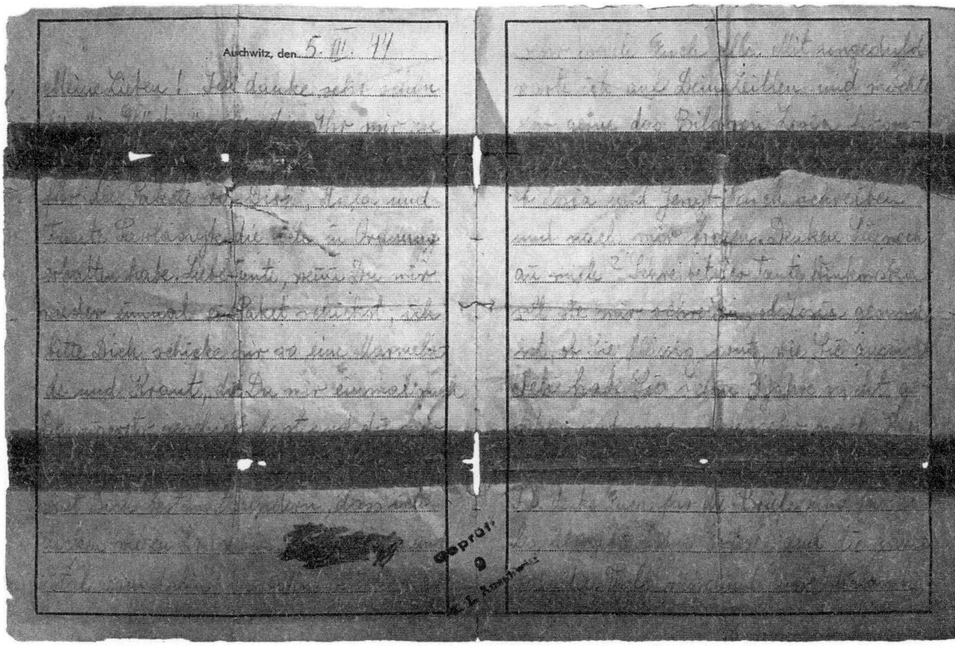

List napisany przez Walentynę w obozie. Fot. Archiwum rodzinne

samej Elzy, dziewczyna została w komorze. Drzwi pomieszczenia zostały zatrzaśnięte i ludzie wewnątrz zostali zagazowani, a później spaleni.

W drugiej połowie 1943 roku Volkenrath otrzymała w Oświęcimiu dom. Chcąc go urządzić, wykorzystywała nasze znajomości z koleżankami z Kanady. Wiedząc o tym, że Żydzi przywożą do obozu cały swój dobytek, zwyczajnie chciała skorzystać z „okazji". Uznałyśmy jednak, że nie będziemy jej załatwiać niczego za darmo. Ona też musiała robić to w tajemnicy, więc mogłyśmy stawiać warunki. Ustaliłyśmy, że część rzeczy z paczek żywnościowych, których więźniarki nie mogły odebrać, bo już nie żyły, będziemy oddawać do bloku dzieci. I udało się! Volkenrath wyprosiła to u naszej naczelnej Mandel. Było to dla nas wielką radością, tym bardziej że Mandel była nazywana „Bestią" nie bez powodu. Ta kobieta skazywała na śmierć niewinne dzieci, które często były zabijane w bestialski sposób!

Gdy trafiła do nas paczka, której adresatem był mężczyzna, odnosiłyśmy ją do głównego obozu. Pewnego razu, kiedy niosłam paczuszkę, spotkałam mojego dawnego sąsiada, teraz pracownika paczkarni w Auschwitz I. Tak nawiązaliśmy „współpracę". Gdy obóz męski chciał się z nami skontaktować lub przekazać nam jakąś informację, ich dział paczkarni specjalnie wrzucał nam przesyłkę, którą musiałyśmy odnieść. Był to pretekst, aby się spotkać. Innym sposobem na kontakt z męskim obozem było zepsucie czegoś, na przykład dachu lub koi. Wtedy nasza blokowa była zmuszona, by zawołać mężczyznę z obozu macierzystego do naprawy. Dzięki temu mogłyśmy pozyskiwać informacje lub je przekazywać.

Ucieczka

W ten sposób dowiedziałyśmy się, że w obozie męskim szykuje się ucieczka kilku mężczyzn. Nie wiedziałyśmy jednak, że nasza koleżanka Aldona pracująca w paczkarni zamierzała zbiec z nimi. Do próby doszło 16 sierpnia 1944 roku. Trwało już Powstanie Warszawskie. Więźniowie podkopali się na lagrze Meksyk[76]. Wszyscy zostali złapani i powieszeni. Na szczęście Aldona w ostatniej chwili zrezygnowała z ucieczki.

Gdy dochodziło do prób ucieczek, wszyscy więźniowie musieli stać na apelu i czekać, aż liczby zaczną się zgadzać. Aż znajdzie się uciekinier – żywy czy martwy.

Pamiętam, że na początku września 1944 roku wybrałam się z koleżanką pod krematoria. Tam znajdowały się rowy, do których woziłyśmy pudła po paczkach. Nagle krematorium wybuchło! Wtedy wybiegł w naszą stronę więzień żydowski z wielkimi nożycami. Były ogromne. Przeciął nimi druty i krzyknął: „Uciekajcie!".

Przerażone zaczęłyśmy uciekać. Ale na swój lager!

Prezent urodzinowy

Im więcej transportów z Warszawy docierało do obozu, tym większa panika szerzyła się wśród Niemców. Auzjerki bały się, jaki będzie ich los, jeśli dojdzie do wyzwolenia.

Volkenrath zapytała kiedyś:

---

[76] Meksyk – w gwarze obozowej określenie odcinka BIII, który obejmował obszar rozbudowy obozu Birkenau poza pierwotny teren. W połowie maja zaczęto w nim umieszczać Żydówki z Węgier. Brakowało tam wówczas kuchni, umywalni i latryn, a w wielu barakach mieszkalnych nie było prycz. Więźniarkom wydano potargane letnie sukienki, niektóre chodziły niemal nago, okryte łachmanami i strzępami koców. Prawdopodobnie z tych powodów wzięła się nazwa odcinka – przedwojenna prasa kształtowała obraz Meksyku jako kraju niespokojnego, ubogiego, o zdezorganizowanej administracji.

– Co się ze mną stanie?

– Co się pani przejmuje, przyjedzie pani do mnie do Łodzi i przeczeka – odpowiedziałam. Nie uwierzyła. Wiedziała, że jestem złowrogo nastawiona do Niemców.

– Wala, wiesz co? Wszędzie, ale nie do ciebie – skwitowała.

W obawie, że Oświęcim w każdej chwili może zostać zbombardowany, bo zbliża się front, Volkenrath zaproponowała nam potajemnie wyjazd do innego obozu. Zgodziłam się, a razem ze mną osiem innych koleżanek z paczkarni. 26 października 1944 roku ruszyłyśmy w wagonach w drogę. Przed wyjazdem otrzymałyśmy ostatni oświęcimski posiłek: kawałek chleba i kiełbasy. I choć były to głodowe porcje, dopiero tam, gdzie trafiłyśmy z transportu, poznałyśmy, czym jest głód. Wagony przepełnione kobietami, a było nas około pięciuset, zatrzymano w Dreźnie, podobozie Flossenbürga.

Apele trwały od czwartej do szóstej rano. Później szłyśmy do roboty. Posiłkiem była „zupa leśna", jak ją nazywałyśmy. A to dlatego, że pływały w niej igły sosnowe i białe robaki. Pośród nas były więźniarki z Rosji i Ukrainy. Gdy my z zupy wybierałyśmy robaki, one je po nas zjadały.

Czteropiętrowe koje były uciążliwe dla schorowanych i osób starszych. Nadal nie miałyśmy możliwości umycia się. Obowiązywała nas tylko praca i powrót na koje, praca i koje. I tak w kółko. Zostałyśmy umieszczone w budynku fabryki Zeiss Ikon. Do roboty chodziłyśmy do zakładu, gdzie montowałyśmy części, jak mówiono, do torped podwodnych. Czy to była prawda? Nie wiem.

Z każdym dniem w obozie było mniej esesmanów. Wiedziałyśmy, że coś się stanie. Tylko czy będzie zagrażać także nam? Napięta sytuacja trwała do bombardowania Drezna z 13 na 14 lutego 1945 roku. Pamiętam dobrze, bo w tym dniu powinnam obchodzić urodziny i imieniny jednocześnie.

Podczas bombardowania zagnali nas do piwnicy. Było tam duszno, ponieważ pomieszczenie nie miało żadnej wentylacji. Otworzyłyśmy więc kurki od rur prowadzących wodę. Wody co prawda w nich nie było, ale w ten sposób wpuściłyśmy trochę powietrza do piwnicy. Cieszyłyśmy się, że cały ten obóz rozniesiony zostanie w puch. Lepszego urodzinowego prezentu nie mogłam dostać na tamten moment!

Rano okazało się, że „nasza" fabryka nie ma dachu, więc nie mogłyśmy pracować. Przez cały tydzień siedziałyśmy w hali bezproduktywnie. Oczywiście nie narzekałyśmy na to. Po tygodniu jednak fabryka wznowiła działanie. Trwało to do 16 kwietnia 1945 roku.

Z każdym dniem kolejni esesmani uciekali z obozu.

Po 16 kwietnia mężczyźni i chłopcy z psami i karabinami poprowadzili nas przez zbombardowane Drezno.

„Mają za naszą Warszawę!" – cieszyłam się w duchu. Nie wiedziałam jednak, dokąd nas prowadzą. Ze zniszczonego miasta przeszliśmy do lasów. Droga dłużyła się, aż wreszcie usłyszeliśmy szum wody – doszliśmy do Łaby. Płynęła w kanionie. Po długiej podróży nie mogliśmy znaleźć miejsca na nocleg. W końcu natrafiliśmy na jakąś stodołę, w której mężczyźni zamknęli nas. Przesiedziałyśmy tam do samego rana. To błąkanie się po lesie trwało kilka dni. Niemcy sami nie wiedzieli, co ze sobą i z nami zrobić, bo zbliżał się front.

Któregoś razu nasze drogi przecięły się z komandem, które prowadziła Drechselowa. Miałam nadzieję, że wreszcie spotka ją sprawiedliwość za to, co uczyniła tylu niewinnym ludziom. Doskonale wiedzieliśmy, że ta kobieta szybko wpada w złość. Okrutnie wyżywa się na więźniarkach, często je zabijając. Chciałam sprawiedliwości. Najciekawsze jest to, że już po wyzwoleniu w kartotekach obozowych o Drechselowej nie było żadnej wzmianki. Podejrzewam, że zniszczyła wszystkie dokumenty ze strachu przed karą, jaką powinna ponieść. Przebiegła. Okrutna. Morderczyni.

Szwabska Szwajcaria

Wreszcie doszliśmy do Pirny. To piękna miejscowość położona w górach, a nazywana szwabską Szwajcarią. Dookoła rozpościerały się tylko lasy. Trzeba przyznać, że górskie widoki były zjawiskowe. Czułam jednak, że to bezcelowe prowadzenie nas przez przypadkowe miejsca nie sprowadzi niczego dobrego. Niektórzy więźniowie podjęli decyzję o ucieczce, a wieści o tym rozeszły się szybko, docierając także do naszej grupy więźniarek. Owszem, słyszałam strzały i ujadające psy, które ruszyły za nimi w pościgu. Mimo to nie mogłam już dłużej bezczynnie czekać na śmierć.

– Wreszcie nas tu rozstrzelają! – mówiłam do koleżanek. – Ucieknijmy. Inaczej tu zginiemy. Ratujmy się!

Szła ze mną Helena Wojciechowska. Gdy ją zabrali do obozu, zostawiła w domu małego synka. Na moją propozycję zareagowała niechętnie. Bała się.

– Chcesz jeszcze kiedyś zobaczyć swoje dziecko? – zapytałam. Wtedy zgodziła się na wspólną ucieczkę.

Nastało popołudnie i powiedziałam tylko: „Wiejemy!". Obie pobiegłyśmy w stronę krzaków, oddalając się od grupy więźniów. Biegłyśmy na oślep w trwodze, że za nami pędzi już cały orszak Niemców. Nawet się za siebie nie odwracałyśmy. Po prostu kierowałyśmy się w głąb lasu.

Plan obozu wykonany przez Walentynę po wyjściu na wolność. Fot. Archiwum rodzinne

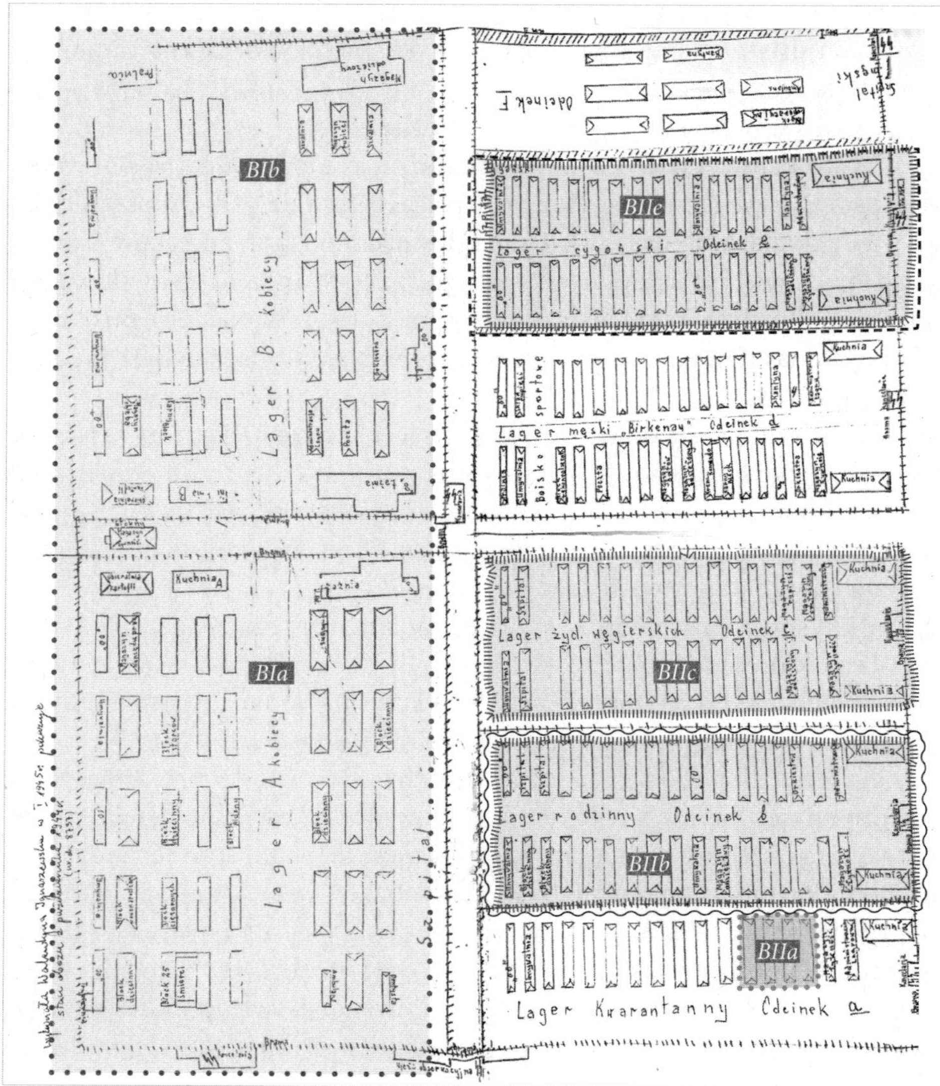

• • • • • • *Obóz kobiecy w Birkenau. W połowie sierpnia 1942 roku na odcinek BIa przeniesiono więźniarki z obozu macierzystego w Auschwitz. W lipcu 1943 roku obóz kobiecy poszerzono o odcinek BIb.*

||||||||||||||| *Od maja do października 1944 roku sektor BIII (tzw. Meksyk – niewidoczny na tym rysunku) i odcinek BIIc oraz wydzielone baraki na odcinku BIIb i BIIe pełniły funkcję tzw. obozów przejściowych* (Durchgangslager) *przeznaczonych dla Żydówek z transportów RSHA, określanych jako więźniarki „depozytowe". Na odcinku BIIb umieszczono również we wrześniu 1944 roku Polki deportowane z Warszawy po wybuchu powstania, a w październiku Żydówki z obozu w Płaszowie.*

~~~~~ Familienlager Theresienstadt *(BIIb) – od września 1943 roku do lipca 1944 roku więziono tu ok. 9 tys. Żydówek z getta Theresienstadt w Protektoracie Czech i Moraw.*

- - - - - - *Tzw.* Zigeunerlager *(BIIe) – od lutego 1943 roku do sierpnia 1944 roku osadzono tu około 11 tysięcy romskich kobiet i dzieci płci żeńskiej. W listopadzie 1944 roku umieszczono tu więźniarki z odcinka BIa.*

Inne miejsca, w których były umieszczone więźniarki:

• • • • • • *BIIg (tzw. Kanada – niewidoczny na tym rysunku) – od kwietnia do grudnia 1944 roku w kilku barakach zakwaterowano więźniarki pracujące przy sortowaniu mienia zagrabionego Żydom skazanym na zagładę.*
~~~~~

W końcu zwolniłyśmy tempa, zatrzymałyśmy się gdzieś pośrodku chaszczy i usłyszałyśmy błogą ciszę. Nic się nie działo. Nikt za nami nie gonił. Była tylko ta cisza.

Usiadłyśmy zmęczone pod jednym z krzaków.

Z Oświęcimia udało mi się zabrać nić i igłę. Teraz bardzo się przydały. Mogłyśmy zaszyć sztrajfę widoczną na plecach. Siedziałyśmy, spokojnie szyjąc, kiedy do naszych uszu dobiegł odgłos nadchodzących kroków. Zamarłyśmy na chwilę. Na szczęście okazało się, że to Wanda Kalinowska, nasza koleżanka z kuchni. Też uciekła, tylko w pojedynkę, i błąkając się po okolicy, dotarła do nas. Od tej chwili szłyśmy razem. Nasza tułaczka była męcząca i niebezpieczna.

Chcąc oddalić się od kordonów niemieckich z jednej strony, wpadałyśmy na nie z drugiej strony. Byłyśmy głodne, bo od dwóch dni Niemcy już nie dawali nic do jedzenia, a w lesie ciężko było znaleźć jakieś pożywienie. Uratował nas szczaw, którego najadłyśmy się tyle, że dokuczały nam ogromne problemy żołądkowe.

Miałyśmy świadomość, że gdzieś musimy przenocować, a jedynym miejscem, które udało nam się znaleźć, były doły w głębi lasu. Wlazłyśmy więc do nich, przykryłyśmy się liśćmi i czekałyśmy do rana. Spędziłyśmy tak kilka dni. Kiedy nie padał deszcz, było całkiem znośnie.

Pewnego dnia spotkałam w lesie dwóch jeńców włoskich. Nie mogliśmy się porozumieć, bo nie znaliśmy swoich języków. Zaczęliśmy więc pokazywać na migi, o co nam chodzi. Dowiedziałam się w ten sposób, że Niemcy posadzili kartofle na polu i tam właśnie obozowicze i jeńcy zakradają się nocą po ziemniaki. Mężczyźni obiecali, że pokażą nam to miejsce. Dostałyśmy od nich paczkę zapałek, pojawiła się więc możliwość rozpalenia ognia i ogrzania się. A ponieważ w lesie znalazłam metalową, potłuczoną miskę, mogłyśmy gotować szczaw. Po wodę schodziłam, jako najmłodsza z naszej małej grupy, po skarpie do rzeki.

Niestety Włosi nie przyszli w nocy, aby – zgodnie z obietnicą – pokazać nam kartoflisko. Na samym szczawiu długo nie dałybyśmy rady przeżyć, uznałam więc, że musimy iść do ludzi i żebrać o jedzenie. Helena nie chciała się zgodzić. Zarzekała się, że nigdy o nic nie prosiła. Nie chciała się upokarzać. Znów ją zapytałam, czy chce wrócić do dziecka. Wiem, grałam na jej emocjach, ale tylko to zmuszało ją do działania.

Wanda miała zostać, aby pilnować naszego dołka do spania oraz miski i paleniska. A my wybrałyśmy się do pobliskiej wioski. Drzwi pierwszego domu, do którego podeszłyśmy, otworzyła Niemka. Przedstawiłam jej naszą sytuację:

– Pracowałyśmy w fabryce amunicji w Dreźnie, która została zbombardowana. Prosimy o kawałek chleba czy surowego ziemniaka. W zamian oferujemy pomoc przy domu.

Nic to nie dało, Niemka nas wyrzuciła.

Kolejna kobieta okazała się poczciwą osobą. Jej córka, jak sama powiedziała, mieszkała w Dreźnie, więc wiedziała o bombardowaniach. Dała nam kawałek chleba, kawę i na moją prośbę trochę soli. Pomyślałam, że osolę szczaw i wtedy będzie smakował trochę lepiej. Podzieliłyśmy wszystko na trzy, aby zanieść też Wandzi. Kobieta, która nam pomogła, niczego od nas nie chciała w zamian.

W wiosce spotkałyśmy koleżanki z obozu, które nam powiedziały, że tej nocy podczas niemieckiej warty zabito dwóch Włochów.

Któregoś dnia podjęłyśmy wreszcie decyzję, że musimy uciekać dalej. Była to trudna sytuacja, ponieważ śpiąc na ziemi, w dole, przemarzłyśmy i zmokłyśmy. Moje stawy odmówiły posłuszeństwa. Wandzia i Hela wyciągnęły mnie na siłę i chociaż przestraszone, musiałyśmy wyjść na drogę. Nagle usłyszałyśmy jakieś głosy. Mówiły po polsku! W kobietach idących w naszą stronę rozpoznałyśmy koleżanki z paczkarni. Nas było trzy, a ich sześć. Też uciekły. Przeżyły tylko dlatego, że spotkały dwóch Polaków z Działdowa, którzy służyli w *Totenkommando*[77].

Polacy mieli kontakt z owczarzem Alfredem Gesellem, pracującym w miejscowości Thürmsdorfer koło Pirny. Dał im schronienie w swojej stodole. Później przygarnął również nas. Przyniósł nam kocioł, żebyśmy mogły sobie gotować, czasami organizował coś do jedzenia (innym razem mężczyźni zdobywali ziemniaki), ale – co najważniejsze – zabronił nam wychodzić i pokazywać się na wsi. Nikt nie mógł wiedzieć o naszej obecności. Tylko wieczorem wychodziłyśmy ze stodoły, aby pooddychać świeżym powietrzem. W tej wsi domy poukrywane były w lesie – tak wyglądała tamtejsza zabudowa. Zaraz za nami znajdowała się góra Königstein. A na niej w zamku[78] przetrzymywani byli jeńcy francuscy i angielscy.

Pewnego dnia przyszła do mnie siostra gospodarza i zapytała, czy któraś z nas umie szyć. Żadna nie umiała. Kiedyś mama pokazywała mi, jak precyzyjnie posługiwać się igłą i nicią, więc – choć umiałam tylko podstawowe rzeczy – zgłosiłam się. Kobieta wzięła mnie wtedy do małego pokoiku

[77] *Totenkommando* (niem.) – komando odpowiedzialne za wynoszenie zwłok z baraków.

[78] Rozmówczyni używa słowa „zamek", w rzeczywistości chodzi o twierdzę Königstein – saską górską twierdzę nieopodal miasteczka Königstein w Saksonii, w okręgu administracyjnym Drezno.

z oknem i przyniosła maszynę do szycia. Poleciła, abym cerowała jej dzieciom spódniczki i przyszywała guziki. W zamian za to przynosiła mi obiad. Dzięki temu cały dzień spędzałam w pokoju, tylko na noc szłam do stodoły. Trwało to do 9 maja 1945 roku, bo wtedy na te tereny wkroczyło Wojsko Polskie. Tego dnia siostra gospodarza przyszła do mnie do pokoiku i przyniosła radio. Oznajmiła, że jest nastawione na Londyn i poleciła słuchać. Usłyszałam, że na granicy szwajcarskiej złapali Himmlera. Było mi już wszystko jedno, zaczęłam więc opowiadać o obozie.

– Czy pani wie, kim ja jestem?

– Domyślałam się, ale bałam się zapytać, bo gdyby mój brat się dowiedział, z obawy przed konsekwencjami pewnie kazałby wam opuścić stodołę.

Po kilku godzinach wojsko było już u nas. Chłopaki z Polski powiedzieli, że jesteśmy wolne! Tłumaczyli, że z opuszczonych domów możemy wziąć, co tylko chcemy, ale my bałyśmy się, bo niektórzy Niemcy specjalnie zostawiali zatrutą żywność. Zabrałam tylko kawałek materiału, białego w czarne lilie, i pomyślałam, że uszyję sobie z niego sukienkę. Straciłam przecież wszystko. Żołnierze wyjaśnili, gdzie będzie otwarta kantyna, i kazali tam zgłaszać się po jedzenie.

Nagle role się odwróciły. My, byłe więźniarki, szłyśmy z jedzeniem, a Niemki w kolejce czekały na swój przydział. Patrzyły na nas wielkimi, przerażonymi oczami. Zdziwione. Napełniłyśmy w kantynie wiadra mlekiem, śmietaną oraz masłem i zaniosłyśmy naszym gospodarzom. To byli dobrzy ludzie.

Zespół baletowy

Jeńcy uwolnieni z twierdzy Königstein dowiedzieli się, że w gospodzie są Polki. Przyszli i powiedzieli, że będą wracali na Zachód. Zaproponowali nam wyjazd z Niemiec. Zgłosiły się trzy kobiety, w tym dwie, które miały mężów w wojsku na Zachodzie. Następnego dnia mężczyźni wrócili jednak z wieścią, że z Brukseli dostali zakaz zabierania kobiet. Te dwie koleżanki, które miały jechać z nimi w stronę domu, zaczęły lamentować. Ale byli jeńcy wpadli na pomysł, że stworzą z nich… zespół baletowy dla wojska. Ubrali je w mundury i zabrali ze sobą. O ich losach dowiedziałam się przypadkowo po wojnie, gdy spotkałam w Nałęczowie jedną z nich. Obie wróciły do domu szczęśliwie.

Ja, Urszula Berezińska i Helena Wojciechowska uznałyśmy, że do kraju udamy się na własną rękę. Poprosimy o wsparcie tych dwóch Polaków z Działdowa, którzy już wcześniej nam pomagali. Pomyślałam, że zaprzęgniemy jakiś wóz i ruszymy do Polski. Dodatkowo zabrałyśmy rowery po Niemcach, którzy uciekli.

Przy pierwszej sposobności zatrzymaliśmy jadący wóz i wyrzuciliśmy z niego Szwaba z rodziną. Oni nam wszystko zabrali, to my nie możemy? Ja i Urszula jechałyśmy na rowerze, a na wozie siedzieli mężczyźni i Helena. Pojechaliśmy drogą na Budziszyn, przed nami szły kolumny uciekających Niemców. W pewnym momencie dostrzegłam w tłumie znajomą twarz.

– Urszula, popatrz, kto tam pcha wózek. To chyba ta zbrodniarka Drechsel! – rzuciłam.

Ubrana po wiejsku, z chustką na głowie, była aufzejerka szła z mężczyzną u boku. Pchali wózek jakby z dzieckiem, głęboki, na dwóch wielkich kołach. Zbliżamy się do nich i jestem przekonana, że to ona.

– Ty, Drechsel! Pamiętasz mnie?

Nic mi nie odpowiedziała, uderzyłam ją kilka razy, a ona nawet się przede mną nie zasłoniła. Co prawda ważyłam tylko około trzydziestu pięciu kilogramów, więc jaką mogłam mieć siłę? Ale wykrzyczałam jej wszystko, co leżało mi na sercu. Że w Oświęcimiu straciłam mamę! Że to był obóz zagłady! I że ona sama jest odpowiedzialna za zamordowanie wielu niewinnych ludzi, w tym dzieci! A do niej jakby nic nie docierało. Zajrzałam do jej wózka, ale nie było w nim żadnego dziecka. Tylko jakieś szmaty i ubrania.

Zastanawiałyśmy się z Urszulą, co zrobić, bo musiałyśmy odprowadzić ją na jakiś posterunek. Nagle w oddali naszym oczom ukazał się opuszczony dom. Drechsel również go zauważyła i zaczęła biec tam razem z mężczyzną, który jej towarzyszył. Pobiegłyśmy za nimi. Bez zastanowienia weszłam do środka, a mężczyzna skrył się za drzwiami. Pomyślałam tylko, że gdyby mnie nimi uderzył, toby mnie zabił na miejscu. Ale byłam szybsza. Przewróciłam na ziemię Drechsel. Biłam ją z całych sił, a ona nawet nie chciała mi oddać. Złapałam więc za stojące z boku koryto, ale wtedy do domku wbiegli Polacy, którzy jechali z nami na wozie. Krzyczeli, żebym przestała. Towarzysz Drechselowej zdążył uciec, już mnie to nie interesowało. Najważniejsze, żeby ona się nie wywinęła. Wywlekłyśmy ją przed domek i zaprowadziłyśmy ją do Budziszyna. Na miejscu wyszedł do nas rosyjski komendant i trochę po polsku, trochę po rosyjsku i trochę po niemiecku opowiedziałam im, kogo przyprowadziłam. Morderczynię niewinnych ludzi, a nawet dzieci polskich i rosyjskich. Kiedy wziął ją na przesłuchanie, wszystkiego się wyparła.

– Wy ją tam dobrze wytłuczcie, to się przyzna! – powiedziałam komendantowi. Wreszcie się przyznała. Ostatecznie skierowano ją do sądu polowego, na którym również i my zeznawałyśmy.

Kolejnego dnia Drechsel została powieszona. Uznałyśmy jednak, że nie zostaniemy na egzekucji, postanowiłyśmy odejść. Po drodze zatrzymał nas rosyjski patrol, dwóch mężczyzn. Zaciągnęli mnie i Urszulę do stodoły, a wcześniej zamknęli w osobnym pomieszczeniu towarzyszących nam Polaków i Helenę, która oznajmiła, że niby jest żoną jednego z nich. Świecili nam w oczy latarkami, abyśmy nie widziały ich twarzy. Zaczęli się z nami szarpać, krzyczałyśmy, żeby znaleźli sobie Niemki, a Polki zostawili w spokoju. Jesteśmy przecież byłymi więźniarkami, byłyśmy głodzone i bite. Szarpanina trwała nadal, a jeden z nich wyciągnął nawet rewolwer. My jednak nie dawałyśmy za wygraną, uznałyśmy, że jeśli przeżyłyśmy już tyle, nie damy się zgwałcić i zabić w tej stodole! Mężczyźni, widząc, ile robimy rumoru i jak głośno krzyczymy, zrezygnowali z dalszych planów.

Poszłyśmy ponownie na posterunek, aby donieść na rosyjskich oprawców. Niestety komendant nie mógł ich znaleźć. W zamian za to zlitował się nad nami i dał nam ciepłe kombinezony do ubrania.

Wreszcie nadjechało Wojsko Polskie, które wracało do kraju. Wśród żołnierzy, jak się okazało, znajdował się jeden mężczyzna z Łodzi. Kiedy dowiedział się, że wśród nas jest łodzianka, zawołał nas od razu do samochodu. Tak dojechałyśmy do Kalisza, gdzie wysiadła Urszula. Stamtąd miała pociąg do Nowego Sącza. W tym miejscu opuścili nas również mężczyźni. Ja z Heleną dojechałyśmy do Łodzi.

Później pojechałam do Wieruszowa, do cioci, po moją siostrę Zosię. Jednak Zosi już nie było, kiedy się dowiedziała, że wojna się skoczyła, ruszyła do domu. Musiałam znów wrócić do Łodzi i dopiero tam odnalazłam siostrę. Do Łodzi z Niemiec wrócił też mój młodszy brat Jerzyk.

Nasze mieszkanie zostało ograbione. Gdy rodzeństwo zostało zabrane do sierocińca, wprowadziła się tam jakaś Niemka. Później sąsiadka z piętra niżej wyrzuciła Niemkę do piwnicy i sama zajęła mieszkanie. Inni sąsiedzi tłumaczyli jej, że to własność Ignaszewskich. Zarzekała się, że jak wrócimy, to nam wszystko zwróci. Niestety, gdy w drzwiach zobaczyła mnie i rodzeństwo, „zmieniła zdanie". Twierdziła, że mieszkanie było rodziców, a skoro rodzice nie żyją, to go nie odda. Okazało się, że była handlarką i miała układy z Niemcami. Tak zostaliśmy bez domu.

Miałam przed wojną dobrą koleżankę o nazwisku Beyer. Skontaktowałam się z nią, po czym zbieg różnych okoliczności sprawił, że razem z jej ciocią, ja i Zosia wyjechałyśmy do Słupska (brat został w Łodzi). W Słupsku jednak nie mogłam znaleźć pracy. Pomyślałam, że nic mnie tam nie trzyma i zapragnęłam spróbować życia nad morzem. Tak wyruszyłyśmy do Ustki. Był 1 września 1945 r.

Na początku w Ustce też nie było łatwo. Doskwierał nam głód. Dookoła rosły same lasy. A w nich grzyby, żółciutkie, na które mówili słoneczka. Jadłyśmy je na śniadanie, obiad i kolację. W obozie nauczyłam się, że można gotować na fusach po kawie, więc w ten sposób urozmaicałam ich smak. Część grzybów zanosiłam piekarzowi, bo nie miałam pieniędzy, a on litował się i dawał w zamian kawałek chleba. Chyba nie mógł już patrzeć na te grzyby, tyle ich mu przynosiłam. Wkrótce do Ustki dotarł również mój brat.

Przebywaliśmy tam we trójkę do października 1945 roku. Niespodziewanie przyjechał do mnie mój narzeczony. Do tego momentu nie wiedziałam, czy Damazy w ogóle żyje! Obiecał, że zabierze nas do Katowic.

W Katowicach nie było lżej. Co prawda od razu wzięliśmy ślub, ale zamieszkaliśmy w pokoju lokatorskim, a później na ulicy Piastowskiej w małym mieszkaniu-garażu. W tej norze musiałam przeżyć pięć lat. Urodziłam tam trójkę dzieci!

Życie mijało nam raz lepiej, raz gorzej. Poszłam do pracy, bo z zarobków męża ciężko było się utrzymać. Wreszcie dostałam dobrą posadę w przemyśle węglowym, gdzie byłam referentem do spraw administracji. Udało się nam także dostać lepsze mieszkanie.

I tak minęło dziewięćdziesiąt pięć lat mojego życia. Nie chciałabym, aby wojna się kiedyś powtórzyła. Nie dopuśćmy więcej do agresji między nami. W końcu wszyscy jesteśmy ludźmi i zasługujemy na szacunek.

Zakończenie

Na cmentarzu płacze się albo milczy

Kiedy zamykam oczy po ciężkim dniu umysłowej pracy za biurkiem, ogarnia mnie błogie ukojenie. Śpię w ciepłym łóżku, ledwo chwilę temu brałam gorącą kąpiel. Mam dość, jestem wyczerpana. „Tyle spraw, tyle problemów" – myślę często. „Jestem taka zmęczona!" A przecież, gdyby się zastanowić, niczego mi nie brakuje. Mam jedzenie, ciepłe ubranie na zimę. Pracę, samochód. Wszystkie podstawowe, a nawet więcej niż podstawowe rzeczy zapewniłam sobie w życiu. Tak jak większość z nas.

Spróbujmy jednak wyobrazić sobie życie nieco inaczej.

Kiedy zamykam oczy po ciężkim dniu pracy na *Aussen*, ciągle czuję ból w całym ciele. Dziś sama przeniosłam chyba tonę kamieni... Moje chude ręce odmawiały posłuszeństwa, a do pracy nieustannie poganiała kolba karabinu. Oberwałam po głowie, żebrach. Czy oni nie rozumieją, że miska lichej zupy i kawałek chleba ważący około stu dwudziestu gramów to za mało na tak ciężką pracę? Jest mi zimno. To efekt gorączki i przemarznięcia jednocześnie. W końcu jest zima, nad głową wiszą sople lodu, a ja w lekkiej, szarej, obozowej sukience leżę na twardej koi, na deskach. Napiłabym się ciepłej wody... po prostu wody, nawet zimnej. Nie wiem, czy jutro też uda mi się przeżyć. A może to ostatnia moja noc? Ale to nic. Dziś koleżanka z komanda dała mi surowego ziemniaka! Zjadłam go po kryjomu. Dobra dziewczyna. Gdy zasnę, znów przyśni mi się dom. I mama czekająca z kubkiem gorącego mleka. Przytuli mnie. Owinie ciepłą pierzyną i zasnę szczęśliwa.

***

Wymarsz w pole

Po wschodzie słońca
ruch pod bramami.
Nadchodzą władze
i posty z psami.
Już się szykują
„na aussen" Komanda
zza drutów patrzy
milczący żandarm...

Codzienna farsa się rozpoczyna:
jak ładnie wije się dym z komina,
jak fantastycznie formują się chmury...
Już: „dziesiątkowe! numerki do góry!"
i marsz przez jedną i drugą bramę,
stare i nowe i wciąż te same,
wysokie, niskie, chude i grube,
znasz trasę – przez Blockführerstube.
Buty i trepy, trepy i buty,
jak uroczyście idą na druty,
do beznadziejnej, bez sensu pracy,
Czesi i Węgrzy, Włoszki, Polacy:
Rowy odkopać, rowy zakopać.
Uwaga – z nami jest Europa!

Więc naprzód idź
i wstrzymaj dech,
więc prosto chodź,
a nie bądź „frech".
Jak chodzisz źle,
to nogę zmień.
I minie znowu
jeszcze dzień,
I minie znowu
jeszcze rok.
Zaciśnij pięść

i równaj krok.
To nic, że deszcz,
to nic, że głód,
pokaż, że lekki
jest twój chód.
Że już we krwi
tę karność masz.
Odwrócisz się,
dostaniesz w twarz.
I nie płacz, nie,
Ani się skarż,
odrabiaj ten
tragiczny marsz.
Zdław każdą myśl
I każdą chęć!
Wszystkie po pięć,
wszystkie po pięć.
Muzyka ci
wybija takt.
Uświadom sobie
zwykły fakt,
że słyszysz wciąż
ten głuchy dźwięk.
To bęben gra.
Opanuj lęk.
Kamienna twarz
jak niemy sfinks,
maszeruj – links – links,
links und links!

W Dachau, w Auschwitzu, w Gusen, w Mauthausen
wszyscy za druty, wszyscy „na aussen".
Na wykończenie idzie się w pole,
z jednej niedoli w drugą niedolę.
Przez lasy, łąki i krematoria –
oto jest wasza wielka Victoria.
Przez śnieg czy błoto, aż po kolana,
w błocie jest wasza wielka wygrana.
Waszym marzeniem – przez długie lata

zwozić transporty z całego świata.
Lecz pamiętajcie, miliony ludzi
codziennie z jedną myślą się budzi
i maszerując tutaj w gromadzie,
wiedzą o innej defiladzie.
A w duszy im radośnie śpiewa
wizja przyszłości: lewa, lewa.

Bo przyjdzie wnet
nasz pierwszy maj,
wolności maj,
swobody maj!
Za krzywdę swą
miliony wdów
pójdą w takt pieśni,
pieśni bez słów.
Bo za nasz ból,
udręczeń młyn
przyjść musi czyn
i tylko czyn.
Nadejdzie czas,
że za wasz marsz
będziemy was
w szarżach, bez szarż
bez serca rżnąć,
bez końca prać,
muzyka – też wam będzie grać.
Będziecie wyć,
że macie dość,
a my na złość,
a my na złość!
Za tyle ofiar,
tyle krwi
wy zapłacicie,
tylko wy!
Za tyle cierpień,
tyle rózg,
w serca wam nóż
i kule w mózg!

Za tyle bólów,
tyle skarg,
sztylety w pierś,
bagnety w kark!
Za tyle żalów, westchnień, łez
niech każdy z was zdechnie jak pies!
I żeby już odetchnął świat,
zetrzemy po was wszelki ślad!
Wtedy dopiero się rozśpiewa
W rytmie wolności: lewa, lewa

Luty 1944[79]

Kiedy więźniowie byli w obozie, kuląc się na niewygodnej koi, w sennych marzeniach często wracali do ciepłego domu. Czasami męczyły ich koszmary. Przychodziły jeszcze długo po tym, gdy wojna już się skończyła, każąc byłym więźniarkom KL Auschwitz-Birkenau przeżywać piekło jeszcze wielokrotnie po wyjściu z obozu. Wszystkie moje rozmówczynie podkreślały: „Widziałam to na własne oczy, nigdy nie zapomnę".

Wiktor E. Frankl, były więzień Auschwitz (numer 119104) i ceniony lekarz psychiatra, napisał, że „nienormalna reakcja na nienormalną sytuację jest normą"[80]. Nie sposób się z tym nie zgodzić. Czym innym bowiem, jak nie normą, jest w obozowych realiach kradzież kawałka chleba, który być może przedłuży życie o kolejny dzień? Obóz z całą pewnością nie był normalną sytuacją.

Normą więc było w nim to, że żyjący więźniowie po pewnym czasie obojętnieli nawet na tak makabryczny widok, jak stosy trupów piętrzące się pod barakami. Obojętnieli na akty okrucieństwa, obojętnieli na sytuacje, które odzierały z godności.

To również wyjaśnia Wiktor E. Frankl, mówiąc o kilku etapach emocjonalnych więźnia w obozie zagłady. Zdaniem psychiatry drugi etap to emocjonalna śmierć, powstająca w człowieku na skutek dostrzeżenia bezwzględnej brutalności[81]. Gdy codziennie zagląda się w oczy śmierci, patrzy na powykrzywiane z bólu twarze, wychudzone i nagie ciała współwięźniów, te obrazy powszednieją. „Włącza się" swego rodzaju mechanizm obronny,

---

[79] K. Żywulska, *Wymarsz w pole (luty 1944)* [w]: *Na mojej ziemi był Oświęcim*, dz. cyt., s. 328–330.
[80] W.E. Frankl, *Człowiek w poszukiwaniu sensu*, Wydawnictwo Czarna Owca, Warszawa 2015 r., s. 45.
[81] Tamże, s. 47.

który pozwala człowiekowi przetrwać w nawet najpotworniejszych warunkach.

Emocjonalna śmierć w obozie niestety nie chroni nikogo przed wspomnieniami. Te wracają nieustannie. A z wiekiem coraz częściej, jak zauważają Dziewczęta z Auschwitz. Nawet najwspanialsza przyszłość nie jest w stanie uwolnić od dramatycznej przeszłości.

Tym bardziej fascynujące jest to, że nawet w takim miejscu jak obóz koncentracyjny w wielu osobach współczucie i wrażliwość na drugiego człowieka nie umarły. Każdy dowód miłosierdzia więźnia wobec drugiego więźnia był potwierdzeniem, jak silna jest wola dobra w ludziach. I jak trudno – mimo najszerzej zakrojonych i najbardziej systematycznych działań – ją unicestwić.

„Auschwitz-Birkenau to jest cmentarz. A na cmentarzu albo się płacze, albo się milczy" – powiedziała mi Elżbieta Sobczyńska, jedna z byłych więźniarek KL Auschwitz. Nie zapominajmy o tym, odwiedzając teren dzisiejszego Muzeum w Oświęcimiu. I nie zapomnijmy o Dziewczętach, które przeszły przez obóz. Widziały obrazy, których nie powstydziłoby się samo piekło. Te, nieproszone, zapisały się w pamięci ofiar nazistowskich zbrodni na zawsze. I nie znikną, nie przeminą. Tkwić będą w nich do końca. We wspomnieniach. W koszmarach.

I chociaż się powtórzę, myślę, że w tej sytuacji warto powiedzieć to jeszcze raz: wojna niszczy. Nie pozwólmy, by kiedykolwiek zrodziła się na nowo.

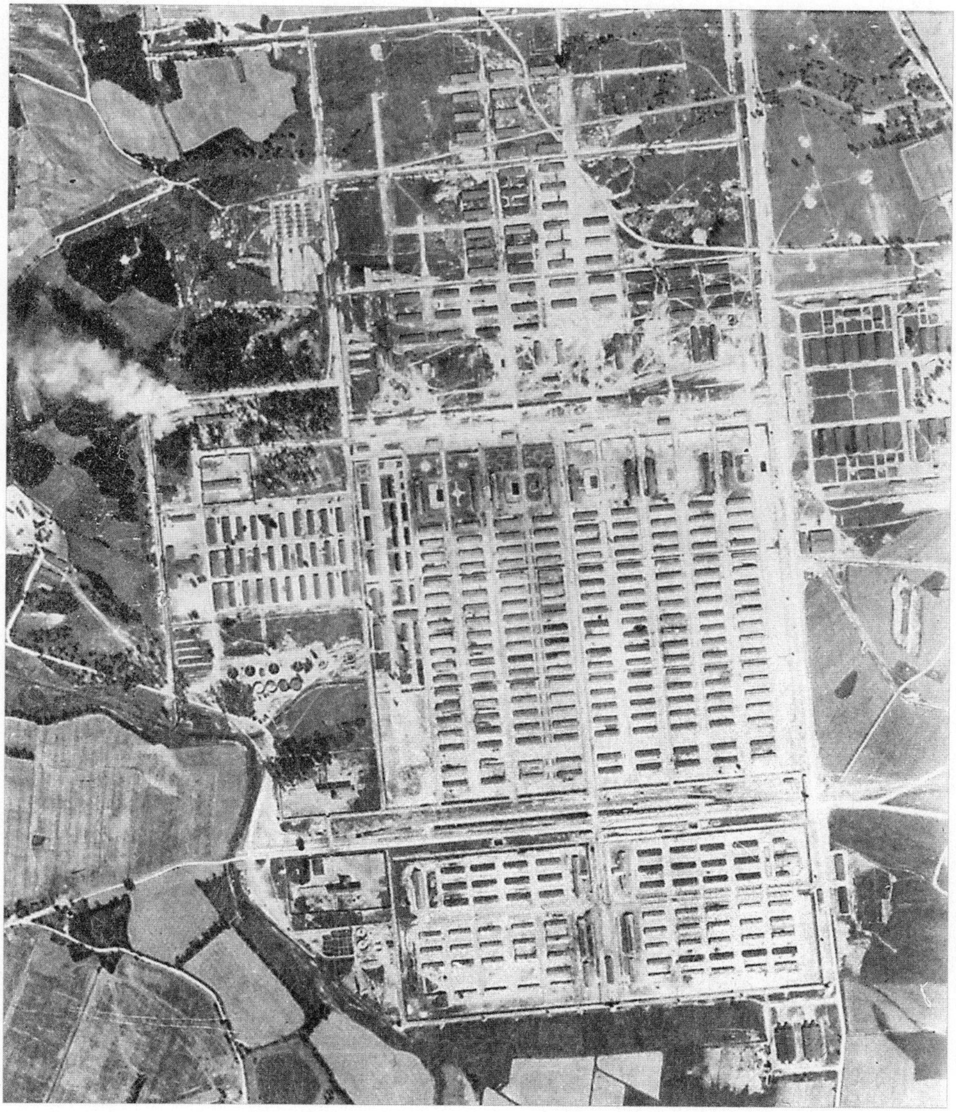

Zdjęcie lotnicze Birkenau wykonane przez aliantów latem 1944 roku. Na lewo widoczny słup dymu ze stosów spaleniskowych obok krematorium V. Fot. Archiwum Państwowego Muzeum Auschwitz-Birkenau

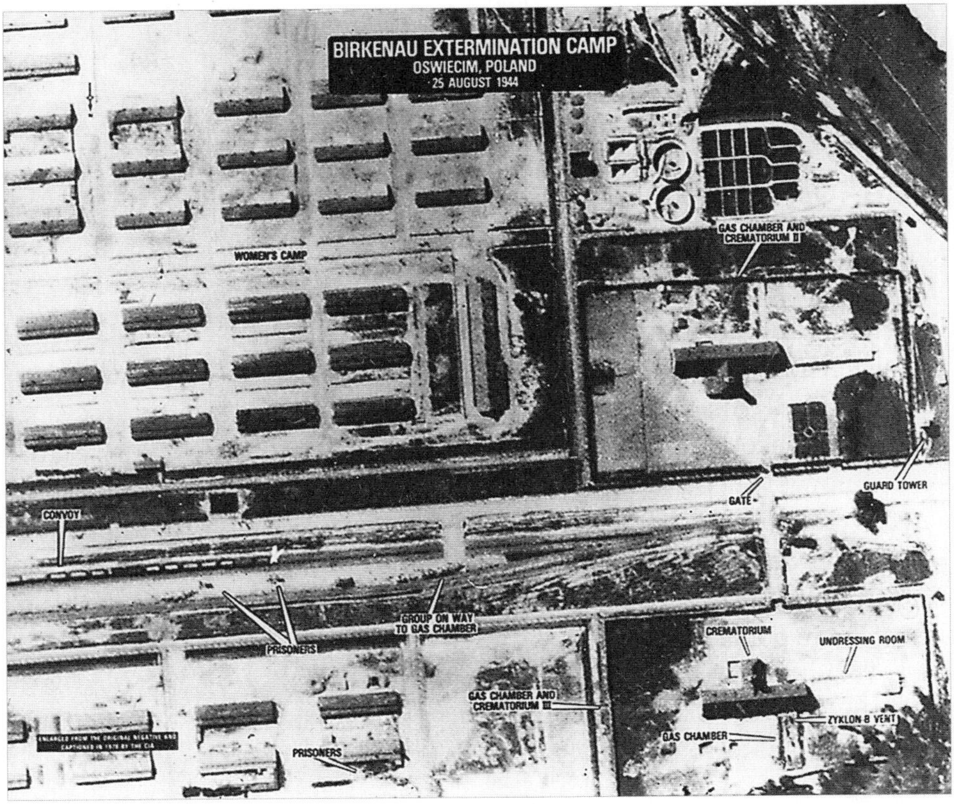

Zdjęcie lotnicze Birkenau wykonane 25 sierpnia 1944 roku. Widoczna zachodnia część rampy wyładowczej w obozie Birkenau, krematoria II i III oraz fragment obozu kobiecego BIb i kilka baraków obozu BII. Fot. Archiwum Państwowego Muzeum Auschwitz-Birkenau

Podziękowania

Jest mi niezmiernie miło, że mogę przekazać na Państwa ręce książkę na tak ważny temat. Zawiera ona głosy kobiet, które przeżyły piekło w niemieckim obozie zagłady Auschwitz-Birkenau. Dlatego w pierwszej kolejności to im pragnę podziękować, bo ta książka jest o nich i dla nich. Dziękuję za wszystkie rozmowy i chęć otworzenia się przede mną, za wartościowe spotkania i zaszczyt, jaki mnie spotkał, że mogłam je poznać. Paniom Walentynie, Sabinie, Barbarze, Leokadii, Sewerynie, Łucji, Janinie, Irenie, Alinie, Zofii, Urszuli i Wiesławie serdecznie dziękuję, że zechciały przekazać swoje historie kolejnym pokoleniom. Dziękuję też dzieciom moich bohaterek, ponieważ wiele razy to dzięki nim otrzymałam niezbędne informacje i zdjęcia na potrzeby książki. Szczególnie dziękuję Pani Jolancie Balcer oraz Panu Mieczysławowi Nawarze, a także Pani Marii Pietrzyk, córce Pani Wiesławy Gołąbek.

Pragnę podziękować również pracownikom Państwowego Muzeum Auschwitz-Birkenau za ogromną pomoc w zebraniu materiałów uzupełniających treść książki w zdjęcia oraz relacje więźniów. Szczególne podziękowania składam na ręce kierownika Archiwum Państwowego Muzeum Auschwitz-Birkenau, dra Wojciecha Płosy, a także Pań Jadwigi Dąbrowskiej i Heleny Kubicy.

Za ogromne wsparcie i motywację do pracy nad książką dziękuję moim przyjaciółkom i pisarkom Krystynie Mirek i Magdalenie Kordel. Wy najlepiej wiecie, jak wielkie znaczenie miały nasze rozmowy.

Za wsparcie dziękuję także wspaniałym pisarkom: Izabelli Frączyk, Agnieszce Walczak-Chojeckiej, Agnieszce Lis, Sabinie Waszut i Agacie Kołakowskiej. Dziękuję mojej koleżance i czytelniczce Dorocie Gronkowskiej za opinie o przeczytanych fragmentach. Za literackie rozmowy, które bardzo motywowały do pracy, dziękuję pisarce Annie Krzyczkowskiej.

Największe podziękowania składam mojej Mamie i mojemu Mężowi Damianowi, bez których nigdy nie odważyłabym się zrobić pierwszego kroku w kierunku spełniania swoich marzeń o pisaniu. Za recenzje czytelnicze, rozmowy, cierpliwość i wiarę we mnie od zawsze – dziękuję Ci, Mamo!

Za tysiące przejechanych kilometrów, za to, że zawsze byłeś ze mną i wierzyłeś we mnie bardziej niż ja sama, za Twoje poświęcenie, które bardzo doceniam – dziękuję Ci, Damianie.

To Mama wzbudziła we mnie miłość do książek, podczas gdy Tata pokazał mi, jak ważna jest historia i nasza przeszłość. Zaciekawił mnie tematyką II wojny światowej. Za to również dziękuję Tobie, Tato.

Dziękuję pani Urszuli Zacharze, mojej ulubionej nauczycielce języka polskiego, za to, że właśnie dzięki jej pasjonującym lekcjom pokochałam słowo pisane jeszcze bardziej. Panu Bogdanowi Tule oraz jego córce Oldze za wielokrotną pomoc.

Podczas pisania książki, jak się okazuje, jedną z najważniejszych czynności jest redakcja. To ona wyciąga z tekstu to, co piękne. Pani Anna Jastrzębska to wspaniała Redaktorka i nie mogłabym nie podziękować jej za wszystkie wartościowe komentarze i naukę, jaką mi dała podczas naszej współpracy. Mam nadzieję, że to nie ostatnia „nasza" książka.

Ogromne podziękowania składam także na ręce wspaniałej i wrażliwej Pani Redaktor Urszuli Lewandowskiej za wielką pomoc, dobre rady i zaangażowanie na każdym etapie powstawania książki.

Bardzo dziękuję Wydawnictwu MUZA za szansę na spełnienie moich marzeń oraz pracownikom zajmującym się grafiką i stroną techniczną książki.

Dziękuję także Radosławowi Radzimowskiemu i Oldze Gilarowskiej – Wy najlepiej wiecie, za co.

Spis treści

Książkę wydrukowano na papierze
Ecco Book Cream 1.6 80 g/m²
z oferty Antalis Poland
antalis
www.antalis.pl

Sport i Turystyka – MUZA SA
ul. Sienna 73
00-833 Warszawa
tel. +4822 6211775
e-mail: info@muza.com.pl

Dział zamówień: +4822 6286360
Księgarnia internetowa: www.muza.com.pl

Skład i łamanie: MAGRAF S.C., Bydgoszcz
Druk i oprawa: DRUK-INTRO S.A., Inowrocław